貝聿銘到張永和

上冊

沈定濤著

文學叢刊
文史哲出版社印行

國家圖書館出版品預行編目資料

貝聿銘到張永和 上冊 / 沈定濤著.-- 初版 --
臺北市：文史哲，民 112.11
冊；　公分（文學叢刊；477）
ISBN 978-986-314-659-9（全套：平裝）

863.55　　112020135

文學叢刊 477

貝聿銘到張永和(上下冊)

著　者：沈　定　濤
出版者：文　史　哲　出　版　社
http://www.lapen.com.tw
e-mail:lapen@ms74.hinet.net
登記證字號：行政院新聞局版臺業字五三三七號
發行人：彭　正　雄
發行所：文　史　哲　出　版　社
印刷者：文　史　哲　出　版　社
臺北市羅斯福路一段七十二巷四號
郵政劃撥帳號：一六一八〇一七五
電話886-2-23511028・傳真886-2-23965656

定價新臺幣八〇〇元

二〇二三年（112年）十一月初版

ISBN 978-986-314-659-9　　10477

貝聿銘到張永和 上冊

目次

小鹿

八月底凌晨，天未亮，公路巡警正在進行出勤任務。
巡邏到橫跨舊金山、奧克蘭之間的海灣大橋上，車少。
驚見橋上有一隻小鹿，正欲通過大橋。
警車減速，停了下來。
一位警官下車，攔阻小鹿通行，任務成功達成。
返回警車。一直待在車內，坐在方向盤前的警官轉頭，問了問方才執法同事：
「剛剛對小鹿行使管轄權，把牠趕走的理由是什麼？」
「沒付過橋費啊！明顯是逃票。」
透過玻璃窗，小鹿兩眼正視警車內兩位警官幾秒鐘後，轉身姍姍離去。
瞬間，看似羞愧，疾走，小跑步，一溜煙，鹿兒一頭栽進金銀島的樹欉裡。

貝聿銘到張永和

旅居紐約長島一位老朋友，八月夏天，清晨，有感而發：

「望眼世界，像紐約和芝加哥這種城市，會是世界上有名的建築設計師都想在城市的天空留下 **Signature** 代表作。」繼續說：「想起多年前，我第一次花上五百元台幣買票，登上台北一〇一觀景台，卻挺失望。因為一〇一旱地拔蔥，周圍卻沒有與之匹配的地標性建築，所以沒啥看頭。」

一

憶起年輕時，提到建築，只會聯想到工程、工地和地產，不知建築設計為何物？對建築美學全然無知的歲月漸遠，年復年，開始欣賞起建築藝術。轉折點，追溯至台中市大度山丘上，一棵樹旁聳立的教堂，這座基督信仰地標成為我日後對建築美學養成教育過程中，一個關鍵的分水嶺。

初體驗大學生活那個秋天，踏進陌生的校園，驚見一座身披北京故宮金瓦屋頂、哥德式尖頂，以及四塊彎曲貝殼狀的板塊組成幾何形態、雙曲線拋物面的教堂設計，啟蒙了我對建築風格與建築語彙的嚮往。

猶記新生註冊整個程序走完，手中一疊資料，看到校內基督教團契邀約函，開宗明義：

「沒有東海大學，台中市就少了重心；沒有路思義教堂，東海就少了靈魂。」

貝聿銘與其團隊所設計規劃的東海大學校園建築深具整體性構思，不僅要讓學生在校園裏愉快地生活、成長、學習，更想以中國唐代木造四合院，打造出純樸與泱泱大度的學院建築風格。

依稀記得，第一次走進校園美麗教堂內，參加晨間主日崇拜所受到的衝擊。四處打量，左右兩側四片鋼筋混凝土薄殼曲面，是雙曲拋物線，驚奇地展現了無支撐樑柱、無脊的屋頂。同時，發現自然光線分別由兩處灑入教堂空間：一由左右兩邊的兩對殼片重疊處的玻璃隙縫，即後面一對殼片較高，和前面較低的一對稍為重疊；一由屋頂狹窄的直線天窗縫隙滑入，猶如一線天。建築大師貝聿銘極富創意的結構設計，不僅建構了一個令人感動的空間形態，還兼具宗教性與藝術性，蘊藏無限想像的人文思維。

難忘大學生活在大度山上度過的復活節。日出前，灰濛濛大地，師生教友們卻已群聚路思義教堂前青草地上，安坐在摺疊椅上一起崇拜祈禱。當聚會結束，陽光已普照大地，草坪上安置了幾張長桌，桌上備有小籠包和豆漿的早餐供應。

求學歲月真好。日夜穿梭於貝氏參與設計的校園，例如斜坡上的文理大道，這條中軸線左右兩端散開來，文學院、理學院、工學院、圖書館、行政大樓等一個個四合院，以及上坡最高處有鐘塔，鐘塔的身後迎來一片相思樹林，綠地綿延。

腦海裏，每個仿唐四合院廣闊中央庭院，基本上僅植疏木，例如兩棵榕樹各據對角一端，剩下來就是大片綠色草坪。構圖簡潔，猶如元代水墨畫家倪瓚的古畫一軸，畫面蕭疏但乾淨，抒緩且清逸，而庭院內，教室整體畫面看來一派古趣，每個學院饒富意境、層疊感。

校園生活包括前往宗教中心參加團契活動、英語查經班。至於晨昏常散步地點，首推距離男生宿舍不遠處文理大道。尤其夜深人靜，獨自飽覽斜坡左右兩側地面上所裝置一盞盞暈黃的腳前燈，煞似一個人步行在飛機跑道上。另一處漫遊聖地，則屬校園僻靜角落的東海牧場，在那兒，橫躺在柏油路上，觀星賞月。

外文系館位於文學院後側的正對面，亦是個小型唐代木造四合院。為數不多幾間平房教室內，黑板下方，白色粉牆上仍留有些許泥土痕跡之外，腳底處，還有一列狹長透明的玻璃窗，可輕易地用手滑開或關緊窗戶。窗外緊鄰著戶外空間，叢生雜草長得夠長，以致於，偶爾會登堂入室。

外文系館的教室內，我們上課聽講，薛順雄老師講授「唐宋詞選」的第一堂課。賞析李白「菩薩蠻」、「憶秦娥」兩首詩之前，只見他用粉筆先在黑板上寫下盛唐詩人王之渙「出塞」詩歌，然後薛老師轉身開口：

「這首詩，有一解，國君恩澤不及於關外，另一解為關外看不到春天。玉門關外，楊柳為白色，人稱白楊。詩人感嘆整年看不到春天，生活之痛苦與寂寞。」

師曰，流傳於唐代民間歌謠，外國流傳的音樂非常流行。詞的異名有「詩餘」、「樂府」、「長短句」、「樂章」、「曲子（曲子詞）」、「歌曲」。詞的來源有三：外國流傳進入中國的、民間的、自己創作的。詞，用字尖新，即新奇感。何謂好詞？薛老師說，乃在於詞句流暢、不用典故、感於哀樂，而且緣事而發。寫詞之法有二，移情作用和擬人化寫法。一首詞，從頭唱到尾，無「過片」，稱為「單片」。一首詞分兩段或三段，每段叫做「一闋」、或「一片」，下一段的開頭叫過片。一首由兩片構成的詞，其下片的開頭與上片的開頭，在字數、句式上不同。基本上，過片具有承上啟下、過渡、轉折，連結兩片的作用。

介紹完後，老師正式講解李白兩篇作品。

「菩薩蠻」為離別之作，思念故鄉。

「憶秦娥」則為男女離別之作，女子盼其情人歸來之詞，閨情秋思。

李白二詞，乃百代詞曲之祖。

李白詩作之後，賞析了張志和的「漁歌子」。

薛老師說，李白、張志和的詩作，相異之處，一憂一樂也。極富詩意人生的「漁歌子」一闋，漁夫之樂，垂釣不設餌，志不在魚，常留戀忘歸。

沉浸在貝聿銘設計模仿「唐代」建築物的外文系教室內，聽著「唐代」文學作品，年輕心靈飛颺、神遊古代。

課餘投身校園內另一個中心，圖書館，我有幸申請到擔任流通組檢查站的工讀工作，即檢查師生書包、公事包內，是否在離館前，存放一些忘記辦理借書手續的書籍或期刊？

夜幕低垂，音樂系館內的演奏廳成為我們英語戲劇公演的舞台。落幕之後，我們演員同學們和導演，歐洲文學老師 David Dunlap ，結伴同行，走向東海教職員宿舍住宅區，群聚在導演老師夫婦家有個慶功派對。驪歌響起。那時候，貝聿銘原始設計的校園內，已增多了一棟嶄新的商學院建築大樓。

離開東海，帶走一些青春回憶，其中難忘住校生活，畫面為貝聿銘建築團隊當初設計的挑高、陡斜大片灰瓦屋頂、平房的男生餐廳跟附近兩層樓男生宿舍區。寢室裏，我床鋪對面住了一位歷史系同學。某夜，就寢前，他以一種不容妥協但平和口吻：「走！散步去。」我們這兩位室友沿著校園柏油馬路，一派輕鬆聊著天。當走到懷恩中學前，仍是貝聿銘建築團隊當初所設計的教職員獨門獨院、無圍牆大片宿舍區，突然止步，他脫口而出：「到了。」

我納悶地巡視左右，不解：「什麼到了？」

不語不答，月光下，室友從柏油馬路中央一個箭步，走向路旁的荔枝果樹。樹前，大手伸進，攜著樹枝往下拉低，一手折下結滿荔枝果實的枝葉，遞給我。恍然大悟後，本人立即機靈反應，緊張兮兮地前後把風。室友換個方位，在果樹另一頭找到目標，於是再大手一把抓住一團果實枝葉，用力一拽，第二次連枝帶葉的豐收果實留給他自己。雙雙抱著戰利品走向對面的懷恩校園，找個角落坐下。

好幾次，月昇，近子夜，車少人稀之際，聽到室友在寢室內輕拋一句：

「散步去！」

我們兩人即心領神會。

二

夏天，從台北搭乘西北航空波音 747 巨無霸客機飛抵芝加哥。入境後，立即搭乘市區公車前往芝加哥灰狗巴士車站，首次搭乘灰狗巴士，一路駛向位於印第安納州我將就讀的大學城，蒙西市。抵達校園時，已是深夜，托著行李，前往辦理入住學校自己經營的旅館一晚。第二天，先申請住進大學部學生宿舍，等待秋季班開學。

秋天，這才正式由大學部宿舍搬進研究生宿舍大樓的六樓。

結識了同樣住在研究生宿舍大樓 Shively Hall 八樓、來自北京就讀建築系的張永和。

開學後，記不清楚基於何種因緣際會，兩位均來自台灣的女同學，一位是教育系的趙妹，一位是電腦系的曹妹，加上永和與我，相約每逢星期五晚餐時間，搭電梯下樓，齊聚趙妹二樓套房區的公眾廚房，一起做飯吃飯聯歡。每個星期五晚餐為學校宿舍餐廳唯一停伙不提供餐飲服務的時段，住校生可至校內飲食店，或校外餐廳自行解決當晚飲食問題。

每回周五黃昏，來自海峽兩岸男女同學相聚，做飯吃飯，尤其永和、趙妹皆屬反應快又幽默之士。可想而知，男女雙方你來我往，交鋒連連，引爆笑彈連發，說者與聽眾無不笑飽而歸。

平常下課後，中、午餐，我們一行四人也常會在一樓自助餐廳相遇，同桌就餐並閒聊。

有天，來自台北的小李端著餐盤先加入我和曹妹、趙妹這桌共餐。

不久，永和也端著一盤餐飲朝我們這桌走來，邊坐下，邊說：

「台灣骨肉同胞都下課了啊？」

聽到「骨肉同胞」一詞，其中一人以調侃口吻、誇張地嘆道：

「如果大陸都用這種言語搞統戰，有誰能抵擋得了？」那一年是一九八一年。

餐桌上，大夥不知怎的，突然聚焦在年紀輕輕小李身上，怎麼身材已大腹便便。

趙妹調侃：「實在不敢想像，你老了怎麼辦？」

在一旁的永和淡然道：「其實也沒什麼，只是看不到腳而已！」

笑聲方竭，台北和平東路上師範大學英文系畢業的趙妹接手，繼續說，數年前，她被教育部分發到新竹教英文。有一天，想起該探望一位住在附近而且身懷六甲的學姊。於是打電話去說明來意。未料，對方立刻峻拒：

「不要來！不要來！我現在是其醜無比，像是長了腳的鷄蛋。」

笑聲方止，低頭扒了幾口肉圓義大利麵，喝了幾口橘汁，永和抬頭問：

「鄧麗君唱了一首歌，就是有很多話要說，結果還是沒有說的那首歌，歌名是什麼？」

「千言萬語？」我猜。

永和：「好傢伙，就是它。」

三

校園瀰漫著家庭團圓氣氛濃厚的感恩節前夕，生活節奏變得舒緩歡樂起來，師生計劃趁著長假返鄉過節。小李邀請北京來的永和、上海來的小蔣和我，開著他那輛本田汽車從印第安納州一路遠征馬里蘭州，一個離華盛頓哥倫比亞特區僅二十分鐘車程的住宅區，前往小李口中的陳大哥他們家共度感恩節，並順道旅遊東岸一些觀光景點。陳大哥早年在台灣曾是小李父親在金融界多年同事，移民後，任職「美國之音」擔任播音員。共同擁有北京腔的鄉音，促使陳大哥和永和兩人可謂一見如故。男主人還暱稱永和「小胖子」，賓主相聚時光甚歡！那時，一九八一年，十一月下旬。

四位同學特地前往參觀國會大廈腳下，那棟揚名四海、由貝聿銘設計「國家美術館，東館」。入館前，建築系學生永和邊走邊聊著：

「這座美術館東館是個擴建專案，開幕才三年。」這一個專案，「把貝聿銘的建築藝術推向大師級。」

「這棟美術館和週邊其他建築比較起來，顯得特別新穎現代、氣勢恢宏，時代感十足。」

「剛才我們在館外周邊看到其他建築的特點，他們大都屬於新古典主義風格。不過貝聿銘這棟現代建築，卻可以和諧地融入它們而不突兀。」接著再言：

「貝聿銘的設計風格不復古，但一推出，就是經典。」

四人來到東館內附設餐廳區，驚喜地發現樓間的通道竟然設計有流水牆，清徹的水流沿著牆體流瀉而下，輕輕跌落在大廳內餐廳的大片玻璃幕牆上。各人圍桌坐下，點了咖啡、輕食，歇腳停留片刻，聽水流聲，也看著來往參觀者，同時也說出心中對美術館的感受：

永和微笑道：「咱們身後流水牆，在整體大廳配置上很有特色。水。水流。這道款款水流可說是貫穿整個建築的血液，它是整個建築設計的靈魂之一。」

「水是人類心靈的嚮往。」小蔣脫口說出。

「大廳那層中庭，屋頂結構，巨大玻璃和鋼質的天窗，這讓我想到東海大學路思義教堂屋頂，貝聿銘早些年，設計東海教堂僅留了一條窄縫隙，無限延伸，一線天。」我跟著陳述。

「美術館看起來像是圍繞著光線的核心。」永和細膩又充滿洞察力加以分析：「這個建築專案，貝聿銘藉由光線來探索室內空間豐富變化、形態的神秘性。」又「在這個美術展覽館公共空間，由於天窗的設計，確實加大了空間尺度，顯得敞亮，而且讓整個空間產生了一種擴展效果」。除此之外，美術館的研究中心樓層也好，還是與對街相望的舊館、擴建的東館地下連接區，「貝聿銘都在這些專案裡邀請天光入室，營造出一種動感空間。」

小蔣：「這個中庭是三角形，不像一般中庭，不是方形，就是長方形。」

永和敏銳觀察，說出心得：

「這完全是因為東館這個場址，它本身所呈現不規則形狀，貝聿銘於是就得使用三角形的平面形式。」「它的場址位於賓州大道和國家廣場交匯而成的一個梯形狀。也就是說，美術館東館本身就是一個大的等腰三角形。至於我們剛剛參觀的視覺藝術高級研究中心，是一個較小的直角三角形。我們現在位置，中庭，它是館內第三個三角形。總的來說吧，這座擴建的美術新館的設計主旋律就是三角形，一端寬闊，另一端就收緊。至於中庭裡三角形的力道這部份，貝聿銘把面向國家廣場的方位，巧妙地設計了這扇大玻璃窗，這下子就給化解掉了。」

聽聞後，大夥都體認到，中庭本身讓參觀民眾有個轉換空間，譬如可以歇歇腳稍事休息，恢復體力後，再繼續欣賞更多美術展覽品。中庭內部的平頂天窗，自然採光穿透，確實讓這個有限公共空間完全鮮活起來。

「這個東館跟東海教堂一樣沒支柱，東館只有完整大片牆面。」東海教堂，其重量勻稱地分散到四面牆壁上，由於建築結構巧妙的設計，使得教堂平穩地聳立在大度山的斜坡上。

目光移轉到中庭內種植有高度約十二公尺綠樹幾棵。小蔣脫口而出：

「建築物裡面能夠看到高挺大樹，賞心悅目。樹木的數量不必多，簡單幾棵就可以讓這座美術館多了趣味性和個性。」

我接話：「說得沒錯。想起東海校園，教堂周圍空曠草地上只有三、兩棵樹。文學院、理學院、工學院，每個四合院中央廣大草坪上，也只會種上一棵樹，或兩棵樹左右對稱著。絕不會在有限空間裡種滿一大堆雜樹，破壞了視覺上圖景。」

永和精闢入微：「說起來吧，樹木把建築本身、館裡的美術展覽品、攬進來的自然光源與景觀，這三方面做了一種漂亮的平衡，條理分明，清晰可見。」

建築師把設計藝術、建築、自然美加以整合，參觀者猶如身處在半個天堂了。

空間。當我們四人遊走於美術館內，穿梭展覽廳之間不同樓層與角落，像是樓梯、步上跨橋、在橋上瞬瞰中庭，都會讓我們感覺到整個建築空間像極了一幅又一幅的圖景，並提供了有趣的動態體驗。貝聿銘巧妙地把室內人文景觀和室外自然景觀，雙雙交疊出豐富的空間層次，情境交疊，相互輝映，鋪陳一個多重建築美學。

四

隔年，三月底，校園舉辦年度「國際學生節」盛事，分成兩個不同活動，除了當晚各國傳統服裝兼才藝表演之夜，另一項活動是開放整個星期，介紹各國文宣資訊與資料的攤位設置。有天，就讀電腦系的美玲和我排班顧攤，適巧永和跑到現場參觀。那時，美玲一頭垂直服貼的黑髮，身穿一襲紅色為底配上金色精緻圖案的套裝，整個人顯得喜氣洋洋。我穿著快泛白的牛仔褲、黑色長袖厚棉T恤，再套上墨綠西裝外套。永和配戴一付圓框眼鏡，上身穿件長袖的藏青色中山裝，整排扣子全扣上，灰色長褲搭配一雙黑球鞋。左肩還斜背著一個土綠色的書包，背帶放寬到底，也就是整個書包被垂掛到永和的臀部下方。三人相見歡。

夏天，各忙各的，我忙著選修暑期課程，永和亦如此，忙到忘了彼此的存在。

秋季開學前一個禮拜，永和打電話給我，說，他已從八樓搬到五樓去了，同時邀我跟他前往大學城蒙西市的迷你機場去接機，對方是一位義大利女學生，名為寶拉，申請到本校建築系就讀研究所碩士班。我一口答應，欣然前往。

透過候機大廳玻璃窗，戶外天空、飛機跑道都看得一清二楚。目不轉睛地看著一架小型客機，從右側天際緩緩下降，搖擺機身幾下，終於把寶拉帶到我們眼前。我們擁抱迎接寶拉的到來。永和用相機拍下寶拉跟我在一棵長青樹盆景前，寶拉把她的右手搭在我肩上的畫面，留影紀念。聰慧優雅的寶拉，勤學向上約兩年的時間，我再度受邀出席她的春季畢業典禮。

一九八三年，讀書第二年，十月底萬聖節那天，Shively 研究生宿舍十層大樓的四樓，服務櫃台和交誼廳，入夜之後會幻化成化妝舞會場地。

早在黃昏前，全套專業音響設備裝置就都已到位。D J 迫不急待播放起流行歌曲與舞曲，音量大到連牆壁都忍不住搶先微微顫動起舞，營造青春活力的氣氛。

木質牆面上，黏著五顏六色彩帶縱橫交錯之外，還貼上骷顱頭、微笑小鬼和卡通人物剪影。牆邊長桌上被鋪有雪白的餐桌布，其上，備有豐富點心飲料。茶几上，盛水的大鐵桶內，浮滿著新鮮蘋果。

愈夜愈美麗。

印度室友 **Ramesh Sahani** 早早離開我們六樓房間，搭電梯，下樓去舞會現場。既然名為化妝舞會，我草草帶上毛線帽，在暗紅長袖襯衫上打了一條灰色細領帶，僅在面頰上畫出四道黑色線條，為出席化妝舞會交差了事，然後奔向四樓。快樂音符震耳，勾動著心情，讓人振奮起來，每個人笑容滿臉且綻放光芒。

舞會現場有泰國女生一身白色水手裝，長捲黑髮上戴著一頂白色水手帽，白長裙，白襯衫前打了一條紅色領巾。美國女生一身女巫打扮，黑色大圓頂帽戴在金髮上，除了雙眼與嘴唇，臉部及脖子和手肘全都塗抹上深綠色油彩，披上一襲全黑長袍，左手拿著一杯飲料，右手握著一根棕色拐杖，正仰著頭與一位高個頭的美國男生交談。至於那位高個子男生，頭戴著一頂大草帽，上半身僅套上一件無袖皮革背心，坦胸，再配上牛仔褲。另一位美國男生全身為日式祭典活動才會穿的服飾打扮，一身黑白紫三色設計，額頭上綁著一條白色布條，布條正中央也就是兩眉中間，他畫滿一個鮮紅大圓點。未料沙發上卻坐著一位安靜無比的美國男生，一付太陽眼鏡掛在鼻樑上，左手托著下巴。他的右手，無趣地放在右大腿上，兩眼平視前方。沉默男子無視身旁喧嘩聚集的人群，或嚷著要合照，或相互舉杯暢飲，或又叫又笑那些紅男綠女，表情就是一派無動於衷，眉頭微皺，深陷在另一個寂靜無波的情境裡，忘返。

晚間九點以後，參加舞會的學生愈來愈多，把舞池擠得水洩不通。男女隨著音樂節奏，擺動身體，跳著舞。尤其，當 DJ 播放邁可傑克森、王子、瑪丹娜的歌曲時，男女立即尖叫並奔向舞池，興緻高昂跳舞，奔放青春活力。

四樓歡樂熱度沸騰到了一半，永和才出現在人群中。

當夜，我和住在校外卻大老遠趕來參加舞會的C，先後問永和同樣的問題：

「怎麼這麼晚才來？」

「剛才在系裏工作室忙設計圖，才告一個段落。等會兒要再趕回去，繼續忙。」

每當節奏輕快搖滾歌曲響起，永和就會加入我們行列浸泡舞池中，搖頭晃腦，無不盡情地、忘我地大跳特跳，好不舒暢痛快。一旦抒情音樂跳慢舞的節奏響起，我們則退出舞池。

就讀藝術系的C，難以置信，訝異地對我說，想不到永和跳起迪斯可舞步毫不忸捏，從頭到腳，全身動感十分到位，爆滿青春活力，這根本與他溫文儒雅形象完全被顛覆掉。

五

同年一九八三年聖誕節假期，永和與我參加了一個專門為美國大學校園內的國際學生和學者所舉辦的「年度聖誕節活動」。那是一個連結全國基督教不同教派的慈善組織，包括長老會、衛理公會、路德會、門諾會（Mennonite），提供給國際學生一個機會，善用寒假，住進一個個美國家庭，從日常生活互動中，體驗當地民眾的友誼、熱心款待和歡渡聖誕節的傳統文化。雖說此項活動有地方教會大力支持，其實教會理事會、民間組織也扮演重要角色。不分種族、性別、年齡、宗教信仰都歡迎加入。同時，不會勸說訪客皈依成為基督教徒，只想單純地為那些無處過節的國際學生著想，不願他們在聖誕假期感到孤單寂寞。一旦被校園裏國際學生辦公室主任推薦，就有機會享受接待家庭提供免費吃住，以及由教堂、社區所規劃的學生集體活動，例如出訪當地不同商業機構，甚至遠足至大城市芝加哥觀光、博物館參觀等行程。

我跟永和趕在十一月中旬報名截止前幾天，匆促提出申請，幸好國際學生中心主任 **N Kirk Roby** 先生當場告訴秘書派特小姐，認可，立即開始作業流程。

滿懷期待地，從校園開車到印第安納州北邊 **Shipshewana** 小鎮過節，那是一個距離底特律一百八十五 英里，離芝加哥比較近，約一百三十四英里的小城，人口約七百人，多為崇尚過著一種簡單生活的阿米希人（**Amish**）。他們屬於北美基督教的門諾會，終生標榜著謙遜、家庭為主，凡事以社區為重的價值觀。族人拒絕汽車、電力等現代設施，簡樸過日。

汽車在高速公路上行駛，兩人談天說地，終於到達目的地，教堂邊的停車場。白濛濛一片，天與地，地連天。

冬雪，覆蓋著整個地面、教堂的屋頂、屋簷、尖塔上、枝椏間。

白雪，覆蓋在路邊有黑、有白、有灰的美式、由一根直柱所支撐的長方形信箱的上端。

冬雪，停留在室外幾輛汽車頂上。瑞雪，飄墜在髮間、紅色長毛線圍巾、深藍色夾克、黑長褲、灰白相間的球鞋上面。看不清道路兩旁界限，遍地雪白，僅留汽車輪胎兩道明顯車痕。

張永和跟我拎著簡單行囊準備融入阿米希社區，體驗另一種聖誕氛圍。

多樣性生態環境，這一直都是教會組織運作方式。也就是說，來自同校或同一國家的學生們不可能被分配住在同一個家庭裏，如此才能讓不同背景的學生彼此學習，進而瞭解雙方差異性與價值觀。基於這項原因，來自於同校的我和張永和，當然沒有機會被分配在同一個美國家庭裏，我和一位來自非洲男留學生倒成了室友。

女主人不是阿米希人，而是居住在當地一位報紙專欄作家，熱忱地對來訪國際學生解惑：

「阿米希人，源自於十七世紀歐洲農人。他們尊重傳統，以聖經裡的規定與約束來做為行為準則，處處受到教義制約。生活上一舉一動都有嚴苛限制。隨著時代社會的演變，他們沒意願去順應世界潮流趨勢，婉謝現代科技創新。」

「這兒的教堂，不是阿米希人，而是鎮上像我們一般居民的教堂。阿米希人敬拜上帝的聚會場所，基本上採家庭輪流方式，在每戶住處或穀倉內舉行。全國人口分佈情況，印第安納州擁有第三多的阿米希人。第二，是俄亥俄州。最多是賓州，大概兩萬六千多。本州，一萬五吧！但是我們 **Shipshewana** 鎮上的阿米希人，六、七百，他們住處四週都被農場環繞著。」

「迴避使用家用電話，僅遇到偶發事件時才會使用公用電話。」

「避開駕駛汽車，除非遇到了緊急狀況或特別場合。」

「騎腳踏車，駕馭輕便型的馬車。」

「不使用電力，因為電力和世界連繫在一起。電力雖然帶給世界便利與舒適，但有害單純社區和家庭生活。僅允許在暗夜的馬車上使用手電筒，好認路。」

白天，女主人開車載我們到市區不同店家去購買新鮮肉類、燻肉和奶酪，要不然前往當地跳蚤市場。晚間，駕車陪我們欣賞道路兩邊的家庭院落、屋簷、窗戶，那些精心裝飾的聖誕燈飾。驅車前往當地家庭，一窺門諾教派阿米希社區傳統宗教信仰與生活方式。有天晚上，主人家還請我們上電影院看了一場電影，好萊塢一九八三年出品，影片男主角是畢雷諾斯。

門諾教派信徒主要的交通工具為輕便馬車，安靜悠遊地在鄉間小路、田間、小丘、樹林區小跑前進。寒冬，黑色馬匹以載人為主的黑色方盒型馬車，白雪皚皚銀色世界，黑白分明。

隔日，見到一輛灰色加長型載貨馬車。

群體外出參訪，這時候，我就會有機會遇見永和他們那一教區的國際學生成員同遊，地點也包括小鎮上乳牛農場，圍觀農家現場擠牛奶，品嚐剛出品的新鮮美味牛奶、奶酪起士。阿米希婦女親手裁剪縫製多彩拼圖的棉被。見到外出活動的阿米希男人和女人身穿樸素服裝，而且大都自製。男人與男孩都會戴上一頂黑色寬邊帽子，穿上深色套裝和直剪的襯衫，套上黑襪子、黑鞋。遇到留著鬍子男人，表示已婚，他們結婚後就開始留鬍子。至於女性，會戴上一頂有帶子並蓋住耳朵的無邊帽，身穿長禮服，披肩搭在肩上，同時會穿著黑色長襪，穿上黑色皮鞋。不剪頭髮，不配戴珍珠項鍊。

小城風光無限。

另外，國際學生一同搭乘旅遊巴士前進中西部第一大城，芝加哥市中心，觀光旅遊且拜訪博物館。大都會濱臨五大湖之一，密西根湖，整個湖面結凍成一望無際白色冰原。來到市中心，三五成群搭乘快速電梯，登上當時號稱全球最高建築物的 **Sears Tower** 西爾斯摩天大樓，登高望遠。

停留 **Shipshewana** 小鎮多日後，永和跟我再開著汽車歸返校園。

六

冬去春來，宿舍房間牆壁上黑色電話突然響起。敢緊從書桌起身去接聽，驚喜得知張永和雙親遠從北京訪美，順道飛來中西部印第安納州探望小兒子。同時，美國教授為了接風洗塵，將在家中設宴款待張家，而永和邀請C和我隨行做客。張伯伯張開濟建築師，濃眉大耳，個頭高大，但十分謙和。配戴一朵白色胸花的張伯母，嬌小身材，總是笑臉迎人。夫妻倆的肢體語言飽涵誠摯溫潤、幽默可親，令人如沐春風。當晚主人家夫婦是北歐裔，居家室內設計簡潔俐落，白牆上掛著一幅卷軸中國傳統畫，老松、巨形奇石前面，一位古代仕女佇立在芳草地。餐前，張伯母和我坐在客廳沙發上合影留念。那夜，賓主盡歡。

建築系畢業前夕，永和告訴我們，已經申請到加州大學柏克萊分校就讀建築系碩士班。畢業前夕，永和跟我在研究生十層大樓 **Shively Hall** 前，體育館人行道上合影。當時，我穿著白色長袖襯衫並打上一條細領帶、灰色長褲、一雙灰色皮鞋。身旁老同學則戴著一副黑框細邊眼鏡，白色寬鬆毛衣搭配藍黑色長褲，左肩背著書包。兩人都雙手插入口袋，微笑看著鏡頭。

那年，暑假尾聲，初秋將臨，我決定搭乘灰狗巴士從印第安納州校園往西，遠至加州的山景城探望二姐一家，途中歷經了三天兩夜漫漫車程。安抵加州，停留在 **San Antonio** 購物中心隔街的二樓公寓內，不出幾日，永和遠從北加州的東灣柏克萊校園開著金銀色德國金龜車，車號 **5891 LUW**，來到南灣二姐家。上了二樓，我把永和介紹給二姐認識，寒暄一陣。永和戴著一付大框眼鏡，穿著一件印有手繪且誇張咧嘴的大頭照、白色T恤衫，寶藍色休閒短褲，沒穿襪子的休閒鞋。我則穿著一條白色長褲、淡藍色長袖襯衫，白色細皮帶紮腰，腳穿涼鞋。兩位老同學就開車上路，往柏克萊小城和校園方向直奔。尚未到達目的地，永和卻把車岔出公路，東轉西彎，來到了霧靄籠罩的海邊：眼前一片汪洋，水面上遠遠近近浮著七、八艘私家遊艇，當然壯觀無比鐵灰色的海灣大橋在望。可能待在無海洋的中西部印第安納州太久了，再見海濱與海面，興奮不已，竟然能在北加州與大海如此近距離。一不作，二不休，我開口請永和幫我跟大海照一張相片留影。入鏡前，當場脫下鞋子，捲起褲管，走上清淨的海灘，再面對鏡頭。當右腳丫才踏進海水，不到一秒鐘，腳丫瞬間抽回到海灘上，笑叫：「這兒海水怎麼這麼冰凍？」離北國加拿大海域如此近，海水溫度焉有不冰涼之理？當時，我還是鼓足勇氣走入水中，忍受冰水直到完成拍照動作。由於當日舊金山天氣冷，我套上一件土黃色無袖背心，永和套上亦為土黃色但比較保暖的西裝外套。離開海域，汽車開始駛往大學城。到了柏克萊校區，託請路人幫忙掌鏡，兩位老同學在柏克萊校門口留影紀念，兩人不約而同都將雙手插進口袋裏。晚餐前，識途老馬領我在大學城的市中心逛大街，異國美食餐館不少，體驗到當地多元文化國際村風情。最後，走進一家泰國餐廳吃飯。用餐期間，我向永和提及，貝聿銘有次在一場訪問對談中提起：「造訪倫敦，讓我瞭解到一件事，那就是造成空間豐富感的要素，不只是光看建築，更重要的是樹。」

七

永和自從加州柏克萊大學獲得建築學碩士學位後，起先在舊金山市一家建築設計事務所工作一段時間，接著於一九八五年受聘，返回印州母校擔任建築系正式教職。開學前，我在學生宿舍內接到他的電話，得知他人已返回校園而喜出望外。那時，永和落腳在離建築系館走路三、四分鐘的路邊一棟民宅。該屋主為建築系教授，因為學術休假，遠赴歐洲，打算停留在歐洲大陸一年做學術研究，故將校園邊的空屋出租給永和。

秋季開學後，每逢周五，永和邀請C君、S妹和我三人前往獨棟獨院民宅相聚，一起做晚飯、吃喝說笑，好不快樂。至今，仍未忘記某夜，晚餐備妥開動前，永和望著桌上佳餚美酒，盈盈笑道：「酒，米飯，紅燒肉。」

返回母校任教那年某個冬日，永和沒教課，於是抽空從建築系走到校園邊一家民宅來探望C和我。我們三人窩在木屋內舒適怡人的小客廳裏談天說地。稍後，室友C幫我跟永和合照留念，鏡頭裏兩位老同學坐在門前、木板台階上，輕鬆自在。

某天，身為人師，永和告訴我，他剛榮獲日本新建築國際住宅設計競賽一等獎第一名。那年是一九八六年。永和雲淡風輕：

「就是在一個大空間裡給居住者有一種自由、開闊與明朗的心境，而不是將空間切割成好幾個小空間。」

當下，我似乎理解到：「永和的建築設計就像人們閱讀經典文學。建築和文學之美在於啟發種種想像，提供一個想像空間，這成就了永和的建築語彙。」

早晨，宿舍房間電話鈴聲乍響，話筒另一頭永和問道：

「要不要跟一起我去印第安納南部的哥倫布小城，去參觀當地由一些國際知名建築師、藝術家所設計的作品？」

不敢置信，名不見經傳小鎮，怎麼竟然擁有世界級建築藝術！

電話上，永和：「印第安納的哥倫布小城雖然居民只有四萬多人，卻被美國建築學會公認，猶如芝加哥、紐約、波士頓、舊金山、華盛頓DC，哥倫布小城也並列，都可說是建築界圈內人都會想去朝聖之地。」

汽車駛出校園後，公路兩旁大豆田，一畝接一畝。

永和一邊握著方向盤，一邊閒聊教書生涯鱗爪點滴。

「上課，我會要求老美學生課外時，多讀小說，讀文學作品。」

我驚訝：「你讓建築系學生讀文學作品？」馬上打趣道：

「學生會不會覺得他們走錯教室，怎麼來到文學院課堂？」

「這種訓練對他們未來的建築設計有幫助，想像能力和創意發揮。」永和說著。

不知不覺，車窗外已轉為玉米田。

兩人意識到已被玉米田環繞，意謂著草原上的哥倫布小城已在眼前。

進了城。

街道兩邊，除了詮釋美國傳統的國家級歷史建築，像是教堂、郵局、醫院、市議會、縣監獄；另外，也冒出不少有名建築師的設計作品，令人驚豔的是那些具備多樣性公共藝術、園藝景觀和實驗性建築，每一件都屬獨特風格，深具啟發性。小城景像，現代與典雅並存，充滿活力。

巡禮中，包括貝聿銘所設計的一座紀念圖書館。

貝聿銘除了注重單一建築物，更把小城這個專案推向現代建築藝術。換句話說，他把公共空間一併納入考量，像是修建新廣場，這不但融入附近三棟傳統建築物，營造一片和諧，提供給居民一個看展覽、聽音樂會和提供給市民日常生活可流連之處。英國的亨利摩爾（Henry Moore）一尊銅雕設置在場址，不但整合了周邊三座傳統建築，亨利摩爾藝術品也鞏固並沉澱了整個空間。

八

一九九二年秋季受聘新竹交通大學，趁著九月中旬開學前，我飛往美國探親訪友，其中一站，停留在C兄嫂位於舊金山灣區城市 Fremont 的家，兩天一夜。當時，萬未料到永和、力佳夫婦倆適巧亦在加州灣區逗留。C於是廣邀大夥兒到府上喝啤酒、烤肉敘舊，那天，八月三十日。

九

二月，退休後，移居至北加州南灣城市桑尼維爾（Sunnyvale)，它離 Cupertino 市只有一個路口之遙。同一屋簷下，幾位室友與我分住在不同雅房內。基於此，想當然耳，極不方便邀請任何親友登門入室，歡聚連誼。

入秋十月，C從東灣 **Orinda** 小城住家傳簡訊，宣佈一則喜訊，永和、力佳夫婦遠從北京來到舊金山灣區。興奮之餘，不忘請C代邀稀客。兩對夫婦擇期結伴前來我所居住的桑尼維爾小城相聚。我預訂在離家不遠的 **Cupertino** 市一家中餐館聚餐，敘舊。

載著昔日同窗，一輛箱型車終於從東灣駛向南灣寒舍。

雖然比原先預定中餐時間延遲了一個小時，仍不改我引頸企盼那股歡樂心情。

兩對老同學夫妻檔已在家門口。我笑盈盈地奔往楓樹下，會見四位訪客。

彼此照面，相見歡。

同車五人一路上談笑風生，前往 **Cupertino** 市那一家中餐館。

跳下車，一個箭步搶前領路，拋下老同學們在停車場慢慢來。

「幹嘛走這麼快？」永和在背後喊住我。

作者與張永和攝於印第安納州波爾州立大學校園內，
研究生宿舍大樓(Shively Hall)前面的廣場。

轉頭，緩下腳步，邊解釋：

「早先你們幾步走進餐廳，看看他們可把桌椅都準備好了？」

圍繞圓桌坐下，準備點菜。

力佳笑曰：「幾天下來，現在總算可以吃頓中飯了。」

想必過去幾天他們接受的款待，大抵以正式西餐為主。

「喜歡這家的油條，現炸，熱騰騰的。我覺得比台灣的還好吃。」我建議大家。

在座男女點頭認可。

酒菜上桌，大夥也餓了。

吃喝之餘，不忘閒聊往事，當中包括我在兩位老同學畢業離校後，看著什麼人走進校園，又看著什麼人離開校園，一波接一波，人來人往。

力佳疑惑，忍不住問我：「一路聽下來，你怎麼都一直留在學校？」

C笑著搶答：「他在讀博士啊！」

吃到一半，有人提議照相留念。請服務人員掌鏡，永和跟我恰好滿嘴正塞著油條。果不期然，手機相片裡，眾人一看，我和永和嘴角都鼓漲著，滿嘴塞著油條。

「你喜歡橘紅色嗎？」吃喝閒聊時，忽然被永和這麼一問。

「個人覺得，任何一種顏色都無罪，都美。重點是端看穿衣人如何去搭配各種顏色的服式，穿出個人風格與個性。」說完之後，注意到那天我穿著長袖白襯衫，一排扣子全扣滿，同時，永和那天身穿長袖黑襯衫，也是一排扣子全扣滿到喉頭。

永和立刻接腔：

「改天我送你一件橘紅色西裝外套，款式顏色都是我自己設計的。」立刻轉頭看向C，說，日前也已經送了一件同色同款的外套給了C。

C笑嘻嘻：「下回見面，我們三個人都穿上它，展現在眾人面前。」旋即戲言：「到時候，搞不好別人認為我們三個人是餐廳打工的服務生。」

由於當晚受邀舊金山另一場晚宴，於是聚餐後，永和夫婦先送我回家，再駛返舊金山。

被送至家門口，下車，揮手向老同學道別。難望的十月十日。

根據C日後向我透露，那天餐敘後，他們從南灣開車北上。行車間，坐在前座的永和開口：「沈定濤現在住的地方，房客室友不少。整個住家環境看起來，好像過得挺辛苦。」

要不，「我救濟他一下？」

掌握駕駛盤的C聽了，忍不住大笑：

「他有足夠的錢過活。他這個人只是喜歡簡單過生活。」

幾個星期過去，C夫婦親自把永和送給我那套橘紅色西裝外套送達。

次年九月三日，大學同窗嫁女兒，受邀出席在洛杉磯 **South Hills Country Club** 鄉村俱樂部舉行婚禮。我決定穿上永和送給我那套橘紅色西裝外套亮相。

參加洛杉磯婚禮過後的一個月又一個星期，永和夫婦再度於秋天造訪北加州，仍然和C夫婦結伴來寒舍歡聚，令我興奮無比。那天，十月八日。當時，我也剛從桑尼維爾市搬家到山景城已經有七個月光景。我總算從上回和其他室友群居在一個屋簷下，升級到獨居於火車站附近的出租公寓新村，一房一廳，位居二樓。

老同學們下午抵達屬於我自己的小王國。為了表達迎賓，前一天，我窩在家裏大掃除，客廳、廚房、臥室、浴室。到頭來，自嘲地說：

「老天！這是本人住所嗎？看起來簡直像旅店。亮晶晶！」

客廳裏餐桌上，除了備有刀叉匙、碟盤碗杯，餐巾紙一應俱全；點心像是瑪德蓮貝殼小蛋糕、綜合堅果、杏仁黑巧克力、核果硬餅乾，還有去中國超市買回來的烤鴨。咖啡、茶也備妥。

客人進了屋，賓主熱絡寒暄，笑語一籮筐接一籮筐。

身為主人，我介紹寒舍各個角落。巡禮一圈，正欲走回到餐桌邊坐下來吃喝閒聊時，經過了客廳牆角一棵高大、枝葉繁茂的綠樹，在樹枝樹幹不同面相，垂掛著幾個成熟黃色、尚未成熟呈青色檸檬果。永和：「這棵真果樹，長得這麼高大。」

C嘿嘿笑道：「這是棵假樹。」

我趕緊澄清：「這棵樹是我在 **Ikea** 宜家家居買的。」

「那麼樹上這些果子也是假的。」永和這下子以一種幾乎肯定口吻。

「這些檸檬是真的！」C再度大笑搶答。

「噢！」我解釋：「這些果子，是我在路邊摘下，帶回來掛在樹枝上當裝飾用的。」

說笑聲不斷。

從餐桌邊起身，我為他們兩對夫妻以不同角度照了幾張照片。

早於幾天前，已經跟餐廳訂桌晚宴。午後，下午茶敘舊時光匆逝，黃昏時分，邀請老同學們前往住家附近一家泰國餐廳吃晚餐，當時離訂桌時間六點鐘還剩下半小時。

不過這時候，永和臨時起意要幫我照相，說：「現在迷上攝影。尤其黑白照片，黑白反而有藝術效果。我先幫你照幾張相片。」

那天，我穿了一件長袖白襯衫，前排扣子全扣滿到喉頭。

第一張彩色照片，我坐在餐桌邊座位不動，而是攝影師起身，從他背包裡拿出專業相機，喬了喬鏡頭。身後背景有巨幅五顏六色海底熱帶魚悠遊自在的原創畫作，畫家以彩色簽字墨水筆為畫具。兩手緊握著咖啡馬克杯兩端，我微笑入鏡。

當要照第二張時，想起那件橘紅色西裝外套，於是我衝進臥室櫥櫃拿出衣服穿上身，安坐在C兄C嫂當天攜來那盆紅色薔薇花前，留影。

最後一張是側身、黑白照片，笑開懷。

準時出發赴晚宴，下樓，加州秋天黃昏，暖陽仍普照大地。

安步當車，過條街，餐廳就在眼前，僅三、四分鐘之距離。

餐後，大夥在住宅區附近巷道散步，閒逛，觀賞高大挺拔棕櫚樹群。

幾棵樹木筆直地衝向天際，高度高得難以想像，永和當下拿出手機，對準鏡頭，拍下一根根細直棕櫚樹幹和樹幹頂端的一扇扇小綠傘。

天幕低垂，暗夜，捻開客廳兩盞落地燈，繼續閒話一會兒，終將告別。

臨行前，我把剩下半隻烤鴨用錫箔紙包好，交給永和夫婦：

「要是餓了，可填填肚子。」

箱型車駛離沒幾分鐘，晚間九點半我用微信傳簡訊給C：「感謝你們四位在百忙中抽空，前來山景城寒舍小聚，重溫同窗友誼。」返抵家門，C夫婦才回音：「謝謝你殷勤招待，我們都很開心！」

那年，二〇一六。

十

歲月悠悠。

如今只要提起建築，腦海就會浮現貝聿銘、張永和這兩位建築師身影。不同的年代，不同的建築設計師，交錯穿插在一起。

貝聿銘和張永和對於文學、空間、建築，持不同態度與表達，但各具特色。

十一

首先，文學與建築。

兩者之間關係。貝聿銘自認離開中國八十多年，長期投身於建築設計，然而中國優美古詩詞無疑是他設計靈感泉源之一。

比方說，一九九一年至一九九七年，貝聿銘承接日本《美秀美術館》建築專案，其靈感源起於田園詩人陶淵明的古典文學「桃花源記」。中國悠久文化裡優美詩詞文學亦是貝聿銘設計理念的靈感。陶淵明觸發了貝聿銘設計美術館的藍圖，場址上，於是有山，有溪谷，有雲霧繚繞的風景構思。

結果，雪松環繞，萌生了時間的體驗、空間的歷時體驗，雙重創意。換言之，貝聿銘刻意把美術館入口通道拉長，把步道設計成蜿蜒曲折，營造出新天地，展現多元空間變化，逐漸推進。讓人體驗不僅是空間開展，也是時間推移。

沿著一條曲折步道，這條小路是為了保留山體自然的弧度美學，這是一條由貝聿銘、工程師與景觀建築師，三方共同設計出來的人工山路，一哩路長的景觀環境。日本這項專案恰如貝聿銘另一件設計作品，美國大氣研究中心建築物。研究中心本體設計隱藏在場址最遠角落，因此，循著道路驅車而上，沿途風景有大片岩石、松樹，然後建築物才千呼萬喚始出來。

棲身於起伏山巒，日本美術館不但反映了中國古典文學根基，亦看到貝聿銘青年記憶裡蘇州園林，窄徑千迴百轉。也就是說，貝聿銘把自然融進建築的靈感。

訪客穿過一條在山脊之間被建築師開工、鑿挖出的洞口，一條壯觀新隧道。繼續越過一座新建的、橫越深谷之上的新吊橋。

過了橋，來到收藏日本藝術品博物館廣場。

在那兒，踩踏著日本寺院式台階而上，登上座落於山脊、且擁有玻璃屋頂的美術館大廳，自然光線透過屋頂直射廳內。

參觀民眾一路走來，感覺縹渺，又綿延不絕。

玻璃屋頂的建築體塊、起伏峰巒，再加上建築師刻意將空間打造成蜿蜒延展，這些巧思造就了典雅流暢與空靈，一個屬於現代桃花源。

今天看來，日本滋賀縣美術館整體空間設計，生動流暢。

深受東晉陶淵明《桃花源記》影響，啟發了貝聿銘。

地形上，山巒、山坡、溪谷，雲霧飄渺的襯托，把山上美術館建築體塊設計得若隱若現。

雪松，空氣，水，反映了隱逸於自然的文化底蘊，中國古典風景。

貝聿銘巧妙地把自然與文明，兩者連合在一起，呈現整體性。

貝聿銘果真把中國六朝唐文、心中虛構的訪尋桃花林幽境，並且結合了建築、自然環境、景觀設計，全都落實在日本山水之間。

十二

對於張永和而言，文學與建築，兩者之間的關係，湧現了「三不」觀點。

第一個觀點，「不得不」。

永和說，三島由紀夫「金閣寺」有兩個，一個是文學的，一個是建築的。

前者，「文學的」，小說情節乃根據真實事故，即金閣寺被一位有口吃的和尚放了一把火給燒燬了。出此下策真正理由，竟然是那位和尚實在受不了金閣寺的建築絕美，那種美，讓人相形見拙，備感壓力。起初，震驚不已的日本民眾納悶：

「怎麼會有人放火燒掉那麼美麗建築物？」

一旦聽完縱火原因後，公眾頓覺莫名其妙，更加困惑不解起來。

永和說，通篇小說另一處讓人印象深刻，在於三島由紀夫處理最後幾行的文字，那就是，和尚登上金閣寺後面的山丘，登高望遠，點燃一根火柴，抽根煙，獨自首嚐輕鬆滋味。

後者，「建築的」，乃是指一座在原址上被重建的新金閣寺。

上述日本小說的題目和題材，讓永和聯想到法國大文豪雨果的小說「巴黎聖母院」，同樣以建築名為書名，永和洞悉，雨果的作品也有兩個，一個是文學的，一個是建築藝術的。

宛如日本小說，雨果小說裡也有那麼一位僧人，卡西莫多，他的父母身份不詳，從小在哥德式教堂建築內長大。永和眼中，卡西莫多是被哥德式建築哺餵，又高聳、寬宏的建築是卡西莫多的母親。這位母親，完全無視其子宛如半人半獸挺嚇人的樣貌，其面貌頗似聖母教堂外觀的那些雕像。「怪人與建築」，永和說，「有著那麼一層血緣關係，這讓怪人安逸地生活在母親懷中，直到吉普賽女郎出現，」此後，益顯「卡西莫多的醜陋外貌與異常體格，多麼與世人格格不入。」

做為一名讀者，永和透視到作家雨果提筆寫作初心，乃基於他對建築的熱愛。永和也看到雨果文字中，常常離開小說情節線路，竟對哥德式教堂建築做了諸多學術性探索與描述。

因此永和推斷：「卡西莫多的戀母情節，希臘神話裏 Oedipus Complex，肯定要比卡西莫多與吉普賽女郎的愛情更重要。又吉普賽女郎的出現，為了結束這段不正常的母子戀。」

然而，人和建築之間的關係「便回到衝突，再次以燬滅結局。」

相較於金閣寺，永和說：

巴黎聖母院，「被燬滅的是人，卡西莫多。」但是「建築，生存下來了。」

閱讀廣泛，永和也在義大利小說家艾科，於一九八〇年所發表的「玫瑰之名」，洞見這位南歐小說家怕人們對文學中的人與建築、禁慾加暴力的關係還不肯定，於是乎，再揭傷疤，進一步地確定了人、建築、文學，這三者之間三角戀愛。

永和揭示，此層濃烈愛情悲劇，艾科筆下，建築給文學（書）短暫的庇護。文學給人（修士們）以短暫的希望。其餘便是文學與建築對人的圍剿：

「書頁是浸過毒液的，塔樓內有走不出來的暗道，以及人對文學與建築的報復。」義大利小說結尾，寫著：「一堆建築廢墟，還有在其間飛揚的羊皮紙碎片。」

當永和心中接連問：

「為什麼總是僧侶？」

「為什麼總是燬滅？」

永和察覺：「問題出在建築這一方。」但不是「所有建築，而是古典建築。」

永和覺得還真巧合，一位名字不詳十九世紀德國建築家道盡古典建築的性質：「當時古典建築是為死人的，其文化價值均以脫離生活的審美為基礎，它與活人便沒有親近的、任何的關係。」說到古典建築，最得以發揮的房屋類型，「像是陸墓、紀念碑，又如金字塔和十三陵。」西洋古典建築傳統，就是「把銀行到學校，都設計成祭祀用的希臘神廟。」

永和進而推理：「活人中，只有遠離塵世最遠的僧侶，才可能和古典建築例如金閣寺、巴黎聖母院之類抗爭一番。這也為後面的暴力埋下伏筆。」

大哉問：「文學、建築，兩者之間到底是什麼關係呢？」

尚未切入主題提供個人觀點，永和僅淡語：

「如果只就古典建築來說，恐怕就不容樂觀了。」

理由為何？於是他接著講述一段歷史：

「當年，雨果初版《巴黎聖母院》這本小說，曾經保留了其中一個章節沒有發表。後來小說功成名就，他才把被抽掉的章節重新放進小說裡面。這一章的題目，竟然是血淋淋的《這個殺掉那個》。這個，指的是文學；那個，指的是建築。雨果預言，紙印的書，將要比石蓋的樓傳播得更廣、流傳得更久遠。雨果毫不掩飾文學與建築競爭關係。」

永和再進一步申述自己觀察與沉思：

「我懷疑《巴黎聖母院》的書名，還有《金閣寺》的書名，看起來都和建築名相同，其實，都是刻意地混淆視聽，似乎都期待讀者會問，你在講哪一個金閣寺？哪一個巴黎聖母院？文學？還是建築？」

然後，永和再列舉美國電影導演保羅施瑞德的傳記影片《三島：一生的四章》：

「直接把那位口吃的和尚、少年時代的三島，並列在一起。令人不禁想起，那位在山坡上吸煙觀火的，正是三島本人。唯有如此，他才有一種藝術家完成大作時候的心情。小說中的我，就是作家本人，作家的我。」金閣寺燒了金閣寺。

如果上述三部書都能稱作建築文學，「那麼文學建築，又會是個什麼樣貌呢？」自問後，永和自答：「幫助回答這個問題的唯一線索，是義大利建築師朱塞佩 特拉尼，他在一九三八年設計的但丁紀念堂。紀念堂建築乃是針對《神曲 地獄篇》的空間性、建築性加以闡釋。」「它不屬於古典風格的建築，但有趣的是，它卻充份反應了古典的人和建築的關係，它也不是為活人的。因為但丁紀念堂終究未能實施工程，所以它的文學性尚無法直接驗證。不過從圖紙上看，牆柱等建築建構以及空間之間，都因為與文學的重疊，出現了非常微妙關係，它已經是一幢極不尋常的建築。」

說著說著，永和聯想到：

「最近有個機會跑了一趟京都。人一到，就聽說，金閣寺最近已被修飾一新，卻引發京都市民怨聲載道，因為修繕後的金閣寺，太美了！」

那天，「自己想親身一探究竟。」行進途中，永和「眼前閃過一個幻象，一大群患有口吃的和尚。」然而，不一會兒功夫，「便把不久前聽到的傳聞，置之腦後。」

未料，當本人親自來到金閣寺面前，永和「吃驚地發現，自己感同身受。」瞧見金碧輝煌的金閣寺，難免興嘆：「它實在太美了！太膩了！」當下，「插在衣袋裏的手，不由得，緊握那盒並不存在的火柴。」

永和洞察分析，上述東西方小說世界，為何都著眼於活生生、遠離塵世的僧侶與建築之間的抗爭呢？為何發展到後來，總歸熾滅一途呢？關於這點，永和嘗試解釋：

「問題在於建築，尤指那些為死人的古典建築，如金閣寺、巴黎聖母院。」

三部小說，都可稱得上「建築文學」。

那麼「文學建築」又會是何種風貌？

文學與建築，到底是什麼關係？

藉由小說閱讀，一番探尋，永和歸納起來：「兩者是一種競爭關係。」

待續。

十三

文學與建築，兩者之間關係，永和「三不」觀點的第二個觀點，「不騎車」。發展至此，永和說，書與文學，這兩個概念開始混淆，轉而朝向自行車和文學的明確關係，因為「自行車與書的關係，在我近來做的一個建築設計專案，定義過。」

在此之前，永和坦承：

「在文學與建築的關係上，雖然我一直聲稱，試圖保持中立，其實心底裡，我還是偏向建築這一邊的，畢竟我是一位建築師。」

當閱讀到一位愛爾蘭小說家於一九六四年發表作品《多爾基檔案》，永和看到了一個十分有趣的自行車神話，一個科學神話：

「根據現代科學理論，甲乙兩種物質經過猛烈相撞，甲的部份分子便會進入乙，反之亦然。換句話說，如果用鐵錘猛擊石頭，鐵分子就會進入石頭，石分子也會進入鐵錘。」依此類推，「一個人在道路地形坎坷的城市（比方說愛爾蘭的都柏林、多爾基這些城市）長年騎車，這樣子的話，人分子也會逐漸進入自行車，自行車分子同時逐漸進入人體。」最後便出現了，「車人，或者是人車，或者是半人半車的東西。」多爾基警察局的地下室裡鎖著的，「就有不少輛人化的自行車，原因就在於怕它們出來惹事生非，也就不得不把它們監禁起來。」

永和覺得十分有趣，巧不巧，警局內有位警官的祖父晚年竟然完全車化了，變得鎮日瘋瘋癲癲地跑來跑去。見狀，警官在極不願重複祖父的命運下，於是決心不騎單車了。可是在那個年代，自行車是警察制服的一部分，如果沒有騎腳踏車，他會覺得整個人像是沒帶警帽般，赤裸裸。尤其當走出警局大門，非得在街上執行工作任務時，絕對不能讓人瞧見一位出巡警官竟然沒戴帽子，或者是沒騎自行車。急中生智，警官決定了，無論到哪兒，不騎車，但都手推著一輛自行車。

永和再說：「自行車文學及神話的出現，形成了對其功能的超越。」歐布萊恩的神話的內容本身，「又重複了這個超越。車不騎了，」然而「它仍是生活裡不可缺少的一部分。」

反顧，「在中國，好像就沒有自行車的文學或神話。」在中國，永和想起現實生活中，倒有這麼一個自行車功能轉化、自行車功能超越的例子，更能說明單車在生活中的意義，那就是北京藝術家王魯炎「改裝的自行車」這件藝術品。車被改裝成，「正著騎，倒著騎，於是，能騎又不能騎。就能騎的一面而言，王魯炎的改裝車完成的，也可以稱為功能的轉化。」

永和接著舉例：「廣州，某人，腿有殘疾，不能騎車，但和那位愛爾蘭警察一樣，出門便推著一輛車。他的邏輯很簡單，車比拐杖方便多了。在他的思維裏，自行車、拐杖，也許還有手杖、輪椅等等都是並列的。」

出於健身構想，永和想到北京一位軍人扛著自行車上下班，旁人勸，總勸不聽，終因落得有礙軍容風紀的下場，受到處分。

永和：「這裡講的功能轉化，非常中國。如果是義大利出產的鈦合金跑車，重量輕得只需一根手指便可以舉起，它顯然就不符合負重鍛練的要求。」中國軍人擁有的，「可能是一輛紅旗牌加重車，中國人為自己使用方式而設計的自行車。」

反觀歐洲的自行車，「是為了解決個人的交通問題。」至於中國的自行車，永和說：「乃是要解決一個家庭交通問題，或大批量貨物的運輸。」又「載重量增加，是一種微妙功能轉化。」並且「正是這些功能轉化，使得自行車構成了一個屬於中國的文化現象。」

自行車與書發生關係，永和笑說：「是通過建築作為媒介，而促成的。」「契機是，我們自家公司，《非常建築工作室》所設計的作品之一，北京席殊書屋。這個書店的建築專案，利用一個現有空間，是一幢在一九五七年所建造的辦公樓內。」

為了讓人瞭解該建築設計的有機過程，永和拋出下列五個重點來說明。

首先，「辦公樓建築的古典風格是顯而易見，嚴格地，中心軸對稱。」

在那之後，「書店空間，在對稱軸的東側。」「在西側與它相應的位置上，則是一個通道，除了人來車往，裡面還放了不少輛自行車。」

永和接下去：「按照古典的規律，書店空間也應該是個通道才對。後來查看舊建築圖紙，證實了我們的推測。」然而，「我們所了解到的，只是這個空間作為通道設計的歷史，但並不肯定它是否確實被作為通道使用過。」

依次地，永和：「也許這個空間從未見過車流，但一直期待著車流。與此同時，卻承擔了樓內圖書館閱覽室功能。」

居後地，永和及其設計工作室團隊曾經設想：「在這個當時是空置的空間裏，作一次投射：將西側通道的現狀、樓內的圖書館都拍成幻燈片，然後再放映到牆壁天花板等表面上去，以便實地重現空間的部分歷史，尋找設計起點。」

永和同時憶起，在實施這個計劃之前：

「我們在思索過程裏，看到了書架與自行車的重疊。一個半書架、半自行車的裝置出現了，這或許能和愛爾蘭那半人半車的東西相比。這個裝置，立即被人們叫作《書車》。」

書車，雖然不是為了騎的，永和說，但是具有幾個功能：

「像加重車一樣，它能載重，可以壓上三千冊圖書。」

「它的車輪允許它轉動，書車與書車之間的關係是變化的，書店的空間是變化的。」

因此，「書車，最終的屬性是建築。」

至此，「我們似乎完成了一個歷史使命，車，終於進入了這個懷才不遇的通道。」

然而，建築設計並未就這麼停留在書車上。永和自己開創的《非常建築工作室》團隊，對傳統的《書建築》卻巧妙地呈現在當今的設計中，進行了再闡釋，於是又有了下列四點說明：

其一：「使古典構圖性的對稱軸，與功能性的書車軸，同時存在，作為車軸的圓形鋼管，又是支撐《二層夾層》的支柱。」

其二：「二層夾層的建築，是兩個傳統西洋書空間重合：中世紀的，為雙面彩光形成的線性閱覽室或圖書室；古典時期，鋪玻璃板讓天窗流瀉下來的頂光，層層透入書庫。」

其三：「書店夾層空間，不可能有外光，於是夾層的牆和地面，都用玻璃建造，內裝燈具，使其自身發光。」

其四：「書車的存在，加強了書店作為城市中的書空間的性質。」我聽得津津有味。

一路聽下來，感佩永和不但一口氣舉了愛爾蘭小說家弗蘭 歐布萊恩的作品「多爾基檔案」，並另舉：中國北京藝術家王魯炎；北京一名軍人；廣州一位腿有殘疾的人士；最後再舉自己工作室專案「北京席殊書屋」書店的建築為例，來闡述自己觀點。

待續。

十四

重回文學與建築兩者之間關係，永和眼裏「三不」第三個觀點，「不讀書」。此刻，永和首先聲明：「即使從嚴格的意義上來說，北京席殊書屋，它不算文學建築。它比較像是書的建築。」言畢，忙不迭的，舉了一個德國文學例子，當中有一個混淆文學與（書的）建築的記載：

「有位掃煙囪工人，在一個偶然的機會下，走進了圖書館，並感受強烈。在理解自己感受的過程當中，他領悟到一個理論，那就是作為知識載體的圖書，會對牆壁、天花板等建築有影響。基於此，工人認為，只要呆在圖書館空間裡，不讀書，依舊可獲得知識。」

實驗過程中，「那位工人也曾對自己理論動搖過，於是試著翻看某本書，但是他在讀第一本書的時候，更多的，是意識到那些不在讀的書。最後，還是回到他獨特的不讀書的學習方法。常常待在圖書館裡，一乾坐，就是一兩個小時，儘管有時昏昏欲睡。」永和揭曉作家作品：

「作家的名字是德布林。他這篇散文題目也是建築的：就叫《圖書館》」

接著預測：「不知道是不是有這樣一個可能？」

「這位德國工人對建築和文學的各自範疇，其實很清楚，只是選擇了建築。他的工作本來就與建築有關，熟悉對某種建築及空間的撫摸和體驗。」

永和探問：「再有一個可能嗎？」

陳述己見：「就是文學與建築之間界線真的模糊了，不過，不是在德國那座圖書館裏，倒是在法國新小說運動旗手，名為阿蘭 羅伯一格里葉，這位作家的小說中。」「具體地說，是羅伯一格里葉的早期作品，特別是名為《嫉妒》一書。」

永和再言，不同於所有前面提到的文學作品，《嫉妒》的內容並不重要。重要的是，它的寫作創作方式：

「描述，單純地描述，極其準確地描述，極其細緻又是平均地描述，所有的細節同等對待。」當然「只有可描述的事物才可入書，也就是說，書的內容是視覺的、表面的、物體的。如此這般，羅伯一格里葉是為了追求客觀。」

當小說中第一人稱（但不用『我』，『我』不客觀）在臥室中等待他妻子一整夜，焦急、疑慮，甚至等待，這些詞彙並不在文中出現。永和說，事實上，上述三個詞彙，像是焦急、疑慮、等待，都是他做為一名讀者，通過作者對那間臥室無微不至地描繪而體會到：

「迴避了『我』的第一人稱，一塊塊地數了房間內所有的護牆板，一一報出了它們的尺寸，羅列了牆上一幅畫作的每一個細部……直到房間中的所有。同時，光線每一點變化，即時間推移的細部，也都記錄下來。」

永和：「我看到一個焦急等待的人，看到的景象。」客觀，「又是表面的同義詞，因為，羅伯一格里葉拒絕了意義。」

如果文字有意義，「不是在字裡，而是在字面上。這點和羅蘭 巴特的《所指》與《能指》重合的理論相吻合。」事實上，「巴特也曾著文，分析過羅伯一格里葉的小說，稱它們為 Objective 文學，譯作《客體文學》，即客觀的物體的文學。」

說畢，永和笑道：

「我曾經有過一個衝動，想把巴特《客體文學 阿蘭 羅伯一格里葉》一文中，文學，這個詞，逐個換為，建築。因為我從中意識到一個建築的可能性。」

「成功了嗎？」我忍不住好奇地問。

「後來，」永和回應：「理性戰勝了衝動，未必是好事，只是對這個可能性進行了一系列推演捕捉，於是有了四個如果。」

如果「建築也拒絕意義，或許建築本來就不具備表達意義的能力，儘管具有表達能力，建築的《能指》與《所指》產生重合，建築只表達自己。」

如果「建築也回到基本的時空經驗，而不是特定的風格化審美經驗，人是參與建築，而不是崇拜建築，建築可能成為活人的建築。」

如果「建築的每個細部都被概念性地顯微，從而超越現實，建築反而成為現實的，也是尋常的，建築；建築反而成為現實的、尋常的建築了。」

如果「建築回到建造，就可能成為建築的建築。」

回到法國小說家羅伯一格里葉，永和：「他實際上就是用文字，確切地說，一個一個的詞彙，像尺上的刻度和磚一樣，將那間臥室，以至那幢房子，房子周圍的果園，都一寸寸地測量了一遍，搭構了一遍。」似乎「文字已不夠用了，《嫉妒》中出現了一張建築平面圖。」卻領略到羅伯一格里葉「不是在談論建築，他是在實踐建築，他成為了建築師。他建造了一個與建築創作方法上相通的文字，結束了古典建築與文學多少年來的厮殺。」

然而，「以上我心裏似乎明確，但無論如何講不清楚的這個建築可能性，可否產生新的文學建築呢？」隨著這個問題，永和笑語：「我們又回到文學與建築的零點。」

十五

探討建築空間。

對於空間塑造，貝聿銘認為它不在實，不

作者與張永和攝於印州蒙西市的民宅前，413 N Manning treet

在建築實體；空間的塑造而在虛，即建築之間、周圍空間，在於創造出色的容積感。也就是說，虛比實，更為重要。當空間創作了變化與銜接，這種虛的不同空間感受會讓人領略到神秘感，體驗到驚喜感。如果以東海大學校園為例，教堂本身建築實體的創新，此為實的空間；然而周圍空間而言，貝聿銘將教堂偏離中軸線，創造出一個開闊空間，此為虛的空間。實與虛相互輝映。

再舉例《夏威夷大學東西文化中心》專案，貝聿銘設計了辦公大樓一樓大廳，一個全被玻璃繞著樓層一圈，此連廊做為灰空間，加入了人性化元素，讓窗外群山從寬闊空間流瀉而入，巨大玻璃牆造就了開放空間的視野。又舉例《紐約甘迺迪國際機場的國家航空公司航站大廈》專案，貝聿銘將它設計成一個大器、延續感十足的開闊空間，比方說主體建築的環形通道、玻璃大廳、大跨距結構，這些設計巧思都讓進出旅客體驗到豁然開朗的空間。

如果以辦公室專案來處理，貝聿銘也提供兩種截然不同空間風格，即建築物內、建築物外，開闊空間設計概念。

建築物內，一座柚木直徑 7.6 公尺圓柱體，立足於辦公室，連接的是三百六十三平方公尺寬闊的接待中心，再配上落地窗與頂層露台，這些都提升了《紐約齊氏威奈公司總部辦公大樓》的開闊空間視野。順道值得一提，建築物內的流動空間也是貝聿銘所強調，舉例《華盛頓哥倫比亞特區的國家美術館，東館》這個專案，大廳裡，看見上上下下、不同層面的跨橋、樓梯，以及嵌入壁龕的電扶梯上，出現不少來往參觀訪客穿梭。

建築物外，貝聿銘第一件極富創意建築藝術形式設計，異於他早期城市開發專案，則屬座落於科羅拉多州落磯山脈腳下的平頂山丘上，當他四十四歲時接下《美國大氣研究中心》專案。那時候，貝聿銘放棄自己先前專案所追求簡潔、功能性和現代思維都被擱置在一旁；貝老反而突破契機，發揮創意，創造一個無限開放空間：眼前有整片山坡、原始蜿蜒山路、太陽、風、雲彩、岩石、松樹等大自然美景；整棟建築融入自然環境，而非孤立於自然之外，可與自然景觀和諧相處。回頭再拿《東海大學路思義教堂》為例，貝聿銘將教堂聳立在偏離了不同學院、圖書館、辦公室的文理大道中軸線上，為了更能彰顯教堂本身一種開闊視野空間。

趣味性對比的另一種空間表情，對貝聿銘來說，那種一眼望到底，例如大廳，反而構不成空間感。真正空間感受，來自於不斷變化與多種多樣的鋪陳。雖然十八歲遠赴海外，然而記憶裏的蘇州古典園林總是逗留在貝聿銘腦海。中國古典園林是大自然縮影，像是庭園裏乍現的亭閣、彎延曲折小徑和怪石與假山，一個由水、石、植物和建築等基本元素組合的微觀世界，讓人視野不斷變化，步移景異，帶來視覺上的啟發與無限想像空間。這不僅是貝聿銘的根，歷史遺留下來的蘇州園林，亦帶給貝聿銘在建築設計生涯發展過程中一個極為珍貴的際遇。中國園林更是這位享譽國際建築大師另一雙眼睛，美學的源頭。

由於我個人喜愛綠樹勝過花朵，因此當知曉貝聿銘瞭解到造成空間豐富感，不僅僅是建築，更重要的是樹，這句話深印我心。恍悟，原來建築大師不僅掌管了建築上的技術問題，卻也關懷涵蓋空間的設計與心境的營造。貝聿銘深信，建築最大潛能發揮乃在於技術、設計兩者完美結合。他的美學理念為，建築藝術與自然，兩者相結合，因而塑造成一條通往富足精神世界的管道。

貝聿銘在綠樹設計語言上，表現於——

把《東海大學路思義教堂》建築在山丘上唯一的一棵大樹旁，

把地處熱帶暴風雨頻繁而呈現熱帶景觀《夏威夷大學》專案旁，種滿了豆雨樹。

把兩株八百年的銀杏古樹，以及圍繞著大廳堂排列有序的大株梅樹，都設置在北京西北郊《香山飯店》專案場址上，營造出自然美景。

把一棵四十五年樹齡的松樹安置在紐約《齊氏威奈總部辦公大樓》，完全體現自然、建築藝術之間平衡美。

把一棵松樹種植在紐約市區東北處《卡托納地區度假屋》前，使得那棟專門為貝聿銘家人自建的屋宇，呈現出建築藝術與自然景觀相結合。

把五十株樹苗種植在《紐約基普斯灣廣場》那棟都市公寓大樓中央，形成一座花園，避開空間太過於寬闊之慮。

把具有歷史底蘊的賓州費城，一處歷史建築區「綠樹成蔭」的寧靜街景，全都納入城市更新《協會山》專案三座等高塔樓的不同角度。

把一排樹栽種在中西部愛荷華州《莫恩藝術中心擴建》專案中，襯托那一潭十五公分深的裝飾性鏡子般水池中央，一尊米勒的雕塑，更因此創造出具有變化、戲劇性的空間。

把一株株多分枝的橡樹種植在德州《達拉斯市政府大樓》的廣場上，增添城市景觀風情。

把佈滿山毛櫸、銀杏的天然山坡地選為紐約州《IBM 辦公大樓》場址，且在建築物中間設計了一個寬敞中庭和配有天窗的接待大廳，如此建築與自然、室內與戶外銜接，融合在一起。

把木蘭孤單地種植在康乃狄克州《喬特羅斯瑪麗中學的科學中心》大廳專案的中空露天花園中，繁花滿樹。

把特別從杭州運來二十公尺高的竹子樹，安置在《北京中國銀行總部大樓》場址上，藉由竹子，不但創造公共空間，並為中國文化在現代社會裡找到立足點。

把幾株樹木安置在《盧森堡現代美術館》中庭的水景園裡。

把一排棗椰樹設計在卡達的《伊斯蘭藝術博物館》場址上，讓從南邊進入的參觀民眾，行進中，經過沙漠驕陽下的棗椰樹旁，再從噴泉廣場延伸至樓前。

把精挑細選的竹林，點綴在《蘇州博物館》內茶亭旁，增添雅緻風韻，又博物館本身隱約現身於銀杏松柳相映成趣的園林中。

把北京秋天香山的紅葉，那片壯麗景觀的樹海被選為《香山飯店》建築專案的場址，結果建築師設計的藝術結晶在大自然景觀襯托下，展現了建築物與自然在視覺上撞擊出戲劇張力與平衡，並反映出中國人的傳統與生活情境，相得益彰。

「建築，」貝聿銘說：「它實際上就是空間，是造型。」

空間，理應提供「想像空間的可能性、空間變化、豐富多彩的空間體驗。」

當一個人造訪極富空間感、戲劇感，極具變化過程的建築，貝聿銘說：「那是空間排列組合的果效。」貝聿銘總括而言：「建築是空間，是造型。」為了讓空間、造型鮮活起來，貝聿銘再次強調，光線不可缺席，而光線中最美好就屬自然光，陽光給雄偉建築帶來生機，給一個個建築造型注入生命力。因此，天窗下的起居室，甚至設計出一個無窗的圓柱體辦公室，貝聿銘亦巧妙地在穹頂上方，設計一扇天窗，讓自然光線投射。另外，他善於運用透過巨大落地窗的結構，視窗，將視野蔓延至窗外人文景觀、空氣和光線的開放空間。巧思下，只想讓簡潔、環境設計連貫性、建築藝術，都能融入在四周整體空間的建築語彙，明明白白展現在世人面前。

貝聿銘設計語言，雖然有其共通性，卻又因爲專案場址的自然元素、地理環境、文化、氣候等等考量，而呈現出不同風姿的建築物語。

十六

張永和探索，文學與空間的可能發展。

文學與空間。

空間的敘事，穿插鋪陳了另一片錦繡。

首先，當一般讀者閱讀法國文學家安東 德 聖 埃克蘇佩里的作品《小王子》，無不沉醉於一位跑到地球來的小王子，歷經了一連串孤獨、友情、得到而又失去的愛。

小說浪漫劇情展開，永和閱讀到作家所設計的數個小空間，尤其對兩個文學空間特別賦予諸多想像。在這兩個很小的空間裏，永和意識到小說家用時間來衡量空間，時間是空間的尺度，空間是理性的。

第一個小空間，是小王子本人居住的小行星。它有多小呢？如果小王子想再看一眼日落，僅需向前挪一下板凳即可。

第二個小空間的極限，是掌燈人居住的小行星，小說家設計了這個行星自轉一分鍾，一圈。在這個行星上，有一盞路燈，永和猜想，它是一盞老式煤氣燈。「黃昏，把燈點亮。黎明，熄燈。」掌燈人行星「自轉如此之快，它的尺寸約一個籃球大小，或只要能放下路燈的基座即可。」本身喜愛創作插圖的永和，特別有感覺：「小說家自己畫的插畫，這個星球的直徑約一人多高，像是掌燈人身高 1.6 米左右，星球直徑，二米。」

我好奇：「回到先前你說，小說中的空間是理性的，聽起來，你眼中小說家筆觸挺方方正正；那麼我想問，作品裏哪個段落的浪漫最叫人印象深刻？」

永和：「像是讀到，當小王子憂鬱的時候，就格外地愛看日落。我前後算了一下，小說中出現有四十四次，可見小王子情緒之低落。」也就是，「小的概念，和憂鬱聯結在一塊兒，而被渲染上了浪漫色彩。」接著：「小王子訪問掌燈人居住的星球，並與他交談。掌燈人每句話開頭或結尾，都需要道聲早安或晚安，同時，熄燈或點燈亦然。」以及，「掌燈人最好就趴在燈柱上，這樣他無法走到白天的半球，去逃避他的職責。不過，小說寫道，他更想呆在黑夜的一面，睡覺。」

永和平靜地表示，這兩個存在小說文字裡的空間，「藉由想像就能經驗到。」如果「把建築抽象地定義為，人類創造的時空經驗，」那麼這兩個文學空間，「也可算作沒有建築的建築。第一個建築，相對物質的；第二個建築，純概念的。」

身為一名建築師，永和說：「法國小說家認識到，尺寸是構成空間的一個要素，從尺寸入手，限定了人對空間的基本感受，這一點也很建築。」然而，「對建築師而言，沒有物質存在的建築，總是一種遺憾吧！」

另一方面，當永和閱讀到日本推理小說家，安部公房，其作品「箱男」情節中的箱子時，喜見另一個小空間：「一個從頭上套下來，正好遮到腰部的紙皮箱中生活、行動的人。社會中低下階層的無名氏。」「日本小說家並沒有創造這個空間，而是詳盡記錄了它的形式形態、建造方法和使用情況。」「小說第一章，『箱的製作』，其中對箱的材料、尺寸、節點細部以及一系列問題都有談及。比方說，基本材料，硬紙板做的空包裝箱。一種被稱為『四對折』的紙箱最受箱男歡迎，因為它的優越性表現在實用、經濟和匿名性等方面。匿名，對箱男自然很重要。」

日本小說中的第一人稱，我，使用的是個冰箱包裝箱。

「小說中，箱的尺寸，看似有不一致之處。」

平面，「基本上沒問題，一米乘一米。」

高度，「它就有兩個不同高度了。一處說，1.3 米。一處說，從頭往下套到腰部，還不到 1.3 米。」永和進而以自己為例：「若以我自己身高 1.78 米作為參考，則七十六厘米也許，1.3 米是原材料尺寸，需截短，我閱讀時錯過了？不過，我認為長有長的好處，如果仍以我的身高為參考，長及膝蓋，那麼它更像大衣。」

同時想到一點：「背後下部需要能打開，這樣子，箱男才可能坐下。大衣是個比喻。箱，絕不是衣服，不附著在人體上。」

永和說：「箱，它的形式依順紙板材料的構造規律。箱，作為空間維護體系與人體之間有一定距離。使用、調節這個距離，箱男需要發揮創造力。頭頂墊上一本雜誌，腰上纏上一個麻袋，都可以提高箱子在行進中的穩定性，有助於改善人箱的動態關係。」以及「剛剛提到的雜誌、麻袋、箱子：麻袋，有貯藏功能；雜誌，也與確定窺視窗的位置有關係；至於箱子，它有防水、通風、經濟等等考慮。如此這般，又彷彿是在討論建築。箱，構成了一個人的生活場所，又是實實在在的物質建造，尤其對箱男而言，說它是建築並不過份，至少是類建築吧！」

這位日本小說家，「他一開始便交待箱子的製作，而且交待之細，除了模仿古典文學中，以場景描寫為開篇的傳統意思外，」這更令永和懷疑：

「作者是否想讓《箱男》的讀者預先如法炮製一個箱，然後坐在箱裏，透過窺視窗，去讀他這本書。」接著認為：「作者對寫作和箱子的關係直言不諱，說，箱男把箱子的內壁當作書寫的地方，也就是說，牆面和天花板，被當作紙張稿紙使用，當然箱子本身也是紙類。這壁上寫作的景象，體現了小空間和人的親密關係：箱男可以觸及居住空間各個界面。」

此觀點讓永和聯想到：「建築中，也有類似情況：佛羅倫薩美第奇的家族宗祠的地下室，低矮的拱券空間，牆面和拱頂連為一體，上面滿佈炭畫人體像。據說，米開朗基羅在做美第奇家祠中的雕刻，經常與學生們在地下室研討工作中的問題，將建築作為草圖紙，從牆面畫上了拱頂。」

接著永和比較了一下義大利空間和日本空間：

「美第奇家祠的地下室，它比箱男的箱大了許多，似乎是說，從手指尖延伸出去的建築永遠不會離人太遠。文學中，箱男即男箱，箱上窺視窗外只上緣固定的塑料膜的傾斜角度，構成男的眼神，人與建築化為一體，現實中，建築的生命力在於使用。」

不像日本小說家安部，愛爾蘭作家弗蘭・歐布萊恩卻在其作品《第三警察》，閱讀過程中，永和閱讀到第四個空間，寬一米。不僅如此，永和也注意到，警察局具體尺寸並未被詳細描述，只說，天花板不尋常高度之外，空間奇窄無比，愛爾蘭小說家以第一人稱書寫：「我不可能超過前面的第二警察。」第三警察的「塊頭不一般，進了一扇門後，便要側身前進了。上了一個高台階，每步一英尺（約 30.5 厘米），高約一英尺深，他也是側身上去的。最後，進入一個房間，警察局辦公室或警察局本身，它較先前的通道空間稍寬，中間有一個大約一英尺寬、二碼長（約 91.4 厘米）的桌子，是用兩個鐵腿固定在地面上，辦公桌上應有盡有。沒椅子，但是沿著牆壁有個壁龕，人可以坐進去。」

永和猜測：「坐地上？」

然後繼續回到小說：「作者描述第三警察使用桌子、牆壁。因爲牆壁上貼有圖表等。」還有「愛爾蘭小說家在作品中也提及：『我』曾坐入龕中。」

至於警察局空間有多窄呢？

永和點出：「咱們就拿『過道』來講吧！小說中是有描述：我，在其中正身走。今天現實生活中的『我』自己體重八十公斤，肩寬四十六厘米。」

這時，身為一名閱讀者，永和作了下列推斷。

「如果書中的我，肩更寬，過道的淨寬為五十五厘米。」第三警察「在五十五厘米寬的空間中側身前進，他的身體厚度可達五十厘米，」這樣子。「第三警察比我這名讀者的厚度，三十三厘米，厚出百分之五十。突出的部分定為腹部。」

另一個觀點：

「辦公室。此處，咱們反過來推斷。」

「如果，辦公室寬 1.4 米，便是兩個『過道』的寬度，2x55 厘米，加上桌寬三十厘米。然而第三警察是站著使用桌子，桌高可定為九十厘米。」永和舉出：「我的肩膀和第三警察的腹部，均可突出到桌面上來。」

再推斷：「小說家提及，在龕中能坐，意味著桌子兩旁空間不夠住；又辦公室寬度，稍大於過道，這說明辦公室寬度應小於 1.4 米。」如果，「空間窄至一米，桌兩側各有三十五厘米，人坐下，就有困難。」如果，「我和第三警察作比較，我也需要側過身來。至於第三警察，他的腹部將突出至桌子，即房間的中軸線，此空間使用仍成立，儘管不舒服。將一米寬的辦公室中軸線與過道的軸線，對齊了，辦公室每側，它比過道，寬出 22.5 厘米，還算符合稍寬的視覺感受。」

永和結論：「辦公室一米寬，不但比較接近小說中的描述，而且在現實生活中，也是可能的。」又認為「愛爾蘭作家歐布萊恩為如此狹窄空間，提出兩個理由。」

第一個理由：「是它在牆中。歐布萊恩一定見過不少古老的磚石建築，牆體往往很厚。面對厚牆，他可能情不自禁地想像到牆中的空間，以及至牆中生活。」接下來推斷：「如果設第三警察的警察局是用磚砌築的，室內空間寬度為一米，兩側各有一道四十八厘米厚磚牆，即四塊磚的厚度，壁龕可做兩塊磚深，厚二十四厘米，得總厚度 1.96 米，相當厚，但仍不失為一堵牆，確切說，是夾壁牆。這種牆在中國傳統中也存在。即然是一堵牆，非一個獨立建築，這個警察局便可寄生在一個建築上，成為那個建築的一部分。」

第二個理由：「歐布萊恩也正是如此設想的，是經濟因素。」至於具體來說，如何經濟呢？永和：「不確定，好像與少納稅有關係，或產權稅。」並且想起加拿大：「蒙特利爾市，至今有規定：舉凡大門前台階未做的住宅，不算完工，便可不付產權稅。該市因此有著許多門前沒台階的房子。」於是「經濟的邏輯促使建築形態產生變化，包括極端的變化，這在現實中很普遍。似乎有了這層考慮，小說作者的建築顯得更實際了。」由於「它非同尋常尺寸，它超越了實際，成為一個又能脫離功能存在的時空經驗。」

張永和一度沉浸在奧地利作家弗蘭茨 卡夫卡的小說《審判》情節中。永和看到卡夫卡也表現出對建築的興趣，不過與歐布萊恩不同之處在於，奧地利長篇小說家創造的，不是「特殊空間」，而是「普通空間的特殊功能關係。」永和認為：

「作者把審訊庭放進了窮人居住的多層公寓。公共的市政空間，混建於私密的居住空間之中，於是主人公K，上上下下在居民樓中尋找審訊庭的情景。K不直問審訊庭所在，使他在居民樓內的歷程迷離撲朔。不確定自己的位置是與目的地接近了？還是遠離了？像在迷宮。正如迷宮中的典型遭遇，K每敲開一個門，到達了一個新地點，景像一樣：一間房間，一點透視，妻子在做飯，這是前景；丈夫躺在床上，這是背景。」

實際上，「作者就是通過功能的非常嫁接，而非複雜空間變化，創造了一個城市性的垂直迷宮。」比迷宮更誇張，永和想：「就是，即使K到達了目的地，也不明瞭自己的所在與處境。」這時，永和推斷原因有二：

第一，「K心裏有一個審訊庭的形象和景像。他所見到的，顯然與之不符，因而無法判斷小房間內年輕女人在桶裏洗小孩衣服的意義。」

第二，「功能重疊得出人意料。」即使「沒有先入為主的概念，K也無法推測出，私人住房與審訊庭前廳的聯繫。」

一旦瞭解到其中邏輯，那就是，「這家人的丈夫是審訊庭的看門人，他們的住房作了審訊庭的前廳，所以不用付房租，這又是一個經濟的邏輯，而且功能重疊，又變為平凡的枯燥。」

確切地說，「這間房間的功能重疊，它更接近功能交替。」

關於這一點，永和進一步解釋：

「審訊庭開庭日子，居住用的家俱便要被搬空。作者卡夫卡沒交待往哪裡搬？兩個功能並不真正同時發生。」

講到此，永和急於澄清：

「請大家不要認爲，我企圖得出某些文學家等於建築師的結論。」所以，「歐布萊恩不是建築師。卡夫卡也不是。」

雖然如此，張永和倒相信：

「他們的文學寫作，借助了一定的建築思維。」比方說，「我甚至猜想，當卡夫卡描述審訊庭所在位置，腦海裏，是否曾有一張那幢住宅樓的建築平面圖？我不肯定，是否這張平面圖只在我自己腦子裏？」

另一方面，遊移在卡夫卡的字裡行間，張永和掌握到下列七點，關於這幢住宅樓的情況：

「很高大的一幢建築，至少六層，審訊庭在第六層。」

「有寬廣院子，四周都有建築，還可能有別的一個或多個院子。」

「有四個樓梯，其中一個梯，相對地靠近建築入口，以及街道。」

「房間是聯排的。」

「每間房間，有一扇窗，意謂著房間對外，建築深度是可知的。」

「審訊庭緊靠樓梯。」

「審訊庭是一個中等大小的房間，有兩扇窗。」

說著說著，永和的腦海又浮現了下列三個如果：

「如果，只有一個院子，以上所有線索可用一個『回』字形平面來解釋，像是沿『回』字的裡面那一圈，是一條交通走廊，外面那一圈，則是四排房間。『回』字形的平面在四角上都有空間靠不到走廊，這樣的轉角或死角空間，一定會出現套間。」

「如果，典型房間的寬與進深比，是一比二，死角形成的房間面積，是兩個典型房間，形狀比例是一比一，有兩面牆向外，每一面牆，寬是兩開間，可有兩個窗子。因此，審訊庭很可能在轉角處，至少這個位置很合理。沿著走廊規律排列的房門，不會被套間的出現打斷。」

「如果，有其他的院子，總平面會成為『日』或『目』字，但基本的空間聯繫，是『回』字的重覆。在『丁』字角的空間，只可能有一面向外開窗，也就是只可能有裡窗。審訊庭在『丁』字角的可能性也很大。」由於院子重覆出現，「院和院之間的建築情況會複雜些，像是中間建築是否兩面均有走廊？小說中就此點，沒有足夠說明材料。」

閱讀到書中還有不十分確定的信息，按照常理，永和推出下面可能性：

「K上的樓梯，是離街道最近的一個梯；上去六層，下來，再上六層，均為此梯；審訊庭為梯旁第一個房間，因此，審訊庭在臨街的一個樓角裏。因此，當K在街上行走時，預審法官是完全可能從某個窗口探出頭來看到他。卡夫卡下意識地暴露了他為審訊庭安排的臨街位置，也許？」

張永和猜想：「我尋找的是，卡夫卡超現實的現實基礎。」只有「在一個理性環境裏，卡夫卡的想像才能生效。」審訊庭「是一層樓高，歐洲舊式建築的層高，通常比現在高。但是尚未達到現在層高的兩倍，很可能是3.5米左右，加了夾層迴廊，底下或上面的人，便站不直。結果迴廊上便出現了頭上頂著墊子的騷動人群。」

張永和深知：「劃分理性與非理性，常常是無意義。」然而「小說《審判》中的城市，至少從審訊庭所在的那條滿佈灰色高樓的街上來判斷，不知道是秩序的專制，還是無差別的平等，好像理性、非理性，剛好平分秋色。」

另一種空間屬性，張永和把它歸類為非文學，即空間六和空間七，並舉《城堡》一書為例，作者卡夫卡還設計了一個辦公空間：

「一條低矮走道上，兩邊兩排小房間。」

「特殊處，小房間的隔牆是不到天花板的，聲音可以互相聽到。」

「人們壓低了嗓音交談。」

「人們還從隔壁上，露出眼睛，窺視。」

「卡夫卡無意中預示了，後來出現的開敞式辦公環境，以及矮隔間。」

「矮隔間高度1.3米到1.6米之間，不設門。」

「放置在開敞環境中，如兩個建築同時存在於一個空間內：上層，是公共的；下面，是個人的。」由於無門，「小說家描述人與房間的鬥爭，在這裏不會發生，這倒是在更傳統的全封閉房間構成的辦公空間中，持續不斷。」

基本上，「傳統辦公室和審訊庭所在的居民樓，沒有本質區別，每個進入其間辦事的人，都有和《審判》中K類似的經歷。」

「因此，」張永和表示：「我對不同辦公空間進行分析的時候，把傳統封閉式的辦公室稱為卡夫卡式建築。」

然而，「不封閉的矮隔間，也依然差強人意。」

卡夫卡提到音響問題外，張永和認為更重要的是，矮隔間與大空間之間的矛盾：「矮隔間存在的理由，是遮擋視線，又擋住了自然光和室外景觀以及大空間本身。只有當一個人放下手邊工作，去喝水或洗手同時，大空間、陽光、景觀才對他有意義。這時候，享有著這一切的他，又難免不會向其他矮隔間內窺視。」

回到小隔間去，「重新被剝奪曾經的擁有，工作無形中成為懲罰。」

「以上分析，」永和表示：「正是為了一個辦公室空間的設計實踐而進行的。」

「根據分析，我們目前設在北京的《非常建築工作室》團隊，」於是「設計了一個顛倒的辦公室。」

說完，見到我一臉茫然，永和笑一笑，揭露以下真相：

「辦公室空間是用玻璃隔開，從地面到天花板，高度為 2.6 米。」

「玻璃牆從中間被分為上下兩段：上面 1.3 米，是半透明的，只有光線透過來；下面 1.3 米，是透明的。」

「辦公室空間，在垂直方向上，出現了一條中軸線。但是它不帶來對稱，不是對稱軸。也許可稱它為轉軸，矮隔間被翻到上面去了。」

「辦公室空間的使用習慣，被顛覆了。也就是，在這個辦公室裡任何一點，第一，當你坐下來工作，你可以看到大空間和窗外，同時，透明玻璃的存在，保証了隔聲、隔音效果。第二，當你起身，半透明的牆是圍合的，房間出現了，提供你視覺上私密性。」

「這項建築工程，我們於一九九七年完成的。」永和笑道：「辦公室使用的過程中，上下級的部屬關係轉化成為，『看』與『被看』之間相互作用，而這真是始料未及的。」

我恍然大悟。

至此，永和大笑起來：

「我讀文學的功利性一面，也已暴露殆盡了！」

十七

建築是創作。貝聿銘到張永和，身處不同世代，各自揮灑出一片天。

他們留給世界文明的建築藝術，是一種精神標竿。

深信，兩人建築藝術生命比他們活得還久。

十八

如今，我發現上海出生的貝聿銘到北京出生的張永和，兩人有相似之處：

其一，麻省理工學院的淵源。

貝聿銘在麻省理工唸工程，畢業後，赴哈佛大學唸建築研究所，並曾在哈佛校園內教書。往後，貝聿銘更接下母校麻省理工學院的建築專案，像是《地球科學中心》、《化學樓》和《化工樓》。麻省理工培養出貝聿銘這位學生，後來輪到麻省理工向昔日學生貝聿銘學習了。至於張永和，一旦從中西部印第安納州波爾州立大學建築系畢業後，遠赴西岸加州柏克萊大學建築研究所求學，輾轉，再遠赴東岸麻省理工學院擔任建築系教授兼系主任。

其二，青春時期離開中國，遠赴美國求學發展。

兩人都在新舊文化之間構建了建築藝術的橋樑。當年貝聿銘十七歲，張永和二十五歲的時候就離鄉背井。

其三，父子相傳的建築世家。

貝聿銘和兒子之間、張永和與父親之間，建築美學的傳承。貝家，融合藝術和文化靈魂的「現代主義建築大師」貝聿銘，當初接下《香港中國銀行大廈》設計專案，其子後來也接手《北京的中國銀行總部》設計專案，不過中庭部份，主要還是由貝聿銘負責設計。張家，擔任中國建築學會副理事長的父親張開濟，設計作品包括天安門觀禮台、釣魚台國賓館，至於其子，現今被譽為「中國現代主義建築之父」的張永和，設計作品包括了北京席殊書屋、山語間、二分宅。兩家父子，兩代均在多樣面貌的建築風格裡，文化尋根；兩家的兩代均在選址過程中、歷史中，去尋找藝術靈感。同時，貝家與張家前後兩代的建築成就，也都各自相互輝映。

其四，貝聿銘與張永和都成立了屬於自己風格的建築師工作室事務所。

其五，貝聿銘、張永和，各自成爲國際上知名建築設計師，雙雙卻也兼具含蓄內斂的東方美學素養與謙沖的人格特質。

貝聿銘獲得普立茲獎，並獲選為英國皇家藝術學院名譽院士，也被獲選為法國建築學院海外院士，以及榮獲美國國家藝術勳章。

張永和獲得紐約建築聯盟青年建築師論壇獎，也曾受聘為哈佛大學設計研究學院丹下健三教授教席，並被受邀連續七年（二〇一一至二〇一七）擔任美國普立茲建築獎評審，更獲頒聯合國教科文組織藝術貢獻獎，表彰張永和在視覺藝術領域上創新的表現。

其六，貝聿銘、張永和，雙雙都選擇落腳紐約市，不僅那兒是他們職業生涯大本營，也是居家之地。

其七，兩位雖為建築大師，但都沉浸於文學世界。

其八，貝聿銘與張永和均具有溫文儒雅風範、幽默感，而且喜歡戴付圓框眼鏡，常展露老頑童般純真笑容。所謂人如其建築精品，謙遜不招搖，神秘不求排場。

其九，待人謙和，笑容靦腆，但是人後，兩位更堅忍地努力去尋求自己的夢想。

最後，生活態度上，不約而同地都遵行低調中的奢華。

十九

兩位建築師教導我，建築除了有造型，還有設計、光線，並加以處理過的律動。

此外，工程專案本身而言，兩位建築設計師擺脫東西方建築傳統禮教與束縛，堅守對理念之美的追求，給自己一些人文想像的趣味，勇於創新、創造，因而建築意象鮮活，活出自己獨特的藝術夢想。貝聿銘和張永和，兩人把所有情感投注於建築設計，無人能限制他們心中的偉大丘壑，又兩人把微妙、優美的建築視野，一再琢磨後，成為一件件藝術品，為城市留下記憶，為當地留下建築地標。凝看建築外觀，或是走進兩人所設計的作品世界，總讓人感受到那股默然散發出來的音樂性、凍結的旋律、石化的音符，進而獲得極大美感，帶來心靈上喜悅。

貝聿銘曾在巴黎一家咖啡館與一位挪威藝術家搭訕，貝聿銘從此意識到，建築要是加入雕塑元素，會有意想不到的質感。

更早在哈佛求學期間，貝聿銘即已認定，歷史和建築，這兩者可是緊密相連，因此主張建築的精髓乃藝術、歷史也。離鄉背景多載的兩人，建築生涯成長歷程大抵在歐美發光發亮，然而貝聿銘與張永和雙方均有默契地摒棄古希臘、羅馬或文藝復興時期佛羅倫斯所高舉的歐洲傳統建築美學，只對結構做出忠實表達；同時，雖說兩位建築師，骨子裡建築藝術的根是中國傳統，然而對中國文化遺產的探索，均被兩人視為新芽，藉此打造出一條中國現代建築之路。

兩人具備了微觀、宏觀的美學視野，建築設計理念因此才感動了整個世代。

貝聿銘，是我踏進欣賞建築之美的啟蒙老師，但從未謀面。

張永和，是我個人在印第安納州校園內遇到的建築系老同學，耳濡目染之下，不經意地，也被張永和引進到那畝屬於建築土壤的桃花源。

甫進大學校門，驚豔東海大學校園總體規劃設計之美，還有貝聿銘真正參與設計的路思義教堂。不僅如此，出國留學期間，亦先後目睹貝聿銘在美國設計的華盛頓特區的國家美術館東館、印第安納州哥倫布小城的公共建築設計，還有歐洲法國羅浮宮的金字塔設計。國家美術館東館被讚譽為後現代建築史上重要紀念碑，因為豐富造材、幾何構圖與完美細節設計。尤其貝聿銘一九八三年在羅浮宮博物館翻修與重組的公共專案，設計了高科技極簡幾何圖形、現代風格的玻璃金字塔，此專案立即躍身成為巴黎天空下藝術和文化的靈魂。日後，我才瞭解到，在貝聿銘公共建築、宿舍大樓、學校、博物館這四種建築設計專案當中，他始終鍾意的主題是博物館公共作品，因爲這個領域最能展現藝術、歷史、建築三方密不可分的整體美感。

在張永和建築作品的召喚下，我亟欲踏上另一程美學之旅，親炙老同學的藝術天地，並且趁機能與老同學張永和敘舊言歡。

二十

貝聿銘已逝。然而每年聖誕夜，只要人在台灣，我都會不厭其煩地返回東海大學母校，夜宿於校友館，只為了當夜走進路思義教堂參加平安夜聚會。

至於張永和，我們目前仍留在當年一群留美同學的微信群組裡。年前，晚冬，午后時光，張永和從北京上傳了一段語音留言在社交群組裏，說——

「沈定濤，剛才看了你上傳家裡擺了特別藝術的照片兒，想起一件往事。當時在印第安那，我應該已經返校教書了，你還在唸博士吧！有天下午，你邀請我吃下午茶。如果沒記錯，你當時是借來了幾件放在宿舍房間裏的盤盤碗碗，你搭配得特別好看！當時吃了什麼？也不記得了。只記得，好像是整個下午茶點吧，餐具擺得特別好看。我對這件事兒，印象特別深！」

近子夜，二〇二〇年，微信傳來張永和的語音留言，春天四月下旬——

「哎！沈定濤，你好！

加州的新冠肺炎的情況不知道怎麼樣啊？我們這兒呢？還行！只不過還沒有完全恢復正常。

我和魯力佳呢，就是，上午，在家，鍛鍊鍛鍊身體，做點兒事情。

下午呢，吃了中飯以後，就去上班兒，上到晚上七、八點鐘吧，回來。

所以，我們這兒其實倒是生活挺有規律。也不像原來，老出差那麼忙，所以還都挺好。

所以你在加州，也要多多保重。

已經好久沒去過上海了。

我們現在就是，就不離開北京。因為，離開北京，回來就要隔離十四天。上海他們的日子應該比較好過。不過，那個張阿姨，是不是他們倆口子都在加州啊？」

今年二〇二二春天四月中旬，早晨，微信捎來另一則張永和語音留言——

作者與張永和攝於加州柏克萊大學的校門前

「哎！沈定濤，我是張永和啊。

我跟魯力佳，我們倆兒在舊金山。

本來想後天從這兒坐飛機回上海，現在看來，最好是不回去（疫情的關係）。所以，我們倆兒決定，後天再返回到紐約。我不知道你明天有空、方便嗎？就是，我們正來加州 **Fremont** ，跟幾個親戚吃個中飯。要不然，我們吃完中飯去看你，去山景城找你。」

大度山上的教堂

四月初，大學同窗於畢業後三十五年重返大度山青春校園，出席人數大約當年全班人數的半數，二十八位男女同學興奮地共襄盛舉。

老同學男男女女遊走在路思義教堂的草坪上，說笑並大合照。

聽聞，當年英國籍系主任謝培德先生（Mr Shepherd）退休後返回歐洲故鄉，數年後辭世。

春日午後，班代表發表感言：

「原本平靜生活被這突發性的同學會，確實帶給自己一個很不一樣情境。時空所捲起的片斷，無不在記憶深處與重逢當下，撞擊出既熟悉卻又陌生複雜心情。曲終人散，真得花一點時間去調整，才能回歸原來位置。我讓自己放鬆了好多天呢！」

奧地利小城 Frankenmarkt 沒有大海

鄉村生活方式、獨特的方言、深具特色的習俗與文化。

小鎮遠離蔚藍海岸，一個看不到海的聚落。

家鄉小鎮位於上奧地利州，總人口數三千多人，距離歷史悠久第四大城，薩爾斯堡 **Salzburg**，約四十公里遠，距離德國邊境約五十公里。

沿著德、奧兩國山區邊界徒步而行，花上一天行程即可抵達德國境內。

雖說官方語言是德語，然而奧國不同地區的居民會使用不同的德語方言來作彼此交流。

家鄉 **Frankenmarkt** 小鄉鎮，靠近德國邊境。邊界兩端，奧、德兩國人民講相同的德語方言，意謂著雙方都講著非字正腔圓那種標準德語。比方說，陋了一個字母、或有些發音異於標準德語。但是當奧地利鎮民越境，去了德國北部，耳畔就會聽到另一種德語方言，不但得專心聽對方講德語，還得儘量說出比較優雅流利的德語。

年輕奧國總理 **Kurz Sebastian**，只有三十三歲。

小鎮年青人，史蒂芬（Stefan Schwaighofer），離開就讀「上奧地利」的應用科技大學（University of Applied Sciences — Upper Austria)校園，擱下正在攻讀「移動計算機處理技術（Mobile Computing）」碩士班課程，告別親友們。

收拾好行李，九月初，搭乘台灣長榮航空遠赴台灣姐妹學校，位在台北的一所科技大學，欲體驗身為國際交換學生的受教機會，同時體驗一下台灣文化與生活，一段為期五個月留學台灣的國際教育。

一

民以食為天。發現台灣人比歐洲人喜歡口味較甜食物，比方說飲料店賣各式茶點、熱巧克力，甚至當地釀造的酒為例。台北大學生尤愛手持紙杯，杯內為飲料店賣的茶點，但是都帶著甜味，這有別於歐洲咖啡店販售不是那麼甜的茶飲。前往南台灣大城高雄、或古城台南，在那兒停下腳步，點了一杯外帶茶飲，驚覺到其甜度更甚於北台灣。

對史蒂芬而言，高雄，是個大都會，人多熱鬧。

台南，就會顯得生活步調悠閒，無所事事。

說到吃，台灣美食太多，多到令人無暇想念歐洲家鄉味。

喜歡吃包著叉燒、花生粉、砂糖和包心白菜的全麥潤餅捲，還有牛肉麵、胡椒餅、餃子、小籠湯包、街旁小販所兜售香草奶油黑輪餅、校內素食《吃到飽自助餐》，以及各式各樣新鮮水果，尤其那些在奧地利從來沒有見過，火龍果和芭樂。

相較之下，歐洲家鄉水果僅限於那幾樣，蘋果、草莓類、梨子等，而且其盛產期僅落在為期兩個月的夏季。

至於歐洲主食麵包，很難在以土司麵包為大宗的台灣見到。不過還算幸運，發現離住處不遠台大附近，公館，近台電大樓捷運車站旁，有家德國美食餐飲麵包店，**Goethe Gourmet Gasthaus**。雖然如此，留學生活五個月當中，光顧那家「歐孃德式美食哥德店」僅三次而已。

何故？因爲「來到台灣，我一點也不懷念故鄉食物。」

因爲身在四面環海的島上，美食數都數不完。

不過，台灣美食當中，曾經嚐了鴨血和臭豆腐後，這位奧地利青年因為消化不良而拉肚子。

某天，獨自遠足去爬台北近郊的大屯山。

那天不是周末，而是一般平常日子。爬山途中，遇見幾位長者也在登山運動。

當時，爬了約三分之二山路，見山徑邊有板凳，留步，想歇歇腳。

見到幾位五、六十歲台灣婦女早已坐在板凳上休息。

當歐洲年輕人坐下來，身旁不太諳英語的婆婆媽媽們拿出餅乾點心，使用肢體語言和簡單英語單字問道：

「要吃嗎？」再以關心口吻：

「看來你自己隨身帶了野餐食物，但夠吃嗎？」

想起，赴台灣前，奧國身邊友人就提及台灣人友善，而且愛助人。人來到台灣，住下來，印證所言不假。比如有次在台北光顧一家新加坡咖哩餐廳，店內無英文菜單，正困惑著。見狀，一位女學生模樣客人挺身前來探問：

「需要幫忙嗎？」

解說完菜單內容，然後建議可以點哪些餐食，像是雞肉咖哩、牛肉咖哩、或豬肉咖哩飯。

有次，人在台北火車站大廳想買車票，困惑地望著中文告示板，束手無策。陌生人善心詢問：「可提供協助嗎？」

深感這兒人們多麼不同於家鄉奧國人。

家鄉人亦屬友善，但只建立在對方主動開口後，才會提供協助。哪像台灣人這般善解人意，主動助人。

二

生活上，觀察到台灣女性不愛曬太陽，除了避免綴紋上身、遠離皮膚癌之外，認為皮膚白嫩才美麗。反觀歐洲女性卻熱衷日光浴，只想把皮膚曬成古銅色才美。

台灣太陽炙熱，為了保護眼睛免受傷害，總會戴上一付太陽眼鏡。

史蒂芬發現，台灣當地男女外出時，甚少戴太陽眼鏡。

來台灣前一年，旅遊越南。領教過東南亞炙陽，學習當地人打傘遮陽。

台灣，艷陽高照。街上行人也會撐開陽傘。奧國青年入境隨俗。

寶島人民常戴口罩來保護自己和他人健康，這景況和日本類似。於是在商店和火車站遇見戴口罩的工作人員。

住在台灣難忘的生活習慣，首推彼此道聲「謝謝！」不離口。另外，台北捷運車站內，乘客井然有序地排隊上車，不爭先恐後。至於台北有趣畫面，當屬迎面而來一輛嬰兒娃娃推車。交會之際，發現舒服地待在推車內不是嬰兒而是小狗。這點又和日本很像。

最難耐的生活經驗首推住家環境。每當夜晚推窗，好讓空氣流通，怎奈總有一股難聞氣味飄進屋內。奧地利不但小鎮空氣鮮美，連大都會也不遑多讓，空氣品質佳。

人在台灣會想家否？從未。

話雖如此，閒暇之餘仍會使用互聯網、社交媒體，上傳幾張海外生活照片給遠方父母。母親也會在線上分享幾張居家或旅遊照片給兒子。有次，邊看家人戶外滑雪留影，邊想：

「我會滑雪，但並不熱衷此道，卻喜歡在雪花紛飛裡，一路走上山頂，然後再走下山。」

秋季開學後，選修兩門課，程式語言「知識推理系統」、以及有關數學運籌理論「排隊理論」，也就是隨機服務系統理論。台灣教師在課堂上教學表現與奧地利的教學方式，有所落差。

課堂上，教授只傳授主題，無興趣去啟發學生學習熱情，反而把整個課程教得艱澀難懂。課堂上他也發現，班上台灣同學每位數學根基都很札實。實際上，史蒂芬數學基礎程度僅屬普通一般，奧國大學是以應用科學為主。因此，台灣老師在純理論教學方式下，上課時使用很多方程式、公式來說明一些科學觀念，或僅拋下一句：

「你們基礎數學都不錯，所以用方程式就可以找到解答了。」

說畢，台灣教授就未再繼續給學生提供詳細解答。

上完幾堂課下來，史蒂芬不但沒有一種修讀碩士班課程的感覺，反而懷想起他在家鄉奧國應用科技大學上課情形：

「教師上課，目光會巡視學生聽課反應，盡其所能讓學生明白教學重點。」

如果看到講台下，學生困惑表情，立即接連問道：

「你們瞭解嗎？」

「你們看來不甚瞭解，我要再解釋一遍嗎？」

「我需要用另一種方式再講解嗎？」

在奧地利，課堂上，當論述完一些理論或觀念後，為了測試學生是否真正瞭解，就會當場出題目叫學生演練，達到「做中學」教學效果，一直到教授確定學生們都懂了，才會跳到下一個單元。課堂後，提供有實際操作的實驗室訓練。換言之，學生得花一半時間在課堂上學習理論，剩下來時間，則注重在實驗室演練，如果做不完，可以帶回家繼續操演。

三

台北的大學少有實習工場的實際操練，講師大抵以幻燈片為輔助的純理論教學。

年底，我從機場搭計程車到公館汀州路上一棟老式電梯公寓大樓前，位於東南亞戲院正對面。民宿業者遞交給我位於二樓房間鑰匙。

停留兩星期臨時安身之處，麻雀雖小但五臟俱全，電視冰箱、寢室和衛浴設備一應俱全。

快樂地在城裏探親訪友。平日，我也會從住處大樓走到對面水源市場內買水果、吃飯、買饅頭花捲；要不然，走向人車來往熱鬧的羅斯福路，穿越馬路，走進台大校園內健走運動。

一個禮拜過去。

有次外出歸來，正要開門，聽到隔壁鄰居也正好開門準備外出。下意識地轉頭望一眼，見年輕面孔洋人男子。兩人對望瞬間，我迅速面無表情不作聲，迅速轉正了頭，推門入內，將門帶上。

巧不巧，次日，電視接收不到任何畫面，焦急萬分。事不宜遲給管理員發出簡訊求援。對方回應，數小時後會遣派工作人員前往檢查。等待期間，想到跟朋友約好了見面時間將至，時間緊迫下，整個人在屋內變得六神無主。當時，心中盼望隔壁能傳來外國年青人進出動靜，盤算著：

「我會厚著臉皮，不恥下問，開口求助。」

同時，「希望他不要把我昨天對他表現出冷漠態度放在心上。」

真巧，不多時，隔壁開門聲響傳入耳際。

立刻打開房門，我告訴正欲外出的年輕人有關電視故障問題。

出人意料之外，他二話不說，熱心地隨我進門，幫忙檢測一番。眼看他調整機器一會兒，電視畫面重現。喜出望外，問其何故？

「下次，再碰到這種情況，只要把電視插頭拔掉，過一陣子，你再重新開機，這樣做，一切就會回復正常了。」

外國青年幫忙解決燃眉問題後，展顏，噓寒問暖：

「待在台灣還習慣嗎？」

「很有趣！」接著：「有空的話，我分享給你聽。」

當下爽快答應，因爲我一向喜歡去聆聽任何人的生活故事。

由於與朋友有約在即，於是彼此相約改天碰頭，再聊。

四

一月十日，星期五，早晨十點四十分，史蒂芬請我在台大校園附近一家丹堤咖啡店喝咖啡。邊喝邊聊：「去年九月初，抵達台灣，註冊成為科技大學國際交換學生。我選修有關手機應用的課程，像是軟體開發與程式設計。一月中旬，也就是沒幾天之後，將是我返鄉奧地利之日。掐指一算，待在台灣將近有五個月光景。」

「對台北第一印象，相較於我曾去過的國家像是馬來西亞、越南，台北算是非常西化。三地比較，馬來西亞空氣污染嚴重，市容不整潔。越南也有空氣污染嚴重問題之外，摩托車橫行到把人行道都佔領了，於是在河內市，行人無法使用人行道。台北呢？城市摩登、乾淨。台北交通情況雖然緊張，但行人可設法應付過去。尤其在大眾運輸工具、人行道，這兩項公共建設都有組織、有規劃。只要我想過街，我大抵都能輕鬆過街。」

「話說如此，我不會選擇留在台北永遠住下來，我太愛我的國家奧地利。」又，「比起七、八百萬人口密集又有趣的台灣大城市，我可說是來自鄉下小村落。鄉村景緻優美，但少了熱熱鬧鬧活動。我奧國的家附近就有三座湖泊，冬天湖水冰凍，夏天湖光水色美麗。」

史蒂芬請我喝咖啡並暢談自身故事，悠忽，將近午時。我提議：「為了回饋你請我喝咖啡，等一下，午餐，我請客。」

走進水源市場，坐在熱炒店家的木頭長板凳上，吃著熱騰騰剛上桌沙茶牛肉炒麵、熱呼呼冒煙的豬肝湯。看見史蒂芬熟練地使用筷子吃麵，用湯匙把豬肝吃盡、把湯喝光，我滿意極了，慶幸自己點餐應無誤。

飯後，走回汀州路。半途，再從口袋掏出幾個銅板，請史蒂芬吃他愛吃的奶油香草車輪餅。

隔天，氣候微涼，陰天。早上十點半左右，史蒂芬請我在台大校園裡 Louisa 咖啡店喝拿鐵咖啡，他自己點了一杯濃香 Espresso 咖啡。等待咖啡上桌，我從背包裏取出一袋蕪花糖，兩人各自拿了一包，好配著咖啡喝。意外地，他拿出手機，把裝甜點蕪花糖的袋上中文、整個包裝拍照留念。

那次相聚，雙方聊開了。一看手錶，近午時一點鐘。

我說：「上次，請你吃我愛吃的本地風味餐。今天中餐，說說看你愛吃什麼？我請客。」

走進羅斯福路四段52巷16弄內一家日式豬排專賣店。

點餐時，我依樣畫葫蘆，也在「和風豬排蛋蓋飯」方格內打了一個勾。

再次重申：「我請客。」

史蒂芬婉拒，堅持輪到他來付帳。

當食物送上，我用手機拍下餐具及美食照片。

見隔壁桌有一位女大學生正在用餐，靈機一動，問史蒂芬：

「我可以跟你照相留念？」

接著，轉頭向隔壁桌女同學詢問：「可以幫我們兩人照張相？」

照完相，手機歸還給我之後，迫不及待看一看合照效果如何？然後再遞給史蒂芬瞧一下。

看一眼，史蒂芬立即說：「我喜歡。可以Line給我嗎？」

「當然可以。」

用餐中，奧地利青年談到「英國脫歐，非明智之舉！」「奧國總統民選。但是他在政治上無實權可言，而真正權力掌握在總理手中。」

接下來聊到：「待在台灣，跟我身在歐洲家園一樣，喜愛爬山。」

足跡遠及「七星山，人在山頂上觀賞大自然、群山環繞。」史蒂芬繼續：

「大屯山，多霧，雨落，氣候變化多端。」

「五寮尖登山口，當時連繩索也派上用場。」

歐洲家鄉每年四月到九月，「遠足、踏青郊遊的好日子。」史蒂芬又說，冬天，走了一趟台灣「富貴角燈塔」，霧起，茫茫大海，無法遠望。燈塔邊，面向海水，心情激動：「奧國沒有海景。沒有燈塔。只有美麗湖水。」

聽到這兒，我忍不住插話：

「燈塔，想到年輕時跟兩位朋友一起去綠島，等待日出那個夜晚。當時，三人先騎單車到海灘，躺著看星空。遠處有一座燈塔發出燈光。」「滿天星斗映入眼簾，寂靜一片，奇特景象妙不可言。」「夜，雖然已深，但興奮睡不著。原因有兩個：一方面期待幾個小時後，太陽將由海平面昇起，那將會是如何壯闊炫爛、光芒四射？另一方面，留戀著夜空裡鑲著寶石般閃耀的群星。逗留海邊，大地給了我兩份最棒禮物，星空和日出。」「至今，仍無法忘懷那個驚奇之旅！」

史蒂芬接著說，台灣帶給他另一個感動，則屬台灣東海岸之旅，海洋壯闊水域，活生生地呈現在眼前，妙不可言。

忽然想起，我問：「你去過我們台灣南部屏東墾丁海邊嗎？」

「去過。」早晨，海上波光粼粼，十分沉靜。沒多久，大批遊客湧現，整個海濱小鎮到處充滿了活力和熱情。當夜幕低垂，一切又歸於寂靜，道路街上陷入幽寂，墾丁街道上，人情味忽然像似被海水沖淡了，就連濱海小城的表情也變得冷漠起來。歐洲青年面向海洋。海面遼闊，使人感到渺小，卻使心靈更加廣闊高深。

史蒂芬六歲那年，跟隨家人第一次去義大利北部威尼斯省，**Carole** 市的亞得里亞海岸（**Adriatic Sea**）。深刻印象至今未滅：當時，海水寬闊，雲層低垂，濃霧，少遊人。耳畔頻頻傳來義大利的海濤擊岸聲。他說，當年那位看海小男孩，頓覺「孤獨感」襲上心頭。我驚訝，小小心靈竟如此早熟。暗想：「他當時才六歲而已。」

每當工作上、課業上、或個人未來發展方向，遇到瓶頸而心煩時，史蒂芬總想獨自一人奔向海洋，「走在沙灘上，任憑海水浸透鞋子，因為反正沒攜帶浴巾。聽著濤聲，看著海浪拍岸，」如此洗禮之後，憂鬱逐漸消失。

從小，就被要求在奧國小學體育館內游泳池，上著不同程度的游泳課，並接受一關關測試。

他不解：「台灣環海。不過奇特發現到，島上很多人不諳水性，而且不喜歡親近海灘。理由是海水太深了！遊人甚至被當地政府禁止海游。」心忖：「海水，本來不就應該是深水嗎？」

奧國人喜於四月至九月，出門遠遊，並於六、七兩個月，跳進湖水游泳尋樂。然而六月、七月和八月初，奧國人奔向義大利、克羅埃西亞兩國濱海地區渡假。奧地利只有湖光山色，沒有曲折的海岸線。

五

一月十三日，我從台北搭飛機返回加州山景城。

回到舊金山灣區，次日，加州時間黃昏時刻，實屬意外地讀到史蒂芬捎來一則 Line 簡訊：

「嗨！願你一路愉快返抵山景城。謝謝你臨行前，留給我比利時巧克力、台灣甜食。我才剛吃了巧克力。好吃！」

接著不到兩星期，一月二十五日，得知史蒂芬也從台灣歸返奧國家鄉：

「我已安然返回家園，迫不及待吃了許多奧地利美食。中國新年快樂！」

六月中旬，史蒂芬在鍵盤上輸入：

「仍在奧國，正處於撰寫碩士論文階段。待完成論文後，想雲遊四海！」

八月中旬，由於大學同窗在線上聊到各國最具代表性的甜點，靈機一動，我在加州詢問人在奧地利的史蒂芬：「奧國經典甜食是什麼？」

對方：「**Sacher** 蛋糕。它是巧克力蛋糕加上杏桃果醬。但是我認為，如果換成紅醋栗果醬，紅漿果的味道會更好吃。像我自己在家會下廚做飯、烘烤糕餅，整個烹煮過程對我而言，即好玩又減壓。上個禮拜，我就在家烘焙了一個南瓜派。」

八月底，歐洲小鎮捎來：「早安！今天是雨天。我待在屋裏做了一個蘋果派。你好嗎？」

九月十一日、十六日，相隔僅四天，我讀到史蒂芬捎來兩則簡訊：

「大清早，早起。出門，走向山脈，遠足郊遊去。霧靄中，循著山徑而上，登頂時，陽光明媚，氣候宜人。我爬那座山的名字，**Hochlecken** 山，它附近有一座湖，叫做 **Attersee** 湖。」

「今晨，再次早起去爬山。山徑上、山坡上，都有遇到羊群，羊兒在你眼前羊咩咩，羊群在斜坡上驚險地走著。現在天氣開始變得一天冷過一天，晴暖日子不再。」

六

每年十一月，北加州的舊金山海灣、半月灣、蒙特利灣，都已經展開捕撈珍寶蟹（Dungeness Crab）活動。漁民出海從事商業捉蟹捕撈範圍，介於北加州 Humboldt 海灣和舊金山近郊的雷斯岬（Point Reyes）之間。然而對舊金山灣區居民如我，去哪個碼頭採購活蹦亂跳海產螃蟹？

想起住在陽光谷那些年，八位室友當中，張大姐毫不猶豫：「當然是半月灣北邊的柱岬碼頭（Pillar Point）。」記得，過沒幾天，張大姐開車回來，一進家門，大聲嚷嚷，告昭天下：「我買新鮮螃蟹回來了！」當時眾室友圍觀，室友可可問道：「你去哪兒買的？韓國超市？」面帶笑容，張大姐帶著驕傲口吻：「這些都是我早上特地開車去半月灣，在碼頭上挑選幾隻活蹦亂跳大肥蟹！」心情大好：「我馬上清理一下這些螃蟹，就下鍋，清蒸。」

可可猛點頭：「清蒸後，只要蘸點薑絲、醋、蔴油，就很好吃了！」

七

捕蟹季登場，我起個大早，從住處山景城搭火車去舊金山。路過舊金山市區，再一路穿越中國城，繼續走向漁人碼頭，39號碼頭。除了想吹海風，吃海鮮，看海景，我也為了想在海邊觀看一群海獅，慵懶地跳上浮板，曬太陽，然後再從木板潛入海水可愛俏模樣，愛看牠們在海洋中浮沉，嬉戲玩耍。

觀賞海獅戲水當下，想到史蒂芬，於是拿出手機，拍照之外，再錄影海獅活動身影、外海水平面、近海停靠的軍艦和郵輪。當晚就寢前，即刻把美國西岸海洋風光上傳至奧地利。

彼端，沒有大海的那座奧地利小鄉鎮，**Frankenmarkt**，鄉民史蒂芬於十二月三日，上線傳了一張自拍的山林雪景給我，並附上四個字：

「家鄉初雪。」

女人的微笑和男人的手

冬遊歐洲大陸。

大街小巷穿梭，歐洲男女擦身而過。

尚未遇見所謂美麗的人。

法國羅浮宮的繪畫與雕刻作品中，我找到美麗男女身影。

從羅浮宮玻璃金字塔入口，瀏覽了右側展覽廳的藝術品如義大利、西班牙、十九世紀法國和英國繪畫，北歐雕塑，前古希臘、羅馬與埃及的古物收藏品，還有伊斯蘭藝術跟皇冠寶石。

參觀者轉移至左側，欣賞了十七世紀法國繪畫，還有德國、荷蘭、弗拉芒、北歐不同畫派，加上文藝復興時期藝術品、拿破崙三世套房、法國雕塑，並古代的美索不達米亞、伊朗、阿拉伯、日本、法老古埃及的精美藝術品。

走馬看花，直到親睹義大利達文西畫作，蒙娜麗莎的微笑。

畫中一抹淺笑，這比袒胸露乳更具女性婉約迷人，好一位美麗佳人，另人遐想。

來到義大利文藝復興大理石雕塑大師米開蘭基羅的作品展覽區。

男人雕像，印象派風格的線條。

男人雕像，寬闊胸膛、厚實雙手，男性陽剛味十足。

米開蘭基羅的男人提供了保護與溫暖，如港灣。
觀賞當下，莞爾一笑，因為——
不是在熙來攘往的城市街道上，
而是在大理石地板與純金打造金碧輝煌天花板的展覽空間內，
而是在古代藝術家的創作裡，
找到了美女與俊男。

愛爾蘭酒吧

山景城七萬多人口，唯一行政商業街 Castro 卡斯楚街上，有一家經營多年的愛爾蘭酒吧 Molly Magees。經年累月，早晚三不五時會經過這家酒吧，但是我從未踏進去過。

一

那天，我和我們出租公寓新村擔任經理的湯馬斯剛吃完午餐，走在 Castro 街上，正朝向 Olympus 咖啡店，想在那兒喝咖啡、嚐巧克力蛋糕。途中，路過 Molly Magees。

「我和我兒子以前常來這家酒吧。」

「德瑞克嗎？」

「是我小兒子賈斯汀。他車禍過世了。」

我哦了一聲。

兩人經過幾家各具特色的餐廳，然後進入希臘風味咖啡店，Olympus。

二

當初會跟湯馬斯外出吃飯聊天，這段友誼得追溯到夜晚敲門聲。完全沒有任何電話通知或手機簡訊連絡，總是在夜幕降臨之際，聽到敲門聲音。每次，總納悶著，夜晚，誰會在門外敲門？

湯馬斯第一次叩響我家木門，十月四日星期三，晚間十點半左右。敲門聲，逼得自己趕緊跑去應門。我們居住 **Fernmar Apartments** 出租公寓的經理湯瑪斯出現在眼前，他雙手捧著一條用透明玻璃紙包住的香蕉蛋糕，開口：

「這是我剛才自己在家烘烤出爐的。」

「太好了！明天早餐有著落了。」

次日清晨，我把長條香蕉麵包切下兩片，塞進烤箱，不多時，麵包香氣硬是被熱氣給激發出來，一絲暖意瀰漫滿室。

前晚，秋涼到手心都微冷，還特地打開廚房抽屜找出打火機，再回到客廳餐桌上點燃蠟燭，坐在餐桌旁，感受到暈黃燭光好暖身。

再次點燃蠟燭，當燭光配上香蕉麵包溫熱香噴、熱咖啡冒著煙和收音機流瀉出來的歌曲音樂，暖心又暖胃。偶爾轉頭看了看眼前一片中性色調的硬木地板，木質地板也的確帶給人溫馨平和氛圍，創造了一個綿柔細膩的空間。

兩個肉桂捲和兩大塊燕麥餅乾。那時正值我搬進小村適滿七個月那個冬夜，十二月七日。當下開門應聲，見湯馬斯攜來點心，受寵若驚。

聖誕夜前四天，湯馬斯敲響木門，送來一盤歡樂季節應景美食，像是棗泥方糕、檸檬方糕，還有奶油巧克力方糕。那時候，我搬進小村已經兩年七個月的冬夜，十二月十九日。湯馬斯的現身帶給我驚喜如昔。

春夜應門，只見門前暈黃燈光下，湯馬斯手中拿著用保鮮膜包好的一整條剛烘焙出爐的香蕉麵包，四月十九日，我居住在小村將屆滿三年。

新冠肺炎大流行，美國疫情方興未艾、病毒肆虐期間，疫苗尚未研發出來。民眾在政府警告下，避免外出，避開染疫風險。

美國正式宣佈，全國陷入肺炎流行時期，縣政府也頒佈了居家令，四月二十一日，當天，湯馬斯敲門問我，是否要幫忙從超級市場帶回一些食物？

「一整袋新鮮蘋果。不是零星幾個而已。」

「紅蘋果？還是青蘋果？」湯馬斯細心地問著。猶豫不決片刻。

「紅蘋果好了！」接著我馬上追加：「再一袋柑橘。」接著又表明：「請把收據帶回來給我。我會拿錢給你。多謝代勞。」

一個小時後，再度聽到敲門聲。

打開家門，見到站立門口的湯馬斯遞交給我三大袋新鮮水果，紅蘋果、青蘋果和柑橘各一袋，每袋五磅裝。

「代墊了多少錢？馬上拿錢給你。」

「不用。不用。」

「那怎麼可以？」

「真的不用。你好好享受吧！」言畢，轉身離去。

同年夏夜，七月二日，應門，大門前的暈黃燈光下，湯馬斯摘下口罩，把口罩懸掛在左手的食指上，左手則握有金箔紙包裹了一片烤熟的粉紅鮭魚，而右手掌心握著一個綠色小塑膠方形格子籃，籃內裝滿八顆新鮮草莓。

隔天，夏日黃昏近七時許，天光仍亮著。姪女開車送來新鮮蔬果。這回換我敲響經理的門，笑道：「分給你一些蔬果。其中一袋草莓剛好派上用場，我知道明天國慶，你邀了你的前妻、大兒子德瑞克，以及女兒跟她兩個孩子，一家人會來我們村子的游泳池畔舉辦家庭烤肉活動。你們一家人就好好享受新鮮草莓吧！」

疫情期間，不敢亂出門以免被染疫。某天，心血來潮，我待在家裏包餛飩，把青蔥、薑、醬油簡單調味料加入肉末攪拌，不加任何菜蔬，因為久未買菜，冰箱內空空如也。一待包好顆顆餛飩，下鍋煮沸。起鍋後，立即將熱騰騰食物裝入金箔容器，再將厚紙板蓋住容器，讓熱氣密封確實保溫。大提袋內除了剛起鍋熱騰騰的餛飩，還投進三包方便麵、一個優格、兩個橙橘。出門，親自給湯馬斯送過去。幾天後，我從外頭歸返，兩人在小村庭院巧遇。

「你包的中國餛飩，味道實在沒話說。」

不久後，黃昏，湯馬斯再度敲門，帶來一大碗自家料理的美式墨西哥濃湯。

從當初分享美食，雙方從未想過，有天竟然會演變成兩人相約外出吃館子。

三

九月一日，忙完公事，午休時間，湯馬斯開車到鐵道附近路邊停車，我們下車一起走路，越過鐵軌，來到一家美式餐廳 Crepevine 吃午餐。仰頭望著大型黑板上用粉筆寫的琳瑯滿目的菜單，點完煎蛋捲拼盤，湯馬斯轉身，對我說：「我請你。」我點了漢堡拼盤，盤內還包括炸薯條、綠色蔬菜沙拉。

氣候晴和，坐在 Castro 街的馬路正中央的一個餐桌邊，等待侍者送餐服務。

當時食客要在餐廳室內進餐仍被禁止，因為防疫措施。幸好城裏唯一商業街 Castro，被市政府網開一面，封街，讓食客可以在室外的整個街道上，坐在餐桌邊享受美味，乃是為了商業活動在新冠肺炎疫情發展稍微趨緩下，能夠趕緊活絡一下經濟，於是容許商家在室外大馬路上擺桌，提供顧客餐食服務，如此店家才不致於倒閉關門。

吃喝間，閒聊日常生活。

湯馬斯回想，小兒子賈斯汀六歲，大兒子德瑞克八歲，排行中間的女兒七歲的時候，「我和我第二任妻子珍妮辦理離婚手續。這三個孩子都是我和第二任妻子珍妮生的。我和第一任妻子沒生小孩。」那時，法院訂於星期一開庭審理離婚案。周末，珍妮希望兒女前往她當時的住處相伴。然而三個小孩沒意願，湯馬斯好說歹說哄著小孩前去陪伴母親。

未料，三位小孩受不了母親的憂鬱症發作，逃出家門，來到附近的麥當勞漢堡店，然後打電話向父親求援。放下電話，父親急忙開車去接兒女回到自己的住處。哪知道尚未踏入家門，卻驚見家門口已經有幾位警察守候。警方稱，珍妮不久前報警，說，湯馬斯綁架小孩，而且慫恿兒女對外宣稱，要跟父親住，不願與母親同住。

聽完珍妮對他不實指控，湯馬斯平靜地向警員表示，他完全置身事外，一切都是三個孩子的意願，主動打電話給父親，為父者才會出門去接應。再表白，孩子們原本還不願跟母親一起過周末，但「我好說歹說，要他們去跟自己母親住兩天，他們才答應去的，結果適應不良。」

為了採證，警察決定和孩子們掩門，一一單獨面談。結論就是三位小朋友所做所為，均出於自由意志，未受到任何人影響。

星期一，法院開庭審理案件。

前半段，小孩們出庭，並被要求，當面在法官面前表達意願，今後願意跟母親？還是跟父親同住直到長大成人？

後半段，湯馬斯和珍妮這才出庭應訊。主審法官宣判，年幼兒女由父親獲得扶養權，母親可以探望小孩，前提是，事先必需徵得孩童首肯。

事後，某天，女兒告訴父親，她想在邁入十四歲那年要搬去跟母親同住一段時日。湯馬斯欣然同意。當那天來臨，女兒也真的搬去跟母親同住。想不到女兒才住了六個禮拜，還是放棄跟珍妮一起繼續過日子的想法，重回父親身邊。這一待，待到二十歲才搬出去，獨立門戶。

四

那次外出上館子，是我們在 Crepevine 餐廳吃過午餐後的一個半月，十月二十二日，午間近一點鐘，換我邀請湯馬斯重返市區 Castro 街，前往一家中國餐館吃飯。

封街依舊。綠色大布傘下，雙方圍坐在封街的馬路中央、一組鐵桌鐵椅旁邊，面對面聊天。

當服務生送來冰水，接著站立一旁，等候客人點菜。

猜想湯馬斯肯定不會點中國菜，於是挺身推薦三道菜：

「宮保蝦仁、油炸椒鹽鮮魚肉片，再來嚐嚐蒙古牛肉吧！」點完菜，繼續對湯馬斯說：

「接下來，飯後甜點，我們去前面 **Olympus** 那家咖啡店喝咖啡、吃蛋糕。」

立刻再附加一句：「我請客。」

當時十月下旬，北加州山景城，幾片零星枯葉墜落街邊。

街上男女的衣著服飾，仍然以短袖為主，頂多穿上一件長袖襯衫。陽光暖和。

用餐完畢，起身離去。先伸懶腰，活動一下筋骨，再舉步朝向咖啡店 **Olympus**，那家靠近山景城火車站的咖啡館，店家所提供土耳其糕點在鎮上也算是小有名氣。

途中，當然又路過酒吧 **Molly Mages**。

湯馬斯重複一句：「我和我兒子以前常來這家酒吧。」

湯馬斯不禁回憶，賈斯汀八歲那年，七月四日國慶假日當天，湯馬斯及兒女被邀前往朋友家烤肉歡慶。朋友家後院有座漂亮的游泳池。初抵主人家，湯馬斯耳提面命小兒子賈斯汀，千記萬記，一定要遠離水池以策安全。不多時，透過玻璃落地窗，湯馬斯驚見賈斯汀竟然全身溼透，於是怒火攻心，立即開門，怒聲質問孩童，為何不聽話？小兒子仰頭告訴父親原由，因為他親眼看到一個男幼童沉入游泳池內，不見浮出水面，直沉水底，險要溺斃，於是當機立斷，奮不顧身，一身潛入池水救人。賈斯汀顯然成為一位最年輕救命恩人的童子軍，同時也是最年輕接受勳章表揚的童子軍。小兒奮不顧身見義勇為，湯馬斯引以為傲。

賈斯汀年屆十六歲那年，湯馬斯看得出來，兒子受到自己影響也愛上騎重型摩托車。賈斯汀已邁向法定年齡可以合法開車上路。父親掏腰包買了一輛較小型的重型機車送給小兒。湯馬斯記得將新車交給小兒那天，除了親手將鑰匙交給摩托車新主人，並叮嚀再三，把機車牽到家門口對面的小學操場上去練車，記住，只可以先在操場、住家，這兩個定點之間來回練車，切莫急著開到街口巷道上練車。

好像聽到屋外傳來撞擊聲響，下意識自覺不妙，湯馬斯衝出門外一看究竟，果不期然，正是賈斯汀擅自跑到街道上練車，一不小心被撞倒，傷痛呻吟著。父親把兒子帶回家照料醫療。

長大成人後，賈斯汀在舊金山 Goodwill，它是一家專門出售二手衣服、圖書、家俱等物，一家專門為慈善機構籌款的節儉商店，擔任經理一職，督導員工，追求全店的作業流程順暢。晚班工作的關係，每天早上八點才下班。賈斯汀騎重型摩托車穿梭高速公路上，忙於山景城及舊金山之間通勤上下班。回到湯馬斯的家，有時父親做早餐給小兒子吃，有時候小兒子就自己開車，離家附近不遠的一家墨西哥餐廳買一份夾著肉、豆、碎奶酪的墨西哥捲餅，配上一罐可樂。吃完後，倒頭就睡，一直到下午才起床。居家有閒的時候，賈斯汀會尾隨湯馬斯，學習維修住宅區內四十二間公寓房客家的設備，或如何應對種種突發緊急狀況，並如何管理社區大小雜事，包括如何做一位稱職的出租公寓社區經理。

周末休假的夜晚，或者平日上夜班前的時光，父子倆會光顧 Molly Mages 愛爾蘭酒吧打撞球；有時候走到酒吧後院，坐在餐桌邊，點上一杯朗姆酒，聊聊彼此工作近況？孫子傑登怎麼樣了？要不，下回父子倆計劃去哪兒釣魚或找樂子？要不然在酒吧台享受三明治和可樂。

有天，賈斯汀騎重型摩托車下班，在公路上與一輛汽車碰撞，機車全毀報廢，人受傷。

當父子倆同住約一年半的時光，家庭悲劇從天而降。第三次車禍噩耗傳來，小兒子撒手人寰，二十五歲，留下生前他與未婚的女友所生的孫子傑登，三歲半。家庭悲劇發生後，女友結婚並把兒子傑登從湯馬斯身邊帶走，另組新家庭。從此，三代同堂日子一去不復返。幸好傑登倒是會常回到爺爺身邊共渡周末，祖孫相伴。尤其每逢悲劇紀念日當天，祖孫倆會坐在沙發上，爺爺摟著孫子一同觀賞螢幕上播放著賈斯汀生前成長過程的家庭影音視頻，年復年，重複不斷。最近一次的祖孫團聚，傑登已八歲半了，正值賈斯汀過世的第五個年頭。每次看到影片裏賈斯汀浮水在泳池內，幼兒傑登趴在父親賈斯汀身上的情景，總讓年年長高的傑登動情，緊盯著家庭記錄影片中父子當時互動的聲音與笑容，百看不膩。

今天，爺孫相依，追念那位早已不在人世的父親、兒子的音容。爺孫相伴，傑登有根的連結，而非浮萍、無根的孤子。

今天，心底感謝小兒子：「遺留傑登給我。這位小孫子是死去的兒子給我最好的禮物，無價在於這份無法被取代的血肉親情，這份情，湯馬斯絕對不會和世上任何珍寶交換。」

默思：「爸爸今年六十五歲了。但放心，我絕不輕言退休，會一直工作賺錢，培養孫子傑登到大學畢業可以獨立那年才會申請退休，了結我心中一樁心事和心願。」

又回憶：「那些年，當我們祖孫三代同住一年半的那段光陰，賈斯汀常在工作之餘陪我在公寓社區內打雜維修服務。當時，我就曾經跟小兒子提過，其實，我很想退休，為什麼沒採取行動？還記得嗎？因爲我說過，只是想要培養你另一項工作技能，萬一有天 Goodwill 的工作不保，起碼你可以轉換跑道，做我現在做的工作，糊口度日。於是，我才打消退休的念頭。」

現今，小兒子已過世，然而「為了孫子傑登，我這位做爺爺的更不可能輕言退休了。孫子現在的繼父再好，總是隔著一層，無法跟親生父親跟具有血緣的爺爺相比。」況且，「我也已經跟公司老闆講過，為了愛孫，會一直工作到傑登大學畢業那天，才會退休。」

五

次年，十月初，秋天，各地仍處在疫情期間，星期三，午休時間，湯馬斯開車載我去一家印度餐館買外帶。

當他研究著印度食物菜單，我開口：

「之前說好的，我請客。不要管價錢，挑你喜歡吃的食物。別忘了再為自己點些飲料。」

回到公寓小村內，走到游泳池邊的野餐桌，兩人一起坐下來吃印度餐食。秋涼，秋風吹拂。

低頭扒沒幾口印度飯，忽然想起一件事，湯馬斯抬頭看著我，然後抬起右手，食指在空中點了一下，待嚥下了食物，說：「我要給你看一樣東西。」

坐著，他從長褲口袋裡掏出錢包，再從中挑出一張照片，以輕鬆挑戰口吻：

「猜猜看，這是什麼？」

瞎猜一通，不得要領。

加拿大裔的湯馬斯淺笑道：「相片裡的東西是一顆黑熊牙齒。我外婆在第二次世界大戰期間，外公那時從加拿大遠赴海外參戰不在家。一天，自家院子裏竟然出現了一頭大黑熊。我外婆見狀，二話不說，拿槍把熊給斃了。結果，家庭主婦殺熊自衛一事，立刻登上了地方報紙頭條。那顆熊牙，都還一直由我弟弟擁有直到如今。」

「你外公當時去海外哪個國家打仗？」

「不知道。」

「你外公沒講？」

「沒講。歸返加拿大後，他不願回想戰爭，也不願跟任何人再談起海外戰爭。」

外婆如何處置被射殺的黑熊？

「那個年代戰爭期間，物資短缺，所以我外婆把肉處理好之後，吃了好久。熊的身體每個部位都可善加利用。」

接下來進餐時，湯馬斯又跟我閒聊有關大兒子德瑞克、女兒的現況：

「加州灣區這裡的房價太貴，動砸上百萬美金，買不起。所以德瑞克在拉斯維加斯買了一棟屋齡二十年、兩千平方英尺的房子，才四十多萬美金，加上內華達州不用繳稅。今年感恩節前，他要我飛到拉斯維加斯幫他裝修新居。」至於女兒，「我最近幫她翻新整間浴室，從頭到腳，包括幫忙鋪上全新磁磚牆壁，以及裝置澡盆、洗手台等。我這下子可幫她省下起碼一千兩百塊錢。」

說著說著，老父不禁擔憂起兒女目前的感情世界來：

「大兒子德瑞克三十二歲，很難與人相處。這種個性，哪有女人願跟他交往？難不，他往後就要這麼一個人寂寞過日子？至於三十一歲單親女兒，生了一男一女，七歲和六歲。她這樣子哪有男人願意跟她交往或結婚呢？男人看到一個女人帶著托油瓶，任誰都會退避三舍。」什麼都不怕，「就怕後代子孫一生孤單寂寞，沒人陪伴。」為父者吐露心聲。

隨後，輕描淡寫：「賈斯汀要是現在還活著的話，就三十歲了。」

「五年前他出車禍，意外喪生，而我是在四年前才搬來村子這兒住下來。換句話說，如果我早搬來一年，就有機會見到他。」我有感而發。

言畢，看著對方眼睛：「聽你談兒女家庭，我覺得你是位好父親。」

細數著他為何是位好父親的時候，出乎預料之外，眼前這位歷經人生艱難的男子漢大丈夫，苦嚐兩度失敗的婚姻，如今成為單親多年的湯馬斯，幾度拿起棕色餐巾紙，乾抹眼角。由於看不出任何淚水，我也就不以為意，把它當作一種無意識的舉動。於是乎，繼續我對他慈父形象的稱讚。我邊講，邊移開目光，不再直視對方，卻隱約感覺到，湯馬斯早已動了親情溫柔，差點就要在我這位外人面前泛上些許淚光。

吃完印度餐，吃完香蕉，起身離席，欲道別。

低頭看了一眼手中健怡可樂空罐，抬頭問：

「因為我馬上要搭乘巴士回家，所以可以請你代勞，處理這個空罐嗎？」

湯馬斯：「交給我，沒問題。我屋裏有台飲料罐頭壓縮機。」一秒後，問我：

「你要跟隨我進屋，看一下我那台機器嗎？」

開門，走進屋內，湯馬斯略帶歉意：「房間有點亂。」

「這是家啊！理當如此這般。你這兒又不是旅館。沒差啦！」我安慰道。

「壓縮機開機的時候，聲音會很大很吵。」主人家預先提醒。

果真就如湯馬斯所言，機器轉動聲確實震耳欲聾。

「孫子傑登每次來我這兒，都愛自己操作這台飲料罐頭壓縮機。因爲傑登覺得很好玩。」湯馬斯說完，用眼神示意我，地毯上有一大包飽滿的黑色塑膠袋。然後彎身，打開塑膠袋，原來袋內裝了不少完整的空罐，對我說：「這些就是要等他下次來，讓他好好玩玩這台機器。」

我回應：「壓縮後的罐頭，積少成多，然後拿到回收中心，兑現銅板，買糖給傑登吃。」

湯馬斯：「我為他做了一個木筒當作存錢筒，現在存了四百多塊錢，這些錢都是他的。」

我笑答：「可做他將來的教育基金。存錢筒裡面想必塞滿了銅幣。」

湯馬斯：「也有紙鈔。」

客廳牆壁上，一張相框起來的彩色照片，濃眉英挺、燦爛笑容青少年。

指著相片，湯馬斯對我說：「他就是賈斯汀，小時候。」

「長得挺像你這位父親。」

湯馬斯安靜一旁無異議，默認之外，更憑添一抹得意。

客廳左邊牆壁的正對面，是臥室的整面牆壁，壁上另外掛著一幅彩色照片，尺寸小得多。相片裡，有位閉嘴微笑、身穿正式童子軍制服、藍色短袖襯衫上繡有姓名、兩臂各自繡上不同徽章，同時脖子周圍還繫了一條打結圍巾的童子軍裝扮。男童雙手放在身前一位身高僅達自己胸口、露齒淺笑的年稚男童肩上。背景為一片藍色游泳池水和幾張休閒躺椅。

陳年往事，父親錯怪八歲賈斯汀不聽勸告跑去泳池玩水，浸透全身衣服。殊不知，小兒竟然是奮不顧身，躍入池水，救起正溺水掙扎的小男童之故。

手持相片，他對我再一次敘述著照片故事時，不經意地，觸思早已不在人世的愛兒賈斯汀，六十五歲的湯馬斯悲從中來，終於再也忍不住情緒，激動地落下熱淚。

對眼前突發狀況，不知所措。

拍了拍先是哽噎、接著淚流滿面的湯馬斯肩膀，並安慰道：

「他是一位見義勇為的童子軍。賈斯汀擁有你的基因。」

收拾好自己情緒，主人重回正常語調，再一一介紹完牆上其他家庭照片。

六

跨出家門口，我正準備道別離。

湯馬斯也走到門口送客。

前腳才剛走幾步，聽到背後喊說：

「下星期三，我們去 Cupertino 城，有一家墨西哥餐廳 Aqui ，一起吃中飯。」

我回頭，微笑點頭，說：「好！」

往前行，僅兩步，聽到湯馬斯在我身後再補上一句：

「我請客。」

說完，一個轉身，帶上門，回到屋內去。

迎接龍年的北京

龍的傳人，走進北京胡同，遇見樸實市井生活。穿過蜿蜒窄巷，看一眼青瓦、石磚堆砌而成一道灰色圍牆，院內盆栽三兩株植樹，加上頗具年代的舊瓷罐。社區空間富含京味兒的老物件、老文史、老胡同、老北京、老靈魂，種種印象。

聽說，北京人走出胡同，嚐北方小吃，聽相聲去。

一

龍年將屆。正值台灣疾呼，立法院應該儘速通過國土計劃法、海岸法與國土復育條例「國土三法」立法之際，一月中旬，一團旅客啟程前往北京觀光。

天未亮，鬧鐘四點十分催人醒，迅速起床整理行李，計程車已在門外等候。汽車奔馳在高速公路上，天空仍暗黑，路旁大型廣告霓虹燈光卻紅綠透亮。

駕駛先生閒聊道，因為個性不合，不久前和前妻離婚，兩人育有二女一子。老大成年已經二十歲。女兒跟媽媽住，讀高三的小兒子留在父親身邊。現在第二任妻子在新竹科學園區上班，兩人都只想作彼此生活上的伴侶，無意生兒育女。

第二航廈出境大廳人潮擁擠。旅行社送機工作人員把旅客護照、台胞證收取後，前往中華航空櫃台幫忙報到。不多時，領隊略帶酒氣姍姍來遲，不過還是打起精神四處去分發旅遊資料袋。

飛往北京時間約兩小時又五十分鐘，將於十一點十分抵達。搭機途中，突感肚子餓，於是向空姐索取熱咖啡。善解人意，她不但送來咖啡，並送上兩個溫熱小麵包和一塊牛油。

波音巨無霸 747–400 客機滑翔，漸漸降落在北京首都機場。

機窗外，濛濛白霧，看見月餅大、橘紅的太陽搶著曝光。

室外溫度攝氏零下六度，入境大廳內多人排隊準備通關。上方兩個標示牌：

「外國人」、「中國公民」。

疑惑片刻，何去何從？

猶疑不決，我難以確定到底該排隊在哪個窗口？

想到沒有大陸護照，於是選擇外國人隊伍。

聽到身後札著兩條辮子的小女孩，仰頭問母親：

「我們不是中國人嗎？」

顯然這一家也是來自台灣，第一次踏上中國大陸土地，如我。

一位身著制服公安人員聽到母女對話，抛出簡潔一句：

「台胞證到中國公民那兒。」

我們三人立即改變通關路線。

二

遊覽車駛出機場，迅速開上四環路，馬不停蹄地穿梭在有台灣面積半個大的北京城。車窗外大塞車陣仗，路邊行道樹除了長青樹，全都是禿枝。公路電子看板：「文明交通　平安春運」。

北京多白楊樹，因為這種樹木比較耐乾旱。

當地導遊：「明後天可能下雪，除夕夜氣溫將會落在零下三度。」「北京溼度大，所以有霧，會下雪。這兒才剛下了三場雪。小雪，雪後就融化了。」「冬天最冷不是下雪，而是雪後。下雪不冷，化雪寒。大風降溫，最怕刮風。」「冬天，河床大塊冰結好的時候，大師傅會來做冰雕。夏天，遊船，景色像小桂林。」

接著：「北京是六朝古都。周朝的培都設此，叫燕京，現北京。遼、金、元、明、清。像明、清二十四位皇帝居住在北京。天壇，皇帝祭天之地。三百年前，乾隆皇帝活了八十九歲，最長壽。他的養生秘訣，冬冷，頭涼腳暖益健康。保暖，棉鞋最好。天熱的日子，傘帽。」

「北京東邊，商務區，老北京做買賣的大都落戶於此。各國大使館區。所以熱鬧繁華。

北京西邊，軍隊大院，住著有身份的人，高幹。

北京南邊、北邊，都住著一般老百姓。」

「北京外來人口多，六百萬。外地人返鄉回家過年，有錢沒錢都要闔家團圓。火車票、飛機票，一票難求。」接下去更露了一手流傳當地導遊界順口溜：

「不到北京，不知道自己官小。
不到上海，不知道自己錢少。
不到海南，不知道自己身體不好。（因為夜生活太多了，應付不來）
不到天津，不知道社會主義好。（因為計劃經濟體制，社會主義經濟大鍋飯）」

繼續介紹：

「三號機場，首都機場，響應二〇〇八年北京奧運而建，全世界單體機場，形狀如一條龍。」

車窗外，二環路邊有結冰的護城河，不少人在冰面上溜冰。我看得出神。

「這個節氣，冰上滑冰最安全。冬至後，有四十九天可以在冰上走。」

「冬至後九十九天，北京城春暖花開。」

預告：「今天晚上，去百年老字號東來順，吃火鍋，涮羊肉。」

午後兩點四十五分，氣溫冷冽，幸好無風。走在永定門東街上，走著走著來到了天壇南門公園。明、清兩代皇帝來到天壇，它是一個祭天、祈禱豐收的場地，樹木蒼蒼，松柏長青，表達對老天敬仰。園內祈年殿，對台灣旅客特別眼熟，難道台北中正紀念堂仿此古建築而設計？

公園內有位長者正在石板路面上用超大號的水筆，非蘸黑色墨汁，而是清水，筆頭是海綿，運筆書寫「龍飛鳳舞」四個大字。老人似乎十分享受這種走入人群，做一點即環保又鍛鍊身體的書法表演。老人家再用大支水筆畫了一個大框，框住書法。圍成一圈觀眾群中，有人起鬨：「掛起來！」未置一詞，書法家安靜地下筆簽名：「谷書通老先生　八十歲」。

公園內另一個角落，不少五十、六十歲退休市民聚集迴廊，開口唱歌，唱些文化大革命時期的革命歌曲。

返回遊覽車，繼續下一個旅遊行程。

車上，導遊先生透露工作經驗談。話說：

「歐美、日本觀光客喜歡參觀北京的古蹟、西安古都。」

「台灣觀光客則想體驗一下這兒的氣候、環境和美食。」

導遊界流傳一則各地不同導遊特色，像是

「雲南導遊歌聲甜，由於昆明、大理、麗江是少數民族集中區，民族歌曲唱得極好。」

「黃山導遊兩條腿，上山。」

「西安導遊一張嘴，兵馬俑是秦始皇隨葬兵團，世上第八大奇蹟。周王、武則天墓。」

「北京導遊呢？」自問。

自答：「兩條腿外加一張嘴，偷不了懶。七分聽，三分看。紫禁城、故宮，紅牆黃瓦。」

如果觀光客想瞭解：

「三千年以上歷史，到西安。」

「一千年以上歷史，到北京。」

「一百年以上歷史，到上海、天津。」

不多時，雙腳踏在長安大街上，體驗一下貫穿北京城由東到西五十公里、百里長安、神州第一街的風采。中心點，為天安門。

「這幾天，大家停留在北京的落腳地點會是半島酒店，位在皇城腳根下，離紫禁城、天安門很近。」「如果住進五星級的北京飯店，尤其C座是總統套房、豪華套房，其設施老舊，住名氣的，它由北京市政府管理。」

「北京風味食物有山楂串起來的糖葫蘆、羊肉串、羊肉泡膜。」

三

次日早晨，陰冷天，霧茫茫，登上巴士，導遊發放每人一瓶礦泉水，接手一摸一看，不得了，整瓶水被冰凍得硬綁綁。

漫遊天安門廣場、紫禁城。

紫禁城護城河結冰了。

紫禁城皇宮，北京的中心點，被作為一個圓心，由此，向外層層地擴散開來一條條道路，像是二環路，三環路，四環路，五環路，六環路。

「怎麼沒有一環路？」

一環路，原為一條有軌電車路線，後來拆了，當然也就沒有一環路了。

無軌電車在街頭上奔波，已經有四十年歷史。六百六十伏特直流電源，驅電行駛，空中鋪設電線電纜。

三環路以內所有面積，稱為北京市中心。

五環路以內，稱為北京市區。

五環路以外，就是郊區。

北京年輕人愛跑去王府井大街閒逛，在那兒，他們完全可以不受大人約束。由於太受歡迎，造成商業區交通大混亂，這也就不足為奇了。當時，我們台灣觀光客逛得餓了累了，就被導遊帶往一家以道地北京烤鴨聞名的全聚德去吃午飯。

全聚德吃烤鴨、跑到長城做好漢。不到長城非好漢，不吃烤鴨真遺憾。全聚德烹調外焦脆、裡肉嫩的烤鴨，北京三絕之一。另外兩絕，純手工打造的景泰藍花瓶，以及古代皇帝象徵和具有三百年歷史中藥舖，同仁堂。

下午去國家大劇院、雍和宮。今古建築交錯欣賞。前者，水煮蛋形狀；後者，曾一度為王府之地，因著佛教和喇嘛教而香火鼎盛。

巴士行駛於前門大街，兩旁是賓館、博物館、展覽館、城牆被拆的城門。街上有身穿黑衣外套、黑褲、黑鞋、黑呢絨厚帽的公安人員，還有紅底金字的旗幟：

「實現新跨越　站在新起點」

當晚，我們在東三環的靜安里，一條巷子內閒逛。一家名為「花家怡園」餐廳，其對面亮起紅色霓虹燈招牌「煙酒茶」，還見到男子將薄紙板、紙屑、黑炭丟入長方形石槽內，準備烤羊肉。

四

待在北京第三天，一早，我搭電梯下樓到半島酒店大廳，準備加入其他團員集合出遊。等待時間，瞥見一尊高大瓷器花瓶被放置在廳堂中央，瓶內塞滿許多綴滿小黃花的長條花枝，整齊有序地呈現一團喜氣。忍不住問了眼前一位頭戴小帽的門僮：

「這些是真花？還是假花？」

不置一詞，靜默地走向花瓶前，用手摘下一朵，轉身走到我面前，將花遞給我。一摸，驚訝之餘：「真花！」接著好奇地追問：「什麼花？」

這時，他終於開口，但簡答：「迎春花。」

旅遊巴士在大街上狂奔時，瞧見街頭「龍年大吉　喜迎新春」旗幟。旅遊團趕路，遠至龍慶峽要看冰雕展。

汽車行駛途中，當地導遊滔滔話家常：

「兩、三年前，國家才恢復中國傳統年節假，中秋節、端午節和清明節。」

「北京人愛海，對大海有喜愛之情。北方人稀罕海洋，所以熱衷前往三亞、海南、台灣墾丁海灘、印尼巴厘島、泰國去渡假。夏天，到北戴河海邊、東北大連、小海南之稱的山東青島的海邊，這些有海的地方渡假。」

「本地季節性水果，包括春天櫻桃，夏天杏子李子，秋天蘋果梨子，冬天蜜棗。秋收蘋果和梨都被收藏在地窖裏，可保果汁整個冬季。冬季是保養滋補最佳時節，每天吃五顆棗，疾病會遠離。北方栗子，糖炒栗子，有乾栗、個頭比較大的板栗。」

「老北京麵食，當然是榨醬麵。」

「吃高營養但價貴的炸蠍子、炸蠶蛹。」

「北京人愛聽戲。座位旁邊還備有蓋碗茶、乾果小點心。」

前來北京觀光最好季節，「首推每年九月、十月，紅色綠色黃色的楓葉，層層楓紅，銀杏樹葉則變為黃色，秋高氣爽，均溫約攝氏二十度。」

「八月夏天，桑拿天，三溫暖的氣候，溼度較高，悶熱，渾身溼答答。」

「冬天，萬物凋零枯萎，石灰岩露出表面，等到夏天才會見到滿眼綠意。」

「城裏一條古老的中軸線，打從正陽門到老北京報時的地方，鐘鼓樓。」

中軸線是一條長約 7.8 公里的龍脈。

「交通運輸系統，北邊的八達嶺高速公路，今改名為京藏高速公路，綿延三千公里，直達長城。京張鐵路，北京至張家口，為詹天佑領軍建設的中國第一條自製鐵路。京九線鐵路，可載客至香港，花上二十四小時左右即可抵達目的地。」

「公路網，有京港澳高速公路。」

早晨九點多，散步在安立路上，冬陽難得探出頭來，藍天，陽光普照；再左轉，慧中路，不遠處即是鳥巢建築物，這區顯然是北京另一個世界，是一個接觸新科技的光鮮亮麗新天地。

前往四環路外的 798 藝術區，它原本是電子原配件軍工廠，當初因為倒閉而賣廠房。如今華麗轉身，變成一個原創藝術工作室園區，屬市場經濟。園內曾舉行像是國際品牌 **Prada**、**Dior** 的新品發佈會。

近午十一點半，長串大龍炮，鞭炮聲乍響。

巴士經過起伏不定的雍和宮橋，然後小街橋，右彎，取道三元橋，進入北四環路，京密路，將台路，芳園西路，舊鼓樓外的六鋪炕大街。

行車間，我愛看車窗外那些因燒暖氣而冒著白煙的煙囪。

巴士停靠在一個招牌上寫著，那家小館。旅人們進入餐廳享用午餐。

室外溫度零下攝氏十五度，我們從小館走出，來到戶外透透氣。

經過一段長途跋涉，巴士終於停車，把我們下放在龍慶峽，為了欣賞冰雕展。由於停車場離展覽館尚有一段距離，得搭小拖車，即蹦蹦車，車篷下無門，冰凍寒風四處灌爆，加上疾駛前行，凍上加凍。儘量忍受酷寒，搭乘蹦蹦車一段時間後，台灣觀光客來到村落，我的雙腳竟也已被凍得有如兩隻鴨掌冰塊，苦不堪言。繁星般彩亮小燈炮將小村裝飾成童話世界，雖然美麗，然而凍僵手腳全不聽使喚，舉步維艱如在太空荒漠中緩慢跨步。暗嘆：

「寒天凍地，無情大地。」

大寒節氣，凍寒到舉步為艱，終於挨到一間樸實小吃店出現在眼前時，馬上鼓起勇氣三步併作兩步，一頭鑽進店內取暖，再也不捨離去。當天最高溫才攝氏零下三度。聯想到日前一行人前往胡同，並遊覽古跡保護十分完整的什剎海，搭三輪車觀光，一路上也是迎著冷風颼颼，淺遊窄巷內的胡同、大雜院、四合院，縮頭又縮腦，雙手緊抱胸口保暖身子。

導遊說，氣候該冷不冷，該熱不熱，會鬧病，舉例八年前，SARS 非典傳染病就是冬天不冷，春天不暖惹的禍。

導遊憶及童年在北京唸小學，正值計劃經濟體制的年代，一個憑票供應的年代。

那時冬天，穿棉襖棉褲，家家戶戶不是去裁縫舖做冬衣，就是家中媽媽、奶奶、姥姥她們手工巧，忙做孩童服。冬天戴口罩防寒，都是使用醫院傳統紗布口罩，一個用繩自綁的口罩。那些年常常看到積雪、下雨。現在由於地球暖化問題，北京只下個一、兩場雪。去年，立春之後才下雪。

五

除夕。

地壇，在那兒，熱鬧廟會活動開鑼了。市集攤位林立，例如各省小吃、民俗工藝品、煙花、爆竹，還有民俗技藝表演、舞獅和踩高蹺。

登機返台前，我們趁機在北京城逛市集，見到來往行人的手上不是握著竹子做成的風車，旋轉不停且發出陣陣聲響，就是手持一串長長冰糖葫蘆，還插個小旗做裝飾，再不然，就是手拿長長羊肉串。總覺得人潮似乎沒有預期洶湧，於是問了問身邊當地人，何故？

除夕當天，街上人潮未現，「因為大家都在休息。除夕這天，春節開始正式放假。明天大年初一，家裡面來親戚，家家戶戶等他們來包水餃、做飯。」

意猶未盡，對方繼續描繪起北京家庭過年情況：

「年菜有饅頭、粥、燉肉、炒青菜。」

「有些人家的年夜飯一定吃年糕。」

「想外出買糖炒栗子，得排大隊。」。

「午夜十二點，家家戶戶出外放鞭炮，之後，宵夜吃水餃。」

「至於那些在餐廳打工的人，除夕晚上，五點到七點半，忙著翻檯，七點半到九點半，忙著端出客人的除夕大餐，十點餐廳打佯，工作人員全離開，回家過年。回到家，再和家人一起包水餃，現包的餡兒比較鮮，吃起來比較有勁道。家人會一邊和麵，一邊看春晚電視節目，央視直播除夕晚會，或各個衛視台演唱會。」

「吃過團圓年夜飯，跨年。年輕人不看春晚的話，就會打麻將，或上網打遊戲玩微博，但是沒法用美國臉書。」

「大年初一起床比較晚起，因為守歲熬夜。」

「初一早餐，一般家庭仍吃餃子元寶，南方家庭吃湯圓，團團圓圓。」

導遊又說：「一位從外省鄉村前來北京打工的朋友說，過年一定要返鄉。家再窮也要回，賺不賺得到錢，都要回家過年。無論在哪裏，都比不上家裡熱鬧。在城裡忙死忙活了一整年，拉著疲憊的身軀和薄薄的口袋回去了，不就只為了找一份名叫團圓的溫暖嗎？」

「一心想早點回家，這樣可以帶孩子們去買點衣服。」

「孩子他們都還沒去過遊樂場呢！回家就帶著去玩。」

六

除夕夜，八點半飛往台灣班機誤點二十分鐘。

首都機場候機室內，抬頭望著電視螢幕上播放著舞龍舞獅、竹桿上吊著點燃的鞭炮霹靂啪啦響不停；另一個鏡頭畫面，卻是山腳下小村落被白雪覆蓋。

E12候機大廳，隔著透亮玻璃，北京夜空正爆開朵朵煙花。

機場內，醒目大型告示牌標語，靜默地向往來旅人展現：

「北京精神　愛國、創新、包容、厚德」

人在北京機場候機，無所事事，只有東看看、西瞧瞧。尤其瞥了一眼「創新」一詞，悄然挑撥我的思緒翻飛，飛越至古代神州大地的文學世界。

舉例吧，起初，取法漢魏的五言古詩，以及發展到後來的唐代五言詩。尤其回顧幾位勇於發揮創意唐代詩人，像是陳子昂、李白、杜甫、王維、孟浩然、韋應物和柳宗元。

五言古詩，始於齊梁時期，而極盛於唐代。

漢魏時期，曹植、阮籍，這兩位詩作，可雄渾，可沖澹，可沈鬱。

晉南北朝，筆墨以沖澹高曠著稱的陶淵明，令人悠然神往，然而在他之後的詩風漸趨綺麗。

同屬相同年代，晉南北朝的謝靈運，筆下精深華妙。

不但沈奧精創，又峻潔，則屬詩人鮑照。

另外兩位獨具特色的文學家，一是謝眺，一是庾信。前者，平淡中有深情思致，毫無雕琢筆跡，似陶潛。後者，含藻麗之質，但艷而有骨，筆墨老練。

當五言古詩發展至唐代之際，唐初，仍沿襲駢麗頹廢的舊風，尚無新意以展現自我風格。那麼何以說，五言詩極盛於唐代？全賴接下來幾位當代詩人的文學創意，才能風流千古。

首推陳子昂，詩歌革命的詩人，捨棄六朝華麗辭藻的先鋒，洗盡鉛華。筆觸歸返雅、理、氣為主，迴避泛濫的情、辭，於是發表了「感遇詩三十八首」。

另，揮別浮華靡爛習氣，詩體為之一變，展現詩篇中恢張與幻化多變者為兩位盛唐大家，李白、杜甫也。詩仙李白，運筆有飄飛之勢，運思則海闊天空、奇妙飄逸；詩聖杜甫，作品佈滿巍峨壯觀，錯綜交織。

再來王維、孟浩然、韋應物、柳宗元諸家文學大師，淘汰了俳優弊端，另創律體新派，被後人讚譽：「風神遠出，超以象外」。

記得大學時期，有天在大度山上的英文系館內，聆聽薛順雄教授賞析韋應物的詩，調嘯詞。聽課聽到出神：想像塞外大荒漠蒙古的景色，即刻潛入詩人表達的意境裡，人在一片大沙漠裡易迷路，東望西望，路迷濛，結果迷路，還是迷路。

詩詞之外，我在首都機場內候機室，追憶過去幾天走馬觀花旅遊印象，建築確實佔據了很大部分。北京城建築形式、建築布局，大抵星宿布局，體現天人合一、天人感應。不少古皇宮建築，屋頂大面積使用黃色琉璃瓦，在在與紅色的牆、門、柱、窗，神秘地交融在一塊兒。

建築師跟文學家一樣，擁有豐富想像力與創意。

還來不及深入領略中國大陸現代建築創新語彙，擴音器預告，飛往台灣旅客準備要登機了。

七

飛機起飛，衝向天際。

透過機窗，居高臨下，鳥瞰京城煙花遍地被燃爆；光電炮、大龍炮，爆聲隆隆，此起彼落。

夜晚十一點十五分，客機漸漸下降，準備降落在桃園國際機場時，機窗外，台灣土地上不同角落也正在施放煙花，閃爍光芒，一個接一個，沒完沒了。

出關，搭車，沿高速公路回家。

到了家，再走出村子大門。7 Eleven 便利商店電動門打開，我入內買了一瓶優酪乳。

走出便利商店，上空，幾朵煙花炸開，聲色俱美。

除夕夜的年味，一路尾隨著我進了家門，因為書桌前的玻璃窗上，映照著夜空閃爍煙花。

忍不住，拉開玻璃窗，隔著紗窗凝視夜空。

八

窗外夜空，讓我思想北京去回一趟，回味著現代的北京和傳統的北京。

在京城，高樓大廈和現代建築隨處可見，尤其剛舉辦完北京夏季國際奧運會。

然而北京城角落裡，依然可以看到傳統中國建築的氣息與優雅性格。

老胡同裡，磚瓦和舊房子，傳統中國的精神與浪漫仍舊存在著。

這種現代與傳統對比圖像，突顯了現今北京城在傳統中尋求進步的文明軌跡。

當人還在京城時，思索，現代公共建設和文明，不斷地對傳統北京造成強烈衝擊，但是北京真正要的是什麼？北京知否？

某個角度來說，步履看似輕盈，北京其實仍然在時光脈絡中尋找答案，宛若一頭牛在傳統裡前進，穩健地走向未來。

九

古老巷弄裡，充滿了傳統中國文學氣息與浪漫，宛似一位詩人。信手拈來，那一抹古老浪漫文人氣息，依舊籠罩在摩登高樓大廈的上空、整座北京城裡。

北京在傳統中求變，而千年以來那股氣息與歷史文化依舊芬芳。

飛機從天子腳下的城市起飛，尚未降落在玉山腳下的城市前，琢磨一陣。結果，決定了我下一趟大陸古城行腳，肯定會是具有悠久歷史與豐富人文景觀的西安。

西安與北京，雙雙都承載著中國歷史底蘊，留下豐富文化遺產。

今日雙城。居民就像生活在一個現代化城市裡，但仍然保留住歷史生態。

如果雙城少了文史的生態樹林，則只空留乾枯的內涵，城市天空僅落得不是霧霾，就是沙塵暴而已，那麼，城市就不再那麼美麗。

法院見

北加州紅木市，Dockside Cirle 住宅區內一名男子，前往警察局準備接受備詢。

深入了解案情前，當地警方首先在辦案登記簿上記錄著：

「四月七日，星期二，早上十點。」

接下來，男子十分委屈地聲稱案由：

「在家，我們夫妻倆爭吵不休。」未料，

「妻子竟然將一場家庭糾紛，把我一狀告發到警察局來。」

警方好奇，追問原因？

丈夫還原掀起此椿家庭騷亂事件的始末：

「那天，我被老婆氣憤地盤問，家裡衛生紙數量怎麼減少了？」

答案揭曉。原來是丈夫私底下把好幾捲衛生紙送給了外人。

家庭廁所內使用的衛生紙，何以會與此刻全球新冠病毒大流行有關？

說來，三月中旬，加州政府宣佈禁足令，因為疫情爆發無法收拾。

忽然間，衛生紙需求量翻升，大約是平日八倍多。

疫情期間，全國千萬家庭恐慌性地狂購衛生紙。

貨。

零售商店的貨架上，存貨很快的就會被搶購一空，網際網路線上零售商亦無存

社交媒體上，竟有人懇求讓售一、兩捲衛生紙。

現在衛生紙廠商雖然擴大其量產，但獲利有限。

因此，零售商店都不太庫存大量商品，只進貨平日供貨量，放置在貨架上。

世紀肺炎傳染病爆發前，國內即使遭遇到龍捲風侵襲地區，商家彼此會有默契地重新分配物資，為了支援受災區。

病毒大流行，國內三家大型造紙廠被逼去增加量產，應付目前緊急狀況。

生活禪

一

夏季第一天，五月五日，立夏。

早上十點半，推開家門走到 **Easy** 街，左彎，穿過迷你公園，橫越小溪上一座鐵橋，再沿著溪邊步徑，一個出口，來到住宅區，繼續步行到一個十字路口，左轉，**Moffet** 大街上車流斷斷續續。繼續走向鐵軌平交道，跨過雙向鐵軌，山景城市中心 **Castro** 大街在望，再一個右轉來到 **Villa** 街，直行至 **Escuela** 大馬路邊，拿取午餐。

回程，走路約四十五分鐘相同路線上，一個念頭閃進腦海：

「身邊要是有個隨身聽，使用耳機聽巴哈的大提琴、或者戴在耳中的無線耳機 **AirPods** 聽歌曲、或聽有聲書等其他音訊串流節目，才不會覺得無聊。」

再轉念：「現在兩手空空，無計可施之下，何不聆聽且覺察一下周遭環境？」

「幹什麼每天睜開眼睛後，都得時時刻刻被文明的聲色產物填滿，從未將空白留給周邊環境？剛才還想到巴哈大提琴音樂，何必呢？」

「為何不淨空，安靜地聆聽、觀察日常生活周遭動靜與風光？」

步行時，我決定完全無視自己情緒、思考、身心感受，只想單純一點，專心地覺察、聆聽身旁所發生種種現象與聲音，於是乎——

Villa 街上，清晰地聽到自己雙腳踩踏在馬路上的聲響。

小鳥「吱吱」鳴叫聲。

身旁經過一位中年男子氣喘喘地跑步聲。

汽車停在路邊，年輕駕駛隨手帶上車門，汽車發出聲音：「嗶！嗶！嗶！」

慈祥母親手推著嬰兒車，車輪滾動地面的聲響。

一片落地枯葉，被偶然颳起的微風催促下，乍響起那片枯葉微微刮地聲。

微風吹至耳畔，耳裏迴響那輕風拂面聲響，一聲，兩聲，三聲。

樹頂烏鴉粗氣地叫嚷聲：「啊！啊！」，又「啊！啊！」

不久，樹欉裡傳來不知名「嗚」「嗚」拉長的低音。

行至 **Castro** 街和 **Moffet** 街交界處，鐵路平交道柵門口，兩盞圓睜大紅眼的警示燈，不停地眨呀眨的，這時人車留步靜候，因為一列由聖荷西開往舊金山的火車準備再度起動引擎，正要從山景城火車站出發了。那時，「噹！噹！噹！」示警聲，如鐵槌敲打在一根鐵棒的單調脆音。月台邊，列車開始滾滾滑動，緩緩滑過平交道的時候，漸轉為連串急促高昂的「噹噹噹噹……」聲。事不宜遲，同時間，火車駕駛也鳴笛「嗚！嗚！嗚！」渾厚嗚咽聲不斷，遠傳四方，直到那列雙層火車的車頭將山景城火車站拋在腦後，留下身後一節節車廂摩擦軌道所發出巨大聲響，並夾雜著車尾機械運作聲。聲聲入耳，直到車頭前進了一段距離後，方歇。火車站重歸平靜。

走回民宅巷道內，三合院前有一輛UPS國際寄件與物流服務大卡車正在倒車，前座駕駛員按下「嗶！嗶！嗶！」警戒聲。

小溪步道的頭頂上，沒錯，是一條淩空而過的一〇一高速公路。於是我走在隧道內，邊走，邊聽到從頭頂上傳來川流不息、來來往往的車流聲。

黃昏前，躺臥在臥室內長形沙發上，閉目默想：耐心地看待自己身心狀況。假眠中，不想如常地打開收音機聽音樂舒緩一下心情。只管靜下心，寧靜中，聽聽周遭聲音吧！首先，清楚聽到自己的深呼吸，用心去吸氣，然後吐氣的聲音；張大嘴巴拖了一個長長「哈……」的哈欠聲。牆面高掛時鐘，秒針走得一秒秒運行「嗒！嗒！……」的聲音，意謂著時間清楚說明自己的具體概念，不再抽象。大門外，遠方傳來摩托車疾駛而過「嗯……」連續引擎發動聲，高亢刺耳。客廳裏冰箱也湊上一腳，發出「嗡嗡……」聲音，低吟淺唱。

二

立夏那天過後，我安步當車時，不再無所事事、百般無聊。

五月，星期三那天，室外溫度華氏五十多度，晨走於 **Tyrella** 巷道。走路時，勉勵自己，無論年紀多大，保存一顆赤子之心，天天要像一個心胸開闊初學者，好奇地去靜聽生活中每個自然生動現象。

頭頂上有群加拿大雁「哦！哦！哦！哦！」掠過。望天，低空，一隻大雁領隊，三隻雁兒前後排開，形成一縱隊尾隨著大雁。另一隻緊追在後，單飛雁兒。每隻飛雁默契佳，不約而同有規律地振翅，愈飛愈高，一同往東南飛。顯然雁群先在 Whitman 綠地公園及附近小溪郊野聚集，再相約一起晨飛，揭開一天序幕。

又是五月，正午時分，走在 Villa 街的人行道上，思量「無為」這個概念，提醒自己別忘了覺察當下四週環境。

鄰近 Mariposa 横向巷道口：傳來低沉「轟轟轟轟……」機械性引擎吼聲不綴，偶爾夾雜著清脆高頻率、尖叫刺耳聲，轉頭察看，原來是一輛市政府樹木維護工程車的背後，正托著一台碾碎機，它興奮高調地攪碎工人丟進去那些從路旁修剪下來的樹枝與綠葉。

博覽身邊現象，心胸開始貼近精神的、自然的情境，暫且疏離文明、物質面。散步，專注於邊走，邊感受一下：雙腳走路的感覺、腳底與地面的接觸、身體各個部位有哪些反應、周遭有哪些顏色和聲音、自己的呼吸律動……

三

呼吸，想起靜坐，靜默於一角，何嘗不是正念、覺察、冥想另一種方式。尋覓地點後，坐下來，躺下去，閉眼，感受一下自己的呼吸，大腦清明。頓悟，人們一天到晚花那麼多時間在等待：比方說，等公車、約會等人、等飛機、等捷運、等電梯、等進入戲院看場電影，一般來說，人們直覺反應為緊盯著手或感覺不耐等等；此際，倒不如利用機會開發正念思維，減壓一下。闔上雙眼，專注在呼吸這件事情上，留神，一口氣一口氣吸進、再吐出的流通過程，純粹感覺呼吸這件事上。縱使一開始，略顯煩人，但仍努力嚐試，感受一下正念呼吸法。

要不然，將心思擺在單純吃東西這件事上，專注於吃的動作。挑選個人愛吃而且富含營養有益的健康食品，過程中，啟動感官去探索、品嚐、嗅聞，甚至體驗一個人處於飢餓的感覺。準備進食時，不要走到書桌或沙發區，而是挑選餐桌邊，坐下來。享用美味前，先感恩謝飯，接著集中注意力在進食行為，細嚼慢嚥，想想，吃進嘴裏的食物組織為何？味覺層次感又為何？味道有何變化？

再不然，晨起，先確立好整天下來的正念基調，然後才開始喝咖啡、晨浴、刷牙洗臉，深切注意自己的呼吸、深呼吸，吸入大量氧氣，改進血液循環。

果不然，清早，先讓視覺、聽覺、嗅聞、味覺、觸覺，一切歸零。在嶄新的一天裡，重新去感應當日種種發生情況。立志要從容地應對呼吸、不急不徐地自理生活，好讓心神渙然一新，那麼就先操練嗅想、正念思想、身心健康運動、善待自己開始，無需自我苛責。

更不然，就寫日記吧！撰寫日誌，實踐生活裡的正念思想，釋放了負面情緒，驅離壓力與憂鬱，產生鎮靜作用，活得堅強、健康。科學家愛因斯坦、文藝復興時期的畫家達文西，都有筆耕文字日記的習慣。藉此機會，記錄下自己的經歷、思維、情感。提筆振書過程中，邊找靈感，邊磨練使用文字的技巧，增進寫作藝術。畫家，提起畫筆，將有思想性的靈感描繪出來，表達情感。作者，可採意識流文體來記錄生活隨想；無需擔心文字言論是否合情合理？自由地提筆書寫，寫夢境，寫食物，寫健身運動，寫感恩；甚至每日所發生不尋常事件，一則有趣笑話，或一道美味的食譜。

四

住在城市裏，除了聆聽周邊環境、寫日記，其實我們也可以把《手繪寫生簿》融入日常生活中，比方說，旅遊寫生、壓平的乾燥花、建築平面圖、市街地圖、繪製衣料式樣；或在紙上從事插圖、素描、塗鴉等活動，適切表達自我感情、思考。當然，人體畫像集子，捕捉人們的姿態、力量、優雅，去觀察、凝視，然後畫出人類的體態；用放大鏡般，四處去客觀地分辨出自己想像空間和肉眼所見。

五

如果不會畫畫，那倒可用手機來拍照，像是街頭攝影來捕捉日常生活裡稍縱即逝的時時刻刻，全無特定題材或任何設定在先，僅實景拍攝每天發生的平常事。換言之，攝影師沒預定待辦的議程事項、計劃，或者要為長期摸索所做的預備工作等，願瞬間周遭有意義的影像出現時，能夠即刻反應，捕獲畫面記錄下來。經年累月按下快門留影，會增強技巧、審美的自信、速度的掌握。耕耘不懈，愈發能領會、識別生活中不協調與自相矛盾。用鏡頭記錄人生，反映生活中經常錯過的嘲弄和異常現象。

漫遊街角，旅行天涯海角，相機不離手，因為攝影人員想要——

傳達對一個地方的感覺。

創作富有表現力的風景、環境，或專題攝影，能引人沉思的系列作品。

展現一個人對一個地方所感受到獨特印象。

沿途上，即興拍照。

使用不同焦距鏡頭，來捕捉不同角度的寫真集。

使用快門速度和光圈，詮釋時間與空間。

從不同視角來捕捉人們動作、活動。

另外，風景地區攝影活動亦是選項之一，可於不同季節前往國家公園。拎著照相機晨昏出入野地，尋找美妙鏡頭，黑白、彩色兩相宜。黑白，可參考 **Ansel Adams** 的作品集。彩色，可找出 **Galen Rowell** 的攝影集來作參考，窺視攝影師到底擁有何等眼光與風格。

使用蘋果手機拍完照後，編輯、配音、配樂，一舉完成視頻作品與人分享。如果是古典音樂迷，配樂時可考慮貝多芬弦樂四重奏、鋼琴演奏；或者其他一系列經典作品，例如第三號交響曲、C小調第五號交響曲、D大調莊嚴彌撒、以及第九號交響曲為背景音樂。

六

有心人也可以去翻閱他人過去或現在小品集的內容，看看他們是如何在邏輯、內涵上、素材上；媒介、技巧上；在主題、觀點上，儘量展現出迷人特色。欣賞、捕捉靈感後，起身去實驗，去創作屬於自己的寫生繪畫簿，並事後與大家分享心得。

勇於嘗試不同入門方法與技巧：將生活觀察與感官上的感動畫出來、或使用紀錄片方式；甚至亦可從想像和記憶中來繪製，來探討情感與不同觀察角度。

七

察覺，確實是讓自己放鬆心情的方式之一。

過日子，偶爾暫停一下，專注當下，給疲勞大腦一個得以休息的機會，身體回歸自然狀態，解放一下壓力所帶來疲累、憂慮或焦躁。

從生活細微末節切入，留意周遭世界，敞開心胸，繼而產生興趣，那麼日子將會過得更正面、更健康，更富生活禪。

兩種現象，你我無法掌控

佛羅里達州甘迺迪太空中心，五月下旬。

同一天，舊金山灣區，室外溫度高達華氏九十度，宛若盛夏。

當日，美國航太總署兩位太空人待命，將搭乘太空探索科技公司（Space X）的火箭與太空船飛往國際太空站。未料，一場風暴在佛羅里達州東北部形成，更未料，火箭發射前二十分鐘，降下大雨和閃電威脅下，完全打亂了太空人原本計劃要繞行地球，並且逐步升高軌道的高度，直到接近太空站。

原本規劃三十小時的飛行任務，私人企業首度要把人送上太空，然後預計停留在太空一百天這項創舉，因為氣象變化而被迫擇日再議。

同天，全美死於新冠病毒的人數正式超過十萬人。

黃昏，漫遊小溪步道上，想到：

「今天發生兩件大事都告訴世人，你我無法掌控，一是氣候，一是溫疫病毒。」

春風吻上哀怨的沙漠

四月春風輕吻著大地，沙漠卻皺著眉頭。

印第安原住民部落引發一陣恐慌，族人就是心頭深鎖。

族長身處這可怕時刻，開始思量一些對策。

擁有美國面積最大印第安保留地，橫跨了亞利桑那州、新墨西哥州和猶他州，納瓦霍 **Navajo Nation** 族人正遭受新冠肺炎病毒大流行肆虐、撕裂。

一

原住民的肺炎感染率與死亡率，高過全國平均指數。

早已有原發疾病的高度患病率，加上地方上缺乏基礎建設、醫療護理和耗材，使得族人一直陷於脆弱族群之中，現今，原住民部落如何承擔肺炎疫情蔓延所帶來醫療資源不足諸多挑戰？

對外，要跟聯邦政府、州政府協調有關護理與大流行相關資訊，實屬不易。

因疫情爆發而引起較大關注，起緣於三月初，一場族人宗教群聚活動。

當時，部落西部上游各地的氏族家庭，紛紛從四面八方趕來參與一場復興盛會。

盛會後沒幾天，亞利桑那州的 **Chilchinbito** 地區，驚傳病毒超級傳播者事件。

疫情就此野火燎原般爆發開來，才有後來下達「社交安全距離」與「宵禁」這兩項行政命令。

當地因確診病毒而喪失生命者，已達五十二人。

一位女族人哀怨地說：「再也沒有辦法去擁抱自己的祖母。只能來到她門邊，將一些日常生活必需品擱在門廊上，然後我在門外隔著窗戶和祖母招招手。」受困於世紀病毒肆虐，身體機能衰落的長者無法享受親情，子孫也無法親炙長者的人生經驗與智慧，徒增幽黯老境。

十八歲電焊工人擔憂著：

「家中有位親戚因感染到病毒而死亡。我個人倒很擔心家裡年幼者，他們對這種傳染病毫無免疫力。家中父母每次在我們為人子女要外出時，都會變得驚恐萬分。」

打從一開始，族長就覺得有需要向族人傳達社交距離的重要性，但困難重重。族長在臉書上廣傳疫情擴散最新進展，成效不佳，因為：

「很多家庭都沒有互聯網。」

另外，「當居家防疫命令傳達下去，對很多族人而言，也不實際。因爲你要知道一件事情，那就是橫跨三個州，人口達十七萬多的族群，不但居住在能源、食物和健康護理都很匱乏之地，尤其，有限的水資源更讓人擔憂。」

衛生局長：「為了防疫，我們極力推廣要求族人常常洗手這項運動。」但根據一份專業報告指出，「令人沮喪，因為族群之中，大約有百分之三十的家庭完全沒有自來水裝置。」

族長再次強調：「我們全體是一群脆弱居民。」同時揭露：「尚且不提我們這個《納瓦霍》單一族群，就整體而言，全國印第安原住民部落裡，五人當中就有一人患有糖尿病。而且肥胖症的患病率亦居高不下。」換言之，「基於糖尿病和肥胖症，這兩個高危險群埋下了族人面對這次世紀疫情擴散，無不陷入更險之境。」

待在醫護中心工作超過三十年，一位醫護人員：「我們見到這兒一些未滿六十歲卻染疫的病患，他們共同特徵為，《共病》的情況，那就是不只有一種疾病纏身，而是多種病情降於一身。」病毒肆虐下，「原本《小兒科》病床，現在都轉變成《呼吸綜合症》患者的診所了。」

三月中旬以降，全球疫情大流行，「它真像一波大海嘯來襲。」

女醫師呼籲：「這兒最急迫、短缺的是醫療人員。我們歡迎各州有興趣前來服務的醫師及護士加入我們抗疫行列。」

族長語重心長：「印第安部落每回申請聯邦撥款補助，總是被排序在全國名單的尾端，叫人心灰意冷。」「二十一世紀新冠肺炎疫情大流行，這和一九一八年西班牙流感大流行的疫情相比較，如今看來，健康不平等的問題如故。」

幸好，一些重要資源將會儘快送達到印第安保留區，像是新冠肺炎快篩試劑。

族長：「這意謂著不到一小時，即可測出族人是否染疫？」

國民自衛隊帶些供應品進入保留區，例如急用物資口罩和其他防護裝備等。

族群內，開始有人出面協助急需援助的弱勢鄰居，同時，也開始動手製作口罩，送達醫療中心第一線醫護人員的手上。另一方面，想盡辦法將日常供應品送達至獨居族人手中。

有位居民觀察到社區需要：

「這個時候，善心人士捐贈食物或提供衛生紙、肥皂等，我們會感激不盡。」另有居民：「我們發現一位獨居老人，挨餓。」於是「我們打包一些食物送過去給老人家。」就此，「感覺到自己也有能力幫助別人。」將心比心，因為：

「搞不好哪天，自己也會落入同樣光景。」

同是天涯淪落人。

當族長眼看著困境中族人們開始攏聚在一起，分擔彼此的負擔與壓力，心中想到幾乎被遺忘那群「獨居老人」。除此之外，也想到如何能把家庭和夫妻連在一起，團結起來。

靈機一動：「我們何不鼓勵老人家站出來分享他們人生故事，對下一代年輕人講訴屬於我們族人長久以來獨特文化、社會、傳統和語言。這樣子，一旦年輕人投入聽故事情境中，無形中，也順道幫助他們暫時忘卻當前疫情所帶來的驚恐。」值此疫情大流行，加上世代新舊交替、時代變遷之際，「居家孤獨老人如果有機會講訴族人歷史故事與傳奇，可以想像，講者與聽者交流，可被視為面對困境時一種樂觀的生活態度，讓族人彼此找到一股堅忍活下去的力量。」

老人趁機傳達自己家鄉故事，舉例：

「幾乎被遺忘的在地文化。」

「累積好幾個世代的生活記憶。」

「族人與土地之間的連結。」

「家庭故事，包括我們來自何處？我們是誰？」

「先祖們的勇氣與氣度如何被傳承下來，並且凝聚成家庭歷史。」講述先祖成就與夢想，藉此機會，不但身邊那些追尋夢想的少年得到啟發，更凝聚了族人那股動能，尋獲「故我在」的人生價值。

希望新世代、留戀過往的老一輩，雙方相聚於居家餐桌邊，聊天對話，過程中，少年人重新認識上一輩的思維底蘊、內涵、價值、美學和生活內涵。

家庭裡老少互動，彼此關係產生微妙的變奏，不再貶老，反老。世代交替過程中，原本的隔閡會漸漸模糊，拓展出依存關係的新貌。從此，願每個清晨，老少都能共寫人生另一段篇章，迎接每一個早晨。

二

當春風吻上北加州山景城我家附近小溪，輕風拂過。

二〇二〇年，初春時節，爆發的新冠肺炎疫情延燒至今，方興未艾。某天，午後，溪邊綠色小徑上，我回想起那位印第安族長的呼喚：

「何不讓我們靠著述說故事的方式，好好地生活下去。」

故事的高潮，完全靠說故事者怎麼切入人生：比方說，最重要、最悲傷、最輝煌的時刻；譬如說，展現藝術、情愛、婚姻、戰爭回憶、自我毀滅的不同面貌；當然還有如何看待時間。然後使用情節、對話、觀點、內心思維，來鋪陳故事情節。還有，將別人故事聽完之後，梳理清楚，再以藝術形式把它創作出來。

「當找到自己獨特聲音後，表達出來。」

「文字記錄下來，找到存活價值。生活中，一面感傷，一面進行寫作。用寫作來過日子，就沒人能燬滅你，也不會去懷疑自己的人生。」

「多點信任，減少憂愁，鬆綁生活中一些莫須有的掙扎，集體說出生命的故事。」

「無需去改變不能掌握之事。面對周遭環境、人事變遷，心境可以改變一下。」

「只關注自身問題，就會喪失尋求歡笑和冒險的本能。」

「說故事，傳遞愛的故事。」

信心，來自於尊重宇宙主宰，謙卑自己。

我愛家人，我愛族人，故我在。

美國海軍大兵

午後，穿越過舊金山中國城的百老匯街（Broadway），走到 Kenneth Roxroth Vallejo 街口時，偶遇慶祝義大利節的遊行隊伍。

街道兩旁塞滿觀賞民眾，綠、白、紅三色義大利國旗到處飄揚。

軍樂隊擊鼓表演，聲浪振奮人心。

一條長長的金色紅色中國龍，大動作、起起伏伏地舞動著，舞龍舞獅隊沿街賣力演出，傳遞歡樂氣氛不遺餘力。

騎著一匹白馬，女警手持著一面美國國旗。

身旁，一群剛從停靠港邊軍艦下船、身穿軍服年輕美國水兵，歡顏笑語，呼嘯地湧進路邊 Capo's 酒吧。

進入酒吧，三五成群開懷大笑，飲酒做樂。

三位正欲從街道走往酒吧內的大兵，卻被幾位熱情民眾喊住，要求合影。

水兵各個笑臉相迎，並樂與市民遊客勾肩搭背拍照留念。

秋日，十月十五日星期天，午後兩點半，我只看到遊行活動後半段。那天舊金山哥倫布日大遊行隊伍，其實早就從中午十二點半就開始起步，隊伍從漁人碼頭出發，途經哥倫布大道，然後環繞中國城與義大利城交界的主要街道，最終在義大利城中心點，華盛頓公園，結束活動。

穿著水兵制服美國大兵，青春洋溢，無吝地綻放笑顏，又熱情地與陌生男女市民合影。

軍民一家，軍愛民，民敬軍，這一幕，尤勝那天歡樂喧鬧不已的大遊行。

經典閱讀

閱讀自己，沉澱下來，這是活著的重要記憶。

閱讀經典文學，走出閉塞小天地，走進書中，隨著作者去旅行，嚐試不同思考方式，培養大無畏精神和同情心。翻開文學，豐富自己對周遭世界想像。闔上書本，勇敢地去面對人生。

一

就讀英文系語言學博士班，一九八三年，系上規定學生必修英國文學、美國文學各三門課。我選了「二十世紀英國小說」這門課。當時驚訝課堂討論書單列名「一九八四」這本小說，心想：「一九八四年是未來式，未知的，是明年，一切都還沒發生呢！」實際上，這本喬治歐威爾（George Orwell）經典警世作品，出版於一九四九年，一部鼓吹反烏托邦（Dystopian）未來的小說，一本有關整個社會被政治獨裁者利用無所不在的監視器「老大哥」（Big Brother）來掌控人民。人民一連遭受到高壓極權統治，自由被剝奪，思想被箝制，人性被扼殺，生活過得既貧乏又單調。

小說圍繞在未來的一九八四年，一個以倫敦為中心的「大洋國」、一位名為賓（**Ben Ortega**），這位囚犯身上。犯人被政府當局審問，有關他所撰寫日記內容；同時，被上級領導要求塗消以前不當言論思想，改以當前合宜的信仰論調取而代之。歐威爾將「假新聞」營造成書中重要主題。小說中一九八四年，掌權政府所有文宣，多為不真實。說穿了，這是一個完全建構在虛妄與瘋癲的心理狀態。經歷幾番折磨，這位囚犯，賓，終於有個機會被安插在獨裁政府「真理部」部門擔任職務；工作職掌就是將新聞剪報加以重新編撰，完全配合中央政府政策宣導。簡言之，賓的新差事就是為政府製造「假新聞」。

日後，當被幽閉在另一個部門「仁愛部」，這時賓卻面臨了兩種挑戰：

一是，被嚴厲檢驗其所撰寫日記內容，究竟想要表達真實感受為何？

一是，要他供出曾經與一位女子暗地所發展出來非法親密關係。

小說「一九八四」，一個重要場景為囚犯被審問者蠻橫要求：

其一，衷心支持政府所宣傳任何假信條。

其二，放棄個人舊思維，以及任何違背政府政策的立場，要徹底改變舊有的回憶與慾望。

審訊期間，犯人常被施以電擊酷刑，避免心靈神遊在禁路上。

這部小說描寫人類心靈如何被政府掌控和加以教化的作品，異常冷酷猙獰。

初讀，前半部，大篇幅著墨於政治論述，故事結構上略顯單調少了戲劇張力。一旦讀者身歷其境愈深入，則趣味盎然。

如今二十一世紀，隨著社群網站、電子商務發展成為科技主流，不禁另人遐想：

「這些會牽引人類邁向歐威爾小說裏一九八四年的世界嗎？」
「今日民主核心價值的人權、個人隱私權，更受到保障了嗎？愈來愈平等嗎？」
「還是，我們依然被老大哥以另一種形式所監控？」

二

二〇〇一年美國本土爆發九一一恐怖攻擊事件。小布希總統為了反恐，當年簽署了「愛國者法案」，實施史上大規模監控計劃，「隱私生活」這種概念開始崩解。自此之後的十二年間，美國情報總預算增加，當中，四分之一撥給國家安全局去執行監控計劃，理由是：

「我們雖然在未經批准情況下，大規模去監控美國人民，長官會說，現在跟以前不一樣，我們國家處於緊急狀態。」

緊接而來，世人面臨一場數位智慧革命，更透過互聯網的智慧手機、平板電腦，進行了另一場全球監控及滲透行動，從公共場所，延伸到每個人的隱私生活。換言之，線上生活，讓駭客能瞬間可以取得私人的秘密與資訊。

數位時代的來臨，除了政府，還有公司企業、犯罪組織，或者連公民自己，均可利用連線裝置，利用互聯網路來收集、儲存和處理資訊，輕易地駭進任何人生活層面，包括竊聽電話、偷窺銀行帳戶、切斷通訊、攪亂交通，或潛進私宅等等。

德國明鏡週刊援引機密文件爆料：「歐盟是美國龐大監控計劃的目標，不但竊聽歐盟辦公室，而且入侵歐盟內部電腦網路。」美國前國家安全局約雇人員史諾登

（Edward Snowden），挾美國國家安全局絕對機密文件逃亡海外，尋求庇護。逃亡海外時，更透露：

「美國監控華府的友邦使館、歐盟各國領袖談話，還包括聯合國代表團等等。」

三

二月下旬，加州的夜空正輕飄細雨。

我在綿綿雨中疾行。

適時趕到 Palo Alto 市政府車站，一輛35路公車緩緩靠站。

三位乘客跳上車，使得原本空盪盪大巴士立即增加男女三位乘客。

山景城下車。

稀疏冷落的夜街上，咀嚼、回味台灣近日政論節目主持人的觀察：

「二十一世紀，虛擬網路時代。網路上假新聞、假消息，推波助瀾。側翼網軍，就是假消息。台灣執政黨藉由側翼，不斷地釋放假消息，帶風向。」

「側翼，政治工具，這是台灣政治最嚴重的問題。網軍側翼橫行，破壞民主制衡機制，將價值觀念顛覆，以致於民主被閹割。」

「二十一世紀的台灣民主，是獨裁式的民主。」

教學相長的日子：十九世紀美國文學

午後，正在研究室內規劃著「美國文學選讀」這一塊課程地圖，開始著手搜羅教材，搜索枯腸之際，來回默思：

「哪些作品代表了真正美國精神？美國價值？」

「文學史上，哪些北美作家其原創性、原創力極具深遠影響力？」

思緒漫遊：「從十五世紀末義大利航海家哥倫布發現美洲，直至十八世紀中葉，英國政府頒布了對北美殖民地人民徵收直接稅的法令（The Stamp Act），涵蓋了整個殖民時期。當時，美國本土的語言、民俗、學術、藝術、法律、政治、教育，甚至對文學的品味與類型，均受到大西洋彼岸歐洲的影響。」

再思：「到底是什麼樣的因緣際會？始於何時、何人登高一呼，極力鼓吹原創性美國精神與文化之重要性？從而醞釀建構了美國價值，讓美國漸漸走出歐洲大陸英國陰影，開創屬於自己品牌文學經典、創意的文化與哲思。換言之，不但要在一七七六年尋求政治上獨立，就連文化上、知識上也要追求獨立宣言，繼而開花結果，培育出國際級諾貝爾文學獎桂冠並影響世人。」

簡言之：

「飲水思源，現今美國精神和價值，又百花齊放百家爭鳴的美國文學其源頭在哪兒？」

「哪些美國文學作品，不但能禁得起時空考驗，而且其思想與文學成就能夠啟發二十一世紀台灣的大學生？這些就是我想著力的教學重點。」

踩在校園內竹湖小徑上，踏在浩然圖書館前的黑板樹大道上，漫步經過清交小徑，散步來到清大的梅園，甚至遠足至十八尖山，腦中不斷地拼湊課程地圖。

一

踩在校園內竹湖小徑上。

沉思著，美國文學發展過程中，最早的英國殖民時期文學，一五八八年至一七六五年。也就是說，從美國殖民時期緣起於一四九二年哥倫布航海探險，一直到一七六五年英國根據印花稅法條例，開始向美洲殖民課徵印花稅。課稅此舉讓北美英國的殖民意識到自身的利益與力量。

除了土地和當地印第安人所傳授的生存技能，舉凡前述的語言、民間風俗、學習知識、人文學科、法律、政治、學校教育，以及文學不同體裁，皆取決於大西洋彼岸的歐洲。

處此殖民過程中，伴隨著改變、適應問題以及適時修正以符合當時美洲大陸新環境所需。

歐洲傳統一時之間揮之不去，然而另一方面，還得將就現實需要，於是逼得有智之士不得不開始關懷眼前第一手經驗的知識累積。

那時候歐洲本身亦非呈現靜止狀態，尤其在人類思考創意方面，無不也是紛亂動搖，不但充滿了矛盾，而且亦遭逢了革命性改變。

殖民時期的文學，經常以歐洲、美洲兩地讀者為對象。作家著述內容非娛樂性，而多是現實需要，藉由作品來推動一些當前時事緊迫的發展，或經濟、宗教、政治等主題。

北美新世界給予歐洲移民最大誓約是前所未有的自由，擁有民主思想和地方政府自治管理的思潮，如此看來，殖民時期美國文學作品飽含著新世界豐富的經濟資源，且默示社會上對夢想的確立與實現。

美國殖民文學一路發展下去的過程與不同面貌，不得不提到，初期英國清教徒在分離派影響下，民主思想和地方政府自治管理的思潮湧現。同時，也教導平民、平信徒都能在教會管理上參與重要角色。

當謀生有了著落，大多數移民緊接著關切人生另一個議題，是宗教。為了進一步暸解當時的美國移民，就得要先理解其宗教上、神學上的背景，以及如何折射到本時期的文學作品內涵。

再來，殖民文學主題亦包含與經濟、宗教緊密相連的政治希望。此刻，美國移民第一次想要建立一個新型態國家。這時候的美國文學全篇瀰漫著「政治要被少數人掌控？」抑或「政治被平民大眾治理？」等思維。

兩者之間爭論焦點，左右擺盪。

大抵而言，殖民文學包含了七大類：「海上探險旅行記、宣傳小冊子、教會講道稿、神學辯證與論述、大事記錄與傳記文學、日誌與自傳，最後是詩歌。」

初期美國殖民時期文學形式種類，缺少了戲劇與小說，雖然這兩類文體是美國文學發展到後來的亮點。究其原因，當時無論在英國或美國，這兩類文體均不被嚴肅大眾所接受，這可追溯十六至十七世紀，當時事事講求嚴格的清教徒價值觀。另一方面，早年美國殖民認為，描繪虛構人生的小說顯得單調，哪比得上獨家報導呢？像是「揭露海上探險記錄和旅遊；或因被活捉且囚禁在印第安部落的實況；或海盜、兇手的人生經歷和晚年景況；或上帝眷顧與巫術魔法的種種描述。」於是，小說對於當時嚴謹、認真生活的閱讀大眾而言，長篇傳奇小說沒有太多發展空間。

二

踏在浩然圖書館前的黑板樹大道上。

默想，美國文學發展至革命建國新共和時期，一七六五年至一八二九年，美國這時是一個嶄新且引以為傲的國家。

美國歷史發展至此第二階段最獨特之處，在於政治體制開始確立，以及美國思想上相當程度的國家民族意識開始覺醒。因此，這時期也常被稱為早期國家認同階段，起源於一七六五年印花稅法，英國議會對美洲殖民地所施行的稅收法案，結束於一八二九年，美國第七位總統傑克森就職日。此刻整個國家進入到一般庶民開始被普受重視的年代。

美國正式走入國內大變革，不僅確立憲法，同時發展出兩黨的政黨政治。

美國民眾普遍認同華盛頓（George Washington）、漢彌爾頓（Alexander Hamilton）、傑克森（Andrew Jackson）、亞當斯（John Adams）、潘恩

（**Thomas Paine**）等袞袞諸公所發表的政治思維文章，加上獨立宣言與憲法之確立，合力組成了一部國家政治文件的主體架構，不但內容豐富多元，而且其重要性一直影響全世界至今。

美國獨立國家主義產生，源於早期殖民在地理上完全獨立於英國境外，雙方在政治、經濟及社會等議題爭論下，最終導致革命一途。

在這一百一十四年期間，民族自覺蔚為風潮，尤其在文學發展上，此刻，雖然仍有大量政治文學出現，美國人卻也開始去探索、去創造一個全新的純文學傳統。努力去探尋鮮明或合適的文體，這時期文學發展留給後代一個多元面貌，以及詮釋當時美國社會生活面面觀之文學生態。

居此革命建國新共和時期，美國文學發展趨勢：出版書籍大抵都已經在美國本地印行，並以美國讀者為主要訴求。作者群中，**Irving** 和 **Cooper** 可算是少數作家仍兼顧大西洋兩岸的讀者，也就是作品會在倫敦、紐約兩地發行。

文學的國家民族主義和浪漫主義。此刻，美國文學內容大抵以美國人的生活獨特環境、國家主義的思想模式為重。

當代美國文學浪漫主義作家群包括 **Freneau**，**Bryant**、**Irving** 和 **Cooper** 等，他們一如英國當代文學作家，如華茲華斯（**Wordsworth**）、柯勒律治（**Coleridge**）、史考特（**Scott**）、拜倫（**Byron**）、雪萊（**Shelley**）和濟慈（**Keats**），大西洋兩岸作家們都有努力嚐試創新企圖心。那麼新大陸文學浪漫主義文風如何界定？

第一，不順從古典文學和新古典文學的文學體裁，有如出現在英國作家華茲華斯、拜倫和雪萊作品中的文風。美國 **Irving** 與 **Cooper** 兩位小說創作新模式，以及 **Freneau** 與 **Bryant** 兩位以新手法來撰寫的政治詩。

第二，開始去注重文學作品，尤其在發揮想像力和訴諸情感：

「美麗繪畫般、異國情調、感官訴求，以及發展出超自然的文風。」

第三，筆調中，讚揚個人和普羅大眾，像英國詩人華茲華斯，極似美國當時的宗教文化。

第四，首次出現對大自然產生極大興趣。這波新潮流，英國詩人華茲華斯最擅長此道。美國 **Freneau** 與 **Bryant** 的詩文，還有 **Cooper** 多部小說裏，讀者均可感受到這個主題。

第五，文學素材上，採用更多過往的人生經驗為下筆依據。這部分在英國作家如柯勒律治、史考特、濟慈的作品中常見。相對的，美國作家 **Freneau** 採用「帝國廢墟」為主題，**Irving** 開拓哈德遜河地區的軼聞為小說場景，另有 **Cooper** 的小說採取長卷的歷史故事傳說。

接下來，美國的戲劇新貌呈現。

當初模仿且順應歐洲戲劇不同風格，再加上適逢美國本土充斥著國家民族主義的當下，一七八七年，終於出現了 **Royall Tyler** 劇作「**The Contrast**」而嶄露頭角，立刻引領風騷深受讚許。隨後的美國劇作家也去追尋新意，好讓自己的戲劇創作在專業舞台上發光發熱。

接下來，美國小說初登場。

早於一八〇〇年以前，教會偏見反對下，美國小說無法在殖民地萌芽流行，因為它被視為青年一代極易被受到虛構不實小說情節所影響。

當時美國人看的小說大都從英國輸入。雖說如此，本土小說的雛形也已在民間呈現穩定性流傳，加上當時國家民族意識普遍高漲，因此有一股嚮往，急欲探尋美國獨特基調與人物特色。

美國小說發展初期，難免依舊受到英國小說影響，以其為範本。於是乎，當美國作家開始嘗試創作之際，作品亦會以英國小說家 **Samuel Richardson** 感傷感性筆調為範本，這一類型美國小說代表性人物為一七九七年 **Mrs. Hanna Webster Foster** 的長篇虛構小說 **The Coquette**《伊萊莎弄情記》和一七八九年 **William Hill Brown** 的作品 **The Power of Sympathy**《畸戀》。

被視為第一部美國小說，《畸戀》，到底是怎樣的故事與情節?我好奇。

小說根據一件真實社會新聞，發生在波士頓。主題為男性勾引女性，藉此忠告女性讀者們要潔身自好，避免隨意與男子動情。

情節方面，主要發展出一條主線，再以兩條支線連接。

小說中，男主角漢林頓遇到美麗的韓麗德。

然而女方社會地位不對等，只是一位伺候貴婦的秘書，因此打從一開始，男方便沒有要和韓麗德結婚的念頭。未料，愛情戰勝偏見，男方不顧女方父親阻擾，還是要和她秘密成婚。關鍵時刻，漢林頓一位朋友告訴他，女方是他父親的私生女，換句話說，男女雙方實屬同父異母兄妹關係。亂倫一劇最後雖然沒有發生，但是當韓麗德知曉血親關係的真相後，震驚而亡，漢林頓也選擇自我結束生命。

穿插在戀愛悲劇中，另有馬丁強姦小姨子奧菲麗亞，已屬不幸，更甚者，奧菲麗亞亦飽受父親虐待，女子在煎熬下服毒輕生。

另外，新娘費黛麗亞在婚前，竟遭歹徒綁架。新郎難以承受，跳河自盡。

這類傷感言情小說駭人情節，作家採用規規矩矩、遮遮掩掩的筆調寫成。小說家除了敘事，同時也加入倫理道德敦敦教誨，以及聲淚俱下的情感。

至於《伊萊莎弄情記》，一部暢銷小說。它到底是怎樣的故事與情節？我好奇。

講述康奈狄克州有一位嚴謹的牧師追求一位年輕貌美、但個性頑強的伊萊莎小姐。然而女子心有所屬，愛上一位風流倜儻少校軍官，名叫山福特。軍官一直想過著安逸舒適的生活，為此，娶了一位富家千金。至此，伊萊莎仍未停止迷戀山福特，繼續和有婦之夫互通款曲。一旦發現伊萊莎懷孕，山福特立即將她這位婚外情女子給拋棄。當被山福特拋棄後，伊萊莎不願命運摧毀自己，於是轉向一度寫信向她求婚那位牧師，表明願意下嫁。終究伊萊莎因生產過程不順而過世。

《畸戀》和《伊萊莎弄情記》這兩部美國早年傷感小說代表作，都採用了書信方式（**epistolary style**）來表述，這方面都是受到英國小說家 **Samuel Richardson** 的影響。《伊萊莎弄情記》結構佳，《畸戀》則屬故事情節驚人著稱。

關於歌德小說（**Gothic Novel**），英國的古堡小說。由於美國開國甚遲，所以基本上，新大陸小說家找不到極具歷史性的古堡去編造令人疑神疑鬼的恐怖題材。然而費城的 **Charles Brockden Brown** 以特別靈感和創作天份，寫出了恐怖緊張為表象，實則融入心理研究的嚴肅層面，以及作家對某些社會問題一種先見之明。這類古堡性質作品，美國先後也產生了以改良式古堡小說而嶄露頭角的作家群，例如一七九八年

的 **Wieland**、一七九九年的 **Ormond**、一七九九年的 **Edgar Huntly**、一七九九至一八〇〇年的 **Arthur Mervyn**。作品裏可以看出小說家對心理描寫深厚功力，以及對緊張氣氛的營造。其中，又以 **Edgar Huntly** 的文字表達最為流暢神秘、緊張刺激，再配上離奇的情節，可謂是古堡趣味和偵探小說兩者奇妙結合。另外，**Charles Brockden Brown** 刻意把有趣故事和嚴肅思想都融入小說裏，這是美國開國以來第一次嘗試。

美國小說家模仿英國維多利亞時代的煽情文體，以及哥德式恐怖偵探小說。

深受英國著名小說家，珍 奧斯汀（**Jane Austen**）描寫上流社交圈故事風行一時，加上英國作家 **Sir Walter Scott** 的歷史傳奇小說，雙重影響下，此時美國小說家吸收英國兩位作家不同寫作風格去創作。當中，美國作家 **James Fenimore Cooper** 引領風騷，其一八二六年小說 **The Last of the Mohicans**《最後的摩根戰士》贏得讚譽。該小說講述法國人和印第安人交戰故事，接連不斷的戰況與緊張刺激追逐，再添加有趣的美洲印第安原住民口頭流傳下來種種傳說，最後補上小說家對「荒野」細緻描述，因而成就了這本小說的完整性。

再來，美國短篇小說、短篇故事開始萌芽階段。

美國短篇小說原屬於雜誌內所發表一種文體。

短篇小說相較於長篇小說，短篇後來的文學成就更具國際競爭力。

美國開國元勳富蘭克林 **Benjamin Franklin** 把一七五八年所著 **The Way to Wealth**《通往財富之道》文稿發表於《窮理察的年鑑》上。

接下來，傑出的美國短篇小說家 Washington Irving 出版了 Rip Van Winkle《李伯大夢》和 The Legend of Sleepy Hollow《沉睡谷傳奇》這兩本書，作家後來被譽爲美國文學史上偉大作家、美國文學之父。Irving 引領美國文學朝向兩股趨勢：一是，地方色彩加上傳奇故事；一是，歷史小說。

《沉睡谷傳奇》屬於地方色彩傳奇故事，兩百多年過去，仍受讀者歡迎。Irving 短篇小說保有文藝短文風格，無不散發出作者親臨現場之感，幽逸優閒的情節變化，細節描述詳盡，尤其在氛圍營造上，更勝於小說中緊張懸疑和刺激高潮。就世界文學主流發展而言，此刻，美國短篇小說表現亮眼，開始站有一席之地。

三

漫步經過清交小徑。

思索，美國文學發展過程裡文藝復興浪漫時期，一八二九年至一八六〇年。新英格蘭，位於美國大陸東北角、瀕臨大西洋。這時期作家的作品，全面支撐對宗教與人性哲思、民主與普羅大眾、工業與拓荒發展、奴隸制度與南北戰爭、科學與人類進展等議題全然包容，一個黃金年代。

回顧，新英格蘭當時掀起一波新思潮，源於宗教界闡釋神與人之間的哲學概念，急著與「喀爾文教義」切割。十九世紀初，「唯一神」教派的教義（Unitarianism）開始發跡。新舊兩派在論述基督與人的主張上，分歧。新興教義著重兩點：基督神聖性建立在所有人類皆具神性特質，即神格那份要素一直存在於人類本性中；加上，人性擁有那股善良本質、性靈之自由，皆與生俱來。

首先，愛默生（**Ralph Waldo Emerson**）曾在「唯一神」教派的教會擔任神職人員前後不到三年時光，便於一八三二年請辭，因爲無法忍受牧師所扮演的角色，以及教會所遵循的形式禮儀。雖然相較於「喀爾文教派」保守呆板，屬於自由教派的「唯一神論」團體表現雖然尚可，但仍無法大步向前邁進，朝向信徒個人的復權之路。

愛默生在日後演講中，力勸台下聽眾，博採上述兩個不同教派分別對「真理」的主張。

隨後，愛默生成為「超越論」新教義的主要傳譯者，並於一八三六年發表「自然」一文，此文不僅被早期超越論信徒視為經典，同時，亦被成立於一八三六年至一八四四年的「超越主義俱樂部」視為一切發展活動的標竿。

超越（超驗）主義論述，深受不同年代理想主義哲思影響，像是：

一、「古希臘哲學家柏拉圖、以及柏拉圖哲學融合東方神秘主義，因而架構成新柏拉圖派的哲學思想，即 **the Neo - Platonists**。」

二、「東方經典作品，例如中國、印度。」

三、「德國哲學家康德與其他理想主義者。」

四、「英國詩人 **Samuel Taylor Coleridge** 和歷史家 **Thomas Carlyle**。

哲學上，超越論一直以來都被定義為：「每個人在直覺上都具備辨識真理的能力之外，也具備有超越感官的知識能力。」

歷史上，超越論之產生，源自於德國理想主義，進而演變成為美國「唯一神」教派的教義，**American Unitarianism**。不可諱言，「唯一神論」的教義為超越主義後續發展鋪陳了一條途徑，一個指引方向，那就是：強調每個人在本質上都是善良的；強調信賴自我對真理的理解能力。

此時，代表性人物，愛默生和梭羅，兩人皆背叛了十九世紀美國當代諸多形式規範。如果要探究兩人當時所表現出來的急進主義之原因？這可追溯到超越論發展過程中，無不深受該主義創始者的哲學觀點影響，於是作家們藉由詩歌、散文展現出獨特風貌。身份即是作家又是哲人，梭羅與愛默生兩人不但達觀地精通哲理，同時也探索人生答案。另外，兩位作家均視「宇宙」為精神，為生命，而「自然」為其現象的一種唯心論。

處於一八二九年至一八六〇年，美國文學發展至此，儼然已進入嶄新世代，無論在思想理念上，或在藝術表達上，都綻放鮮豔色彩、嘹亮發言和醇厚香氣。

梭羅自認，在茲念茲主要任務，就是如何在其文章裡擁有哲學韻味。

提筆寫作，梭羅願自己扮演哲學家，並記錄下人類智能被挖掘出來珍貴成果。

作家用直觀能力，寫下自然世界諸多現象所象徵的想像力、創造力、理智與真理。一旦作家領悟出大自然現象本身欲表達的真諦後，著文立說，傳遞給大眾。

偉大作家也是一位哲學家，絕非僅止於傳授前人的哲學思想給讀者而已。

大自然，真正的作家。

哲學家，真正的作家。

愛默生的思想論述要比梭羅的散文更具抽象色彩。

梭羅作品強調具體事物，愛默生則著重於哲學關聯性上。

四

散步來到清大校園內的梅園。

園中，思量再三，美國南北戰爭時期文學，一八五〇年至一八六五年。

毫無意外，美國南北內戰爆發前的十年，南方與北方在文學主題上，都圍繞在人民所面臨的奴隸制度這個重要議題。

描寫南北戰爭最佳文學作品都是在戰後才出版，一八九五年 **Stephen Crane** 的小說，敘述一位嚮往上戰場男主角，年輕人亨利的心路歷程為主題。一個讓男孩蛻變成為男人的故事，**The Red Badge of Courage**《紅色英勇勳章》。

內戰期間，作家描述戰爭主題令讀者難忘的作品不多，僅有 **Whittier** 和 **Timrod** 撰寫的詩篇、林肯的演講，以及惠特曼在戰爭後期所寫的五十三首新詩 **Drum-Taps**《桴鼓集》。

惠特曼，早在內戰爆發前，他已發行三個不同版本的《草葉集》，而且也已經在先後修訂不同版本詩集裡，鋪陳其基本信念。惠特曼雖說採納了愛默生「人的神性」教義，然而他更深入另一層理想，即無論在文字上，還是在具體情況下，都用更大、更溫暖那顆同情心來對待所有人。

五

遠足至山巒起伏的十八尖山。

山中，沉思，文學發展過程中，美國現代文學崛起的階段，一八六五年至一九一四年。

抵禦南方他們為了維護奴隸制度而極力進行的分離運動，同時，又要維護美國聯邦政府統一原則，因此啟動了為期四年的南北戰爭，一八六一年至一八六五年。結果，在一八六五年四月九日，率領北方各州的總司令格蘭特將軍，接受了南軍總司令李將軍的投降而劃上句點，國家因而免於分裂。

結果，作家作品的主題聚焦在歡慶國家統一。當中有三位詩人作品脫穎而出：新英格蘭地區的 **James Russell Lowell**，中大西洋州的惠特曼 **Walt Whitman**，南方的 **Sidney Lanier**。

至於南北戰爭後的二、三十年間，最受歡迎文學形式則屬地方性的短篇小說。作家對於重建國家統一都做出極大貢獻。對多數讀者而言，這種具有地方色彩鄉土小說為他們敞開一扇視窗，發現了一個鮮活雀躍的美國。

一八六五年到一九一四年，美國社會與經濟生活層面都經歷了快速且激烈變化，像是興建鐵路，就是典型的工程成就，而且深深影響到當時經濟與社會生活。

作家群這時卻紛紛勇於表達對社會種種批判，諸如對工業擴張、西部大片土地開墾從事農作、城市紛紛建立等議題。作家也強而有力揭示，粗糙唯物論所引申出來種種弊端。作家的社會良心被喚醒，因此再也無法忍受針對唯物論與政治貪腐僅作一般性譴責，於是對特定議題做出一系列控訴。比方說，對工業化強力批判、十九世紀科學進展影響了宗教思維，以及對新帝國主義的興起。這種文學風格在十九世紀末和二十世紀早期，變得越來越重要。

野外漫步，思緒至此清晰。

告訴自己，新課程將在開學後展開的地圖面貌：

第一周，簡介美國文學史發展大綱。

從第二周開始，授課重點將聚焦在「十九世紀美國超驗主義」作家群，閱讀作家們經典作品來揭示美國精神：「不但要自恃，而且道德上獨立。」

願十九世紀美國作家與二十一世紀交大學生，交錯在通識課堂上，編織錦繡。

十八尖山，陽光穿過葉縫，簇葉下的山林走廊。

我回溯至十九世紀美國那塊土地上，美國人在文學、思想上，文藝復興所掀起那股風起雲湧，勢如破竹，那個尋找屬於美國自己價值的年代。

六

授課「美國文學」多年後，深秋午後，幾位老師們閒話中外文學教材內容：

「要輕鬆一點，輕薄短小，去迎合學生，而大受歡迎？」

「還是要安排一些主題深刻的文學經典？」

「這個以理工為主的大學校園土壤裡，通識人文課程可提供一些深度內涵的經典作品？因為青年學子一出校門，說不定就再難有機會做人文探尋？」

「大學生探索生命中某些事實的真相、質感、感動和遼闊的內涵。」

那些年教學相長的美好時光。

記得第一次開課，課名取為「美國文學與超驗主義」。

兩年後，改名為「美國文學」。

第二週開始，課程專注於十九世紀美國文藝復興時期的精神領袖愛默生（**Ralph Waldo Emerson**）幾篇重要作品之外，也包括曾受到愛默生思想和表達方式影響的美國當代文學大師們如梭羅（**Henry David Thoreau**）、惠特曼（**Walt Whitman**）、狄金遜（**Emily Dickinson**）以及後代二十世紀海明威（**Ernest Hemingway**）等人經典之作。

十九世紀愛默生深遠影響亦擴及德國哲學家、詩人尼采（**Nietzsche**），阿根廷詩人、小說家**Borges**，和英國作家**D. H. Lawrence**等。

不以繁華熱鬧取材，本著厚實、清澈語言與思想，師生們一路同行，尋幽訪勝。賞析愛默生、梭羅的作品之前，我總會在課堂上，先提問學生一些與主題相關議題，經過腦力激盪後，再進入本文。當中的問題包括：

「你個人認為，身為一名大學生，應該具備的涵養之一是什麼？」

電工系曲君浩在作業簿上簡明地寫道：

「對知識的尊敬與企圖心。」

另一回，賞析完愛默生文章「美國學者（**American Scholar**）」，趁著下課鈴聲響起前的幾分鐘，問了講台下青年學子：

「你們個人對該文的讀後感想為何？請做答。」

午後，研究室內批改作業，讀到電控系鄭惟駿在作業簿上寫道：

「**The duty as a scholar is to be free**，**to be brave**，**not to be afraid**，**to cheer up the world** ，**and to have great aims**。我一直以來都有遠大的目標，要拿諾貝爾

獎，想要造福世人，對社會國家有所貢獻。或許，將來某個數學方程式，或是新發明，會以我的名字去命名。」

七

當年，閱畢學生所抒發的感想文字，屢屢會在綜合一館大樓六樓研究室內，抬頭，遠眺整面玻璃窗外的藍天、遠山、流雲，而手邊一疊青年學子作業簿內的字裡行間，益顯蕩滌如洗。

今年二〇二二年，聖誕夜，收到畢業於生物科技系的陳彥樺捎來電子郵件：

「我已經於二〇一七年取得哥倫比亞大學博士學位，目前正在紐約康乃爾大學做博士後研究員。日前，獲得台灣國立中山大學的學士後醫學系專任教師職位。即將於明年一月底結束留美生涯，返回台灣任教。感謝老師過去的指導，希望我的通識與專業課程也能啟發更多台灣的學生。祝老師聖誕平安、愉快。紐約。」

懷念黑比克（Dr. Robert Habich）教授

「懷念一個人，無怪乎兩人在相遇交往過程中，那抹難以磨滅的溫暖痕跡。懷念黑比克教授，不同。沒有過多個人印象。反而是在課堂上，黑比克傳承給學生們美國十九世紀文藝復興時期的作家作品。那些文學哲思，後來在我們心裡留下了深刻的印記。」

從紐約大學石溪校區英文系獲得學士學位，接著前往卡羅拉多州立大學攻讀英文系碩士學位，再接再勵，入學賓州州立大學研讀美國研究，最終取得博士學位。

取得博士學位後，一九八一年至一九八四年，黑比克留在賓州州立大學擔任講師教職。

自一九八四年秋季，黑比克被印第安納州蒙西小鎮的校園，也就是我當年就讀的英文系受聘為助理教授。

春天，前往英文系館會見當年語言學博士班的指導教授 **Dr Herbert Stahlke**，討論我下學期秋季班選課事宜。出身於加州大學洛杉磯分校語言學博士、且專研非洲語言學的他，逕自在我的空白選課單上填了「比較語言學」和「十九世紀美國文學」這兩門課。當時，我正在系裏履行課外每週二十個小時的助教工作。

秋天，系裡新進的年輕教授黑比克開始於每星期三晚間，利用三小時引領著英文系一小撮研究生，週週在位於嶄新 Robert Bell 教學大樓三樓英文系辦公室旁的教室內，以平穩步伐帶領著我們步步重返上一個世紀，十九世紀，那個屬於美國文學史上浪漫主義的時空裡，那個視宇宙為精神及生命，那個視大自然為一種唯心論的超驗主義（Transcendentalism）新天地。

超驗（或超越）主義來自三方面影響：新柏拉圖哲學、日耳曼理想哲學和東方神秘思想。

新柏拉圖論者認為精神超越物質，又，從自然界我們能尋獲精神價值的法則。

日耳曼理想主義，秉持著個人信心與本能，這比起思維能力更能教導人類。

經常引用印度、中國的經典價值來調和精神與物質。東方神秘思想以神秘宗教經驗為基礎，個人經過「外在我」，潛入心內的「內在我」，自己的心靈與神溝通，甚至成為神的一部份。心靈探索之旅包括印度佛學、中國論語、四書、老子、莊子等。

依稀記得，上完第一堂黑比克的文學簡介，奔至校園書店購買三本課堂必備教科書：「愛默生：散文選讀與詩選」、「梭羅：湖濱散記」和「惠特曼：全詩集與散文」。

一

那年秋天，萬未料到，開始賦予我往後的秋天別具意義，歲歲年年。

那年秋天，隨著講台上黑比克教授賞析十九世紀美國作家作品，我彷彿置身於一個鮮活生機，栩栩如生，翩翩飛舞的文學世界。

果不其然，黑比克的教學熱忱與成效，為他在短短兩年教職內即獲得當時印第安納州校園的「傑出年輕教師獎」。教書第八年，再接再勵奪下全校傑出教學獎。

自我提升方面，黑比克多年專研十九世紀美國文學，逐漸在美國學術界自創名號。二〇〇〇年以降，前後擔任全美「愛默生學會（Ralph Waldo Emerson Society）」秘書兼會計、「梭羅學會（Thoreau Society）」秘書兼董事會成員、「愛默生學會論文集」總編輯、「愛默生學會」主席。耕耘奉獻十多年下來，黑比克再以擔任學會主席的出色表現，贏得全美文學界「傑出成就獎」。

二

回憶當年課堂上，黑比克介紹的第一位作家是出生於一八〇三年春天，並於一八八二年過世的愛默生。

一八二一年哈佛大學畢業。一八二九年愛默生待在波士頓地區擔任教會牧師一職，三年後，辭職，渡海至大西洋彼岸歐洲。訪歐期間，會見了華滋華斯（Willian Wordsworth）和卡萊爾（Thomas Carlyle）等英國文壇名家。

訪歐行程，隔年，一八三三年，愛默生返美。

一八三五年，肩擔美國超驗主義運動的先驅，更於翌年，創辦《超驗主義俱樂部》，發表《大自然》Nature 一文。

一八三七年，返回母校哈佛大學演講，題目為《美國學者 The American Scholar》，鼓吹美國應擺脫對歐洲文學思想的依賴，建立自己文學與文化特色，倡議美國文學上的獨立宣言。

一八三八年，再度返回母校哈佛大學神學院演講，那次，愛默生挑戰宗教信仰保守教義，冀望人們活出信仰真諦與新生命，榮神益人。

一八四〇年，愛默生與志同道合人士合辦一本弘揚超驗主義思想之期刊「日晷」，身兼編輯工作，直到四年後，刊物停刊。

黑比克說，愛默生文章著重於三項主要訴求：

「大自然與自我，詩歌與藝術家，以及宗教與社會改革。」

愛默生利用文字來傳達其思維。在寫作技巧及思想鋪陳上，基本架構為，首先，陳述問題之所在，繼而提供解決問題不同選項，面臨抉擇，最終再下定論做個結尾。

早期作品諸如「大自然」、「美國學者」和「自恃」，作家不僅把未來的機會與時機呈現在讀者眼前，同時也提供了因應之道。

愛默生大聲疾呼，如果有人想成為一位稱職的牧師，或學者，或詩人，就得具備一種起而行的執行能力、創意，而且擁有勇於改變、及時反應的勇氣。

詩人、作家，即便具有敏銳觀察，也勿忘挺身為真理發言，並成為心胸寬大的統合者。

曾經擔任教會牧師一職，曾在講道文稿中，愛默生傳遞諸多信息：

「為了避免予人高估自己負面印象，愛默生為文則採用幽默筆調。

價值觀，應建立在相對性、比較性上。

超靈思想（oversoul），乃滋育萬物之靈。

人，都是預言家（prophets）。」

每回閱讀愛默生，不僅看見對生活方式的挑戰，也感受到作家鼓舞人心，鼓勵讀者要勇敢接受挑戰，走向大自然，勇於打造自己的理想世界。

再來，愛默生認為身為一位稱職的教會神職人員、或學者、或詩人，就得肩負著抱負：

第一，起而行的能力。畢竟人活著吃吃喝喝乃是為了要努力工作。

第二，發掘創造力。

第三，無懼去改變週遭世界，同時，熱誠適時地去面對不同挑戰，做出回應。

黑比克指出，當讀者閱讀愛默生猶如牧師講道風格的著述裡，不難發現下列幾點特質：

（一）書寫裡，時有幽默感乍現，藉此，巧妙地使他免於被視為自視甚高的風險

（二）作家辯識出文字的相關真意

（三）滋育萬物之靈的超靈，或大靈（the over-soul）

（四）每人都是一位先知，一位預言家

（五）作品集顯示愛默生是優秀評論家，剖析問題亦精準

（六）文中多隱喻、象徵，篇章充滿了機智，比方說，透明的眼球（transparent eyeball），意指一個人能看透真理；完美的飛行（flying perfect），暗喻無始無終的神聖圓圈。

愛默生啟發了梭羅在文學創作的思想與方向。

黑比克指出，梭羅雖然藉由對萬物萬象的觀察、沉思，提升了自己哲學觀點，隨後也成為一位超驗論者。然而，愛默生和梭羅相異之處在於：

（一）愛默生不仰賴個人感官經驗，梭羅則藉由感官萌生了真智慧。

（二）愛默生要我們的熱情附屬在我們的意志之下；梭羅卻引導我們去過一種自我節制的生活，勇於拒絕誘惑。

（三）當愛默生強調靈魂心靈時，梭羅則注重大自然所激發那份由感官所帶來的美感。

（四）愛默生主張道德律法（moral law），梭羅卻表示，唯有將道德法則應用於實際生活才有意義。

愛默生在作品「自恃」一文中闡述超越（或超驗）主義的哲學思考時，除了深入探討個人思考力（thoughts）及感受性（feelings），其文體與典雅筆調亦令讀者印象深刻。愛默生讓人反思個人終極目標、個人收獲，以及如何接近造物者『上帝』。另一方面，作家堅信偉人必需是自力更生。之外，人們認知到嫉妒是無知，模仿是自取滅亡。愛默生大力批判墨守成規，讚揚一個人不譁眾取寵、不媚俗。

三

然而，梭羅散文集「湖濱散記」雖然步隨著愛默生哲思腳蹤，卻呈現另一種不同角度，那就是如何將超驗主義理論基礎能夠被實踐出來的可能性。

黑比克老師在課堂上為我們解析，梭羅所言的孤獨和孤僻：

「孤獨（solitude）屬精神面，正面導述。」

「孤僻（isolation）屬身體上，較負面。」

講台上，諄諄教誨：「梭羅感嘆，一代哲學家難尋，身邊卻有不少教哲學的教授。」

四

說到愛默生和惠特曼兩者之間的關係，師曰：

「雖然政治思想上，惠特曼是位個人主義提倡者，是傑弗遜派（Jeffersonian Idealism）所投射的民主主義、理想主義擁護者，然而精神上，惠特曼深受愛默生超驗的（transcendent）、直覺的（intuitional）這些性情影響，也就所謂康德哲學思想，那種經由直覺得到的知識，或超越了物質，例如真、善、美。」

五

美國十九世紀三位作家愛默生、梭羅、惠特曼，黑比克也相互比較：

文學大師共通點，三位都關切：個人對未來是否具備洞察力？能像詩人般見識深廣且充滿想像力？不過關於此點，當愛默生著眼於觀察力的方法步驟時，惠特曼和梭羅兩位，則專注人們所觀察之物為何？

三人將藝術與人生兩者關係緊密地連結在一起。

梭羅告訴世人如何過日子，愛默生將懷疑論以戲劇方式表達出來。

三人都悲嘆社會上、道德上的暇疵，也都批判眼前社會、或個人、或人生意義之設定，均有不足之處。

三人都歌頌人類無限潛能，人們可用心地去體認自身的神性特質。

三人都賦予天地萬物萬象一層象徵的意義，因為它們可透露真理給人類。

三人都贊成人類語言的重要性，注重精準適宜的語言所帶來深遠影響。換言之，靜觀後，建立遠見，再藉由語言將它表達出來，這是身為預言者的目標。發揮豐富想像力，運用象徵技巧來闡述理念，因爲不僅宇宙萬物處處充滿符號，同時，活潑的象徵與比喻更能提升文學書寫的境界。

三人都不排斥自由詩體（**free verse**）。

另外，黑比克也說，這三位十九世紀文豪在作品中都強調：

（一）一個人要開始思想（**thought**），此活動是認識自我關鍵點。

（二）聚焦在庶民、不甚起眼的角落。

（三）靈魂與大自然彼此連結。

（四）作一名觀察者。

（五）作一名為真理發聲者。

（六）活出充實感與飽滿度。

（七）建立自己的生活世界。

（八）人人具備獨特潛能與力量，自力更生，做自己，並尋找自我生存價值。

有趣地，黑比克也比較了上述三位十九世紀美國作家在感情上、情緒上的語調：

（一）詩人惠特曼情感奔放，描述人性中的獸性猶如一頭野獸，彰顯官能的動物獸慾。

（二）散文家梭羅對獸慾這一點則持保留態度，盡力去抑制屬於動物慾望。

（三）惠特曼和梭羅兩人都注重細節之發掘。關於此點，對於看重性靈、道德、心理因素的愛默生，反而不在意形體上的實況。

（四）當愛默生和惠特曼兩人都弘揚靈魂開發之理念、時空旅者、追求永恆價值的時候，梭羅反而關注生活品質，無暇顧及未來的永生世界與生命的質量。惠特曼表達了人和人可以是獨立的個體之同時，彼此也要緊密地相連。

百年後，這三位十九世紀作家不但改變了美國，亦提供給世界不同的視角。

六

梭羅提倡生活態度的改革，可分為兩個層次：

個人態度，如「湖濱散記 Walden」書中所闡述。

社會改革，如「不合作主義 Civil Disobedience 」一文所載的國家存在意義：

（一）完美政府應該有的模樣。

（二）個人的尊嚴與價值應受到尊重。

（三）一個國家應重視每個國民福址。

（四）政府無權干預道德自由。

（五）政府無權逼迫人民放棄正義。

（六）良心為個人最高心靈導師。

（七）人民以非暴力來抵抗不公不義的政府，完成社會改革。

梭羅「公民不服從」不合作主義思想影響世人，諸如英國工黨，以及印度甘地所倡導不合作主義來對抗英國統治。一九六〇年代，美國本土人權運動領袖金恩博士所發起和平的民權運動，以及反越戰和平示威等浪潮，皆受到梭羅思想啟發。

「當高道德標準尋求正義的時候，人類良心法則（Individual Conscience）凌駕律法之上。個人良心良知才是維持社會正義主要力量。」

梭羅思想儼然也已成為世界文化的資產之一。

七

惠特曼著墨於「自由詩體 Free Verse」：

（一）詩歌的韻律如行雲流水。

（二）主題方面，拋開傳統韻律的束縛，從大自然及生活體驗中提煉鮮活的象徵語言。難怪讀者閱讀惠特曼詩集「草葉集」時，猶見大山大河，猶若聆賞一場壯闊雄偉的交響樂。有趣的是，惠特曼詩集於一八七〇年風靡歐洲文壇之後，才開始受到美國文壇注目。

八

愛默生倡議思想上改革。其中，愛默生是唯一生前演講造成轟動、詩歌散文集被當代接受並傳誦的殊榮。此外，愛默生更被家鄉麻州康科鎮（Concord）尊奉為聖人（Sage）。

九

十九世紀三位超驗主義作家都用筆桿和著作，各領風騷。三人有志一同地提倡「創新、自由、民主」，這些元素確實改變了美國人文內涵，不但擺脫對歐洲的過度依賴，而且豐富了美國文學與美國精神。

「愛默生、梭羅、惠特曼」，不僅用書寫改變了自己的命運，也影響了美國。

大地震

當台灣發生九二一大地震那年秋天，正值我在校園首度開了一門「美國文學：十九世紀超驗主義作家作品」的通識課程。

經過深夜的地震激烈搖晃後，研究室內，白色粉牆上留下一道明顯裂痕，從那時候開始，那道深溝一直陪伴著我到退休日。

一

綜合一館 402 教室內，介紹給學生的第一位作家是愛默生，「語言」一文。愛默生並非全然著墨於大自然景觀，事實上，文章中，他點出人類藉由自然界萬物萬象來提昇自己的創意思考能力。另一方面，愛默生並非強調語言這個主題，實欲彰顯的是，自然現象裏其象徵意涵。自然狀態的保留地，是人們受到啟發的園地，也是人類源源創意來源的孕育地，因為它引導出大自然和人類兩者表象下的性靈。從語言角度而言，大自然不但隱喻著人類性靈，從中，有心人也可發掘出鮮活的語彙。當一個人親近天然界，不但被天地間原始狀態豐富了自身生活上所需、審美觀，同時在言語的創新意象上，也會被激盪出來。

二

至今難忘，尤其在九二一大地震前後數日，為了備課，為了即將登上講台講課「語言」一文，我鎮日埋頭在思想愛默生的字裡行間。

閱讀愛默生之前，自然世界，對我而言，就是再簡單不過的：

「一片生態豐富的土地、一塊岩石、一棵樹木、一座森林、一灣小溪；滔滔逝水，水中漣漪；

再不然，獅子、狐狸、羔羊、蛇等等。」

看見萬事萬物之間的連繫，看見大自然是一個流動的循環。重建大自然與人類之間雙向互動，重建彼此神聖關係。

三

閱讀愛默生之後，仔細推敲玩味，領悟到：

原來大自然也和文詞、文字、語言，習習相關。

文詞，一直以來，少了新創意象，略顯老舊。

文字，應該可以用來傳達自然實況的訊息。意謂著，何不向自然世界借用文字，做為性靈論述之用？也就是說，自然歷史能夠幫助超自然歷史的進展。

超自然歷史，有「外在的」與「內在的」之分：

「外在的」造物過程給予我們「語言」，藉以改變「內在的」造物過程，例如，心，代表情感；頭，表示思想。

每個自然的實況，都是某種性靈實況的象徵。

大自然裡每個表徵，都可以對應到特定的心靈狀態，而那種心靈狀態，唯有藉著語言，將該自然象徵如圖畫般敘述出來，才能夠表達。於是可以說：「發怒的人像獅子，狡猾的人像狐狸，堅定的人像岩石、磐石；羔羊，隱含純真無辜；蛇，隱含惡意；火熱，代表愛情；暗，代表無知；滔滔逝水，想起萬物的流轉，而水中漣漪，想起影響力的表現方式。」

總而言之，這個自然世界是象徵性的，隱喻是言語的一部分。自然的整體，就好比是人類的心靈。我們求助於自然之物來表達特定意義，傳達細微訊息。新鮮意象的文字，可以激發人們的理解與情感。當然，文字，總是隨時在修飾我們說出口的話語。心、物，兩者之間緊密連結。

自然之物，這個世界每個形式，都如同一本翻開了書頁的書。

四

今日，我在想，具有創意的詞藻與文字才能打動人心。這項語言創造能力，實有賴個人的觀察、思考層次、感官的細緻感受，還有對大自然多般想像力。

一則手機簡訊

五月十三日下午，約六點鐘，安靜屋內，聽到手機乍響，簡短叮一聲，暗示著有人傳簡訊過來。當顯示出是 Elsa 傳送訊息時，驚喜不已。內容簡潔：「我親愛的孩子……太感謝你叫花店送來的母親節花束。抱著一束鮮花溜進春季，絕佳迎春之姿。希望你一切安好。我想我會打個電話給你。無數個擁抱……母親 Elsa」

Elsa 捎來電子郵件和感謝卡片

郵件內容，標題寫著「春天和鮮花……多美好！」

打開手機裡電子書信，雖然尚未展讀短信，一股暖流早已湧上心頭。

一

My darling boy ……謝謝你從加州打電話，說，特約了我們蒙西小鎮花店，並請託店員送來母親節花束，鮮豔花朵，甜蜜驚喜！喜愛春季，萌芽的花與樹。鍾愛每個春季。猜想得到，這就是為什麼我常年安居在中西部這兒，享受它四季分明與季節轉換。

已經有好幾個月過著沒有電腦的日子，因為電腦壞了。搞不清它到底出了什麼狀況？無庸置疑，我還是無法完全瞭解電腦上許多圖標和符號功能。為此，打過電話給我孫女凱特，她說，有空會過來我這兒一探究竟。想必近來一直忙於小嬰兒、上班工作還有家務操勞，於是她忘記了這檔子事。實在不願意去麻煩她……所以轉眼間，幾個月就這樣過去了，這期間，我因此也就毫無可能寄出任何電子信件或收件了。

昨天，大女兒凱倫回來看望我。基於極度想讓這頭電腦怪獸能正常運作，終於逮住機會，在她前腳才踏進家門，我就迫不急待，連忙開口請她幫忙檢查看看。一眨眼，問題終於給解決了。即使面對現代科技，我顯得笨手笨腳束手無策，但我無論如何依舊興高采烈地回到電腦桌前，坐下，敲打鍵盤，再度寫信。幾個月失聯，你不致於認為我從世界邊緣跌落下去，消失不見了吧？

上個月，大女兒陪我飛到內布拉斯加州和德州。我們母女倆花了五天時間陪陪那邊家人們。先去內布拉斯加州，探望我兒子、媳婦，還有孫女一家三口，然後再飛往德州探望凱倫的大兒子、媳婦和孫子。當歸返蒙西小城，大事休息一番，頓覺舒暢愉快，因為我們雖然花了短短幾天去探訪遠方親人，但是相聚融恰。

我們何時可以再見到你？

其實，踏上這次探親之旅前，我兒子一家因媳婦放春假，他們三口回來過一次，我想他們仍懷念留在蒙西小鎮親友們。媳婦那次也趁機造訪以前在我們這個小城上班工作地點，順道拿取一份履歷紀錄，好為未來轉換工作之需早做準備。

隨信附上一則令人感傷消息，我們摯愛朋友，魯賓，他於復活節當天離我們遠去。生前他一度得仰賴輪椅代步，同時也飽受呼吸困難之苦。肺炎成為他最終致命一擊主要原因。對魯賓百般思念是可想而知。

接踵而來另一個惡耗，多年好友 **Ayako** 近日發現自己得了膀胱癌。她兒子麥可為此特地返回蒙西小城陪伴在側，帶著母親去醫生那兒看門診、去醫院接受手術治療。目前，**Ayako** 計劃將搬家到華盛頓州跟兒子麥可和媳婦同住。表面上看起來，她跨出一大步，其實我們大夥心知肚明，這個決定對她來說，難以承受，因為她已經住在印第安納太久了，那份濃郁感情實在難以割捨。不過，兒子回到身邊照顧並解說一些手術的細節，母親內心也跟著踏實許多。麥可是位退休麻醉師。

就此打住了。

親愛的孩子，拉拉雜雜講一堆，有點累了，該是時候去抓點東西吃午餐，然後打個盹。

再次謝謝你貼心母親節祝福。你的美國母親 Elsa 送上擁抱與飛吻。

二

閱畢電子郵件。懷想，每次從加州飛回印州探訪，都會攜帶加州 See's Candy 巧克力回 Elsa 和馬文的家，當作伴手禮。老夫婦兩位多年好友，東岸退休教授魯賓和日裔 Ayako，我也都不會忘記送每位各一盒巧克力。

打開家門前郵箱，見 Elsa 冬天捎來一張紙本感謝卡。

那是聖誕節後，跨過新年，一月下旬，Elsa 有勞郵差寄來感謝卡至山景城。

卡片正面，白底的手繪彩色圖案裡包括木板釘製的花壇，壇內種植蕨類、多肉植物類、仙人掌。兩條寬長木板上印著四種不同語言，說「謝謝」：英文 THANKS，法文 MERCI，西班牙文 GRACIAS，德文 DANKE。

卡片留白處，Elsa 寫滿：

「Darling boy，希望你目前跟以往一樣忙碌，但要快樂地工作。每當想到你在縣政府所屬的長者營養午餐部門做義工情景，腦海就會浮現你穿梭在餐廳內，熱情地為入座老人家送餐、送水和咖啡外，又態度親切讓他們有賓至如歸感覺。我打心底深信，這些都是你所擅長。

前些日子，身體還算健康。大女兒和我搭飛機飛往德州，探望她那些都待在南部的三位兒女各自家庭。時光飛逝，他們如今都已各自成家立業。停留數天，家人相聚時光歡樂無比。長孫女 Linnea 才剛從加州搬到德州奧斯汀，因為她先生換了新工作，年輕夫婦於是從洛杉磯舉家移居至當地，新居離 New Braunfels 城市開車距離約一個小時，那座城市正是她兩位弟弟家居住處。

看到外孫 Mat 的小兒子，也就是我的曾孫，活潑好動，叫人想起外孫幼小模樣，眼前父子兩人如出一徹。母親凱倫興奮無比能與她兒孫們團圓，吃了好幾頓午餐跟晚餐。

當年外孫年紀小，總帶給他母親凱倫不少麻煩。當時，母親對幼兒嘆道：我真希望有天你也有個小孩。到時候，你就會知道我每天得花多少時間和精力來應付你。猜猜看，怎麼著了？不幸言中， 今天自己身為父親，外孫還千真萬確掉進同樣景況……老天！拜託，最好千萬別這樣。

這封信得收尾，告個段落。隨信寄上飛吻和擁抱。

感謝你在聖誕節前夕，吩附蒙西小鎮花店送來一束花。收到鮮花時，特別開心，因為從去年十二月上旬開始，身體出現違和之態，最後還感染到肺炎，直到今天，一月底。同時，聽力也喪失功能，不過醫生說，聽力應該會恢復過來，但需要等待好幾個月恢復期。這種日子真難熬。

過去兩星期，大女兒凱倫已經暫時搬回來跟我一起住。看情況，她可能會長期住下來。

現在病情好轉，精神好多了。近期，雇了一位物理治療師來到家中，每星期兩次。男治療師每回來，都會給我不同的運動課程，加強體力，期盼儘早能回歸日常生活常態。經由這些日子以來不斷地鍛鍊，還真感覺到以往的我回來了。

目前，我們家新生嬰兒是一個一個蹦出來，熱熱鬧鬧叫人眼花撩亂。孫輩們都接二連三迎接他們自己的小生命來到這個世界上：比方說，約三歲大的男孩與女孩、十八個月大的小女娃、剛誕生的男嬰、明天即將生產一名新生女嬰，甚至已經有好幾年未再懷孕情況下，日前最新消息是，今夏將有另一名新生兒誕生。所以說，我們全家洋溢在人口擠爆所帶來的興奮。怎麼樣，聽起來是不是很過癮刺激？

那天，寫封電子信件給馬文和 Elsa

除了手機發送簡訊，電子郵件魚雁往返也會在加州與印第安納州之間進行著。

十一月二十三日感恩節早晨九點四十分，出門前往教堂之前，忽然想到逢此沸騰歡樂節慶裡，應該給遠在印第安納州的馬文和 **Elsa** 夫婦寫封電子郵件，祝福對方。振筆疾書。信中還提到，明年我會找個時間返回小鎮探望二老。

收筆後，按鍵，把信給寄出去。

關上ＮＢＣ電視台現場實況轉播節目《年度紐約梅西百貨公司感恩節大遊行現場活動》，帶上房門。教友們將群聚教堂做感恩節禮拜，敬拜結束後，牧師會祝禱祈福，然後結伴前往牧師家享用感恩節豐盛愛宴。

留在美國多年，參加過無數次感恩節聚會，最為難忘，莫過於那年，尾隨馬文和 **Elsa** 夫婦趨車前往蒙西小鎮上 **The Unitarian Universalist Church of Muncie** 教堂參加豐年宴，**Harvest Feast**。那場感恩節禮拜活動裡，除了傳播基督信仰，同時也將美國歷史巧妙地融入聚會當中。

當夜，我和馬文、Elsa 與眾教友，分組並肩坐在教堂大廳裡分散於不同角落的長桌旁邊，秉持著虔敬的心與其他諸桌教友們先一同用禱告、朗讀，來緬懷美國早期建國的歷史軌跡與感恩節的意義，接著再共享豐盛飲食。

默想，如今踏足的土地上，遠從美國東岸初期殖民的十三州，逐漸發展到後來美國大陸本土四十八個州，再加上兩個位於非本土地區，一為冰寒阿拉斯加，一為溫暖夏威夷。阿拉斯加，國土最北邊境，與加拿大為鄰，橫跨俄羅斯的白令海峽。最南國境為太平洋上群島組成的夏威夷。

當晚講台上，首先，主持人致上歡迎詞：

「歡迎各位來到蒙西市本教堂所舉行年度豐年宴慶祝活動。今天大家聚集於此，乃是為了紀念，並且致上我們對早年先祖們如何從歐洲大陸千里迢迢移民美國，以及他們一路追求自由的艱辛旅程表達敬意。先人們堅忍奮鬥，反映了幾世紀以來，我們為了生活而奮鬥不懈的實況。眾知今天所舉行紀念活動，它代表了人類發展史上一個獨特視角之外，同時也表明了雙重意義：

第一，最初移民，一六二〇年移居到美洲大陸的英國清教徒，受到印第安原住民攻擊。

第二，瞭解到當初印第安人為了保護家園，挺身捍衛自己，奮勇地反抗入侵者行為。原住民如此反應，不就正如今天，假如我們受到外人侵略，不也就會做出同樣的自然反應嗎？反思，早先歐洲移民及其後代子孫，還有其他歐洲殖民開拓者，他們前前後後也都對美洲原住民施行了暴行。任何一件歷史事件發生，均被不同視角來詮釋，換言之，今日享有自由果實，不得不承認它可是讓人類性命和其他文化付出了不少代價。確實，當講到最初歐洲移民前來美洲發展，發生不少可歌可泣事蹟。然而，今天，我們以沉重心情來著墨一些令人不安的真理與歷史原貌。」

整晚活動介紹人接著上場，述說：

「每年感恩節，家家戶戶都歡慶最初移民美洲的英國清教徒如何勇於接受航海冒險，前往陌生大陸，一路上遭受到不少挑戰。美國人世世代代以歡樂氣氛來紀念這麼一段歷史。我們教會今晚活動，主要是感念並慶祝先祖們在這塊土地上，不但掙脫了早先在歐洲大陸所遭受到的束縛捆綁，並開始走向新希望，重建新生活之境，這中間經歷諸多考驗。」

另一位教友上台，講述豐年宴精神：

「今晚，在各位桌上所擺置的乾燥玉米，將會在隨後活動過程中展現其意義。至於桌上酒杯或果汁杯，將用於會眾齊聲朗讀完豐年祭的信念與信條之後，眾人一起舉杯飲盡。每次牧師祝福完之後，教友隨意適量飲用杯中物。此項紀念活動固然有它嚴肅性與歡慶饗宴，但是，我們如果在儀式進行當中帶進一些輕鬆跟歡笑，效果會更顯著。」

二

靜坐一角，飛速默想美國國土：

三條主要綿亙山脈臥置在這片北美土地上：

一路連亙，從新墨西哥州至阿拉斯加州是落磯山脈，為最綿延、最高的山區。

一路從加州，經過奧勒岡州、華盛頓州至加拿大，此為太平洋沿岸美國西岸的海岸山脈。

最後為美國東岸，從阿拉巴馬州至加拿大，阿帕拉契山脈。

三

回神過來。

見到第一位朗讀者登台，講述：

「豐收季節，人們歡喜地享受著大地良田的秋收與鄉里守望相助的溫暖，這種氛圍將識與不識的眾人連結在一起如一家人。我們緬懷早年移民先祖們如何初抵美洲大地，忍受辛勞困苦，隨後第一年作物豐收，食物豐美，群聚一堂，為他們身在荒地卻免於受飢挨餓，獻上讚美與感恩。此刻，讓我們向先人為了追求自由、公義的理想而奮鬥不懈致上敬意。同時，富饒美洲大陸土地上的印第安原住民曾教導新移民求生技能之外，並在信仰上，啟示新移民要與大自然建立親緣關係，為此，獻上我們無限敬意。今晚我們身體從桌上飲食獲得飽足，重新得力之際，但願我們心靈藉由這次感恩儀式亦能獲得新生。」

（講到這點，腦海浮現，印第安人教導歐洲新移民如何種植當地土產農作物，如玉米、南瓜等。登陸初期，清教徒幸虧獲得原住民熱情協助農耕活動，這才足以喜獲田間秋收，糧食無缺，安然度過了寒冬。慶豐收，心存感激之情，歐洲殖民在當年一六二一年舉辦了第一次感恩盛宴。日後，當歐洲人擁有美洲農地範圍日益擴大，急需農工。因此，衍生後來大量非洲奴工被引進北美農田，從事農作活動。）

第一次音樂間奏，插曲。

四

音符流瀉，我的思緒隨著音符奔流在兩條最長河流之上：河水從中西部的明尼蘇達州向南流往墨西哥灣是密西西比河；另一流域，水源地為西北部的蒙他拿州，一路流經中北部的北達科塔州及南達科塔州。彎延河域也構成了內布拉斯加州、愛荷華州和密蘇里州之間天然邊界。

五

第一次，我們會眾將酒倒入自己的杯中。

會眾然後齊聲朗讀：

「我們相信，每個人都很重要。我們相信，所有人都應該被公平對待。」

第二位朗讀者登台：

「一六〇〇年早期，那些在美國歷史上最早的英國移民被稱為分離主義者，因為他們亟欲與英國教會切割，想要選出自己的牧師來牧養教友，這正如當今教會的營運模式。但是那時候英國國王深懼，要是允許教友管理自己的教會，難保哪天，他們會不會萌生人民當家作主的概念來運作自己的政府？一六〇七年，William Bradford 記錄了當時秉持分離主義理念的教友們所面臨困境。」

第三位朗讀者登台，接著發聲：

「由於無法長期和平相融，教友他們難再支撐下去，由從前被騷擾的苦難，演變成後來被追捕與控罪。結果，有些教徒被關進監獄，其他未入監者，房屋四週日夜都會被包圍監控，難逃魔掌，不得安寧。大多數分離主義者也因此興起逃亡、遠離英國故鄉、放棄所擁有一切的念頭。經歷了身受折磨，無望留在家鄉安居，於是獲得共議，遠走至低地國荷蘭、比利時、盧森堡等國，因為聽說，在那兒人人享有宗教自由。」

第四位朗讀者登台，述說：

「一六〇八年，英國分離主義者離開英國家鄉，踏往荷蘭這個新國度定居。不但學習新語言，也努力謀得求生技能，這些改變均未造成任何困擾。新移民在當地享受了信仰自由所帶來的平和感、安定感。荷蘭人不擔心來自英國的分離主義者擁有自己的教會經營權。未料，移居到荷蘭第九年、第十年光景，卻令人擔憂與不安起來。因為當大人們終於可以安全地去享受宗教信仰上的自由，卻驚覺下一代年輕人喜歡上荷蘭人安逸無拘的生活方式，於是變得極不願意星期天走進教堂，甚至離開了教會。父母開始憂心，如果年輕人不願待在教堂裏，那麼如今辛苦建立起來的教會，就會面臨凋零。於是在一六一七年，動念再度遷徙他方。這一次，目標瞄準新世界，相信在那兒，對年輕人而言，少了誘惑。」

第五位朗讀者登台，說道：

「喚起人們的勇氣。所有偉大尊榮的行為都曾經面臨無數艱難與挑戰。當事者臨危不懼，展現相當勇氣與膽識來迎戰。挑戰雖然接二連三，只要當事者挺身奮鬥，那麼這些困頓終將過去。諸多難處經由上帝祝福，保有了耐心與堅忍毅力，人們終會承受得住一切，克服一切。的確，如此經歷和承擔都有它美好緣由。明知處境困難，但是結局都屬美好。當初呼召都有正當性與迫切性，因此，身陷試煉當中，亦可預期到上帝祝福會降臨。」

第六位朗讀者登台，講述：

「一六二〇年七月二十二日那天，有一群十六名男士和十一名女士，外帶十九名孩童，相攜離開荷蘭。他們首先駛往英國，在那兒補充物資，同時徵求其他五十多人加入團體。然而這些新加入的成員中不全然是分離主義者，有些人心中僅期盼能遠赴美洲新大陸，尋求一個比留在英國更能夠過上較好的生活機會。那時，分離主義者自稱《聖人》，並稱呼那些新加入者，《陌生人》。」

第七位朗讀者登台，講著：

「一六二〇年九月，一百零二位不論是為了追求信仰自由的理念與否？都登上一艘名為五月花號的船隻，駛往美洲大陸維琴尼亞的北方。歷經兩個月航海行程，五月花號，最終靠岸於今天美國東北部麻州、伸入大西洋一個半島地區，科德角（Cape Cod），並選出自己政府官員。換言之，五月花船上所有自由人彼此公平地分享一個自由政府的管理運作方式。關於這點，對當時分離主義者而言，是再自然不過了，因為他們所屬教會早就是以此方式經營。不過在當時，對這種新政府組成的概念來講，仍算是相當前衛。」

此刻，朗讀暫停。

酒杯，再次被與會的教友們斟入飲料。

眾人齊聲朗讀：

「相信我們的教會接受所有不同背景的人，並且也一直會是一個彼此互相學習的地方。」

眾人舉杯，飲下第二杯。

第八位朗讀者登台，說道：

「第一批移民初抵新世界，確實有受到來自美洲印第安原住民的苦頭，但屬輕微的影響。」當再次「讀到十七世紀 **William Bradford** 第一手史料《普里茅斯殖民地史，**History of the Plymouth Plantation**》，今天我們依舊能夠感受到，一六二〇年當初移居美洲的英國清教徒和印地安人所爆發的一場戰役，史料有生動描述。」像是「一位伙伴從外跑回來，大喊：來了！印第安人！說時遲，那時快，印第安萬箭射向我們。見一強壯英勇人物身影，想必是他們的酋長，藏身於一棵大樹後方，不停地朝著我方射箭……最後，我方有位戰士全神專注射箭反擊，使得一塊塊樹皮碎木片在酋長耳畔竄飛，沒多久，酋長發號施令，瞬間，手下們全數撤退離去。」

第九位朗讀者登台，講述：

「相較於印第安人，第一批英國移民在新大陸受到更深苦楚在於，如何安然度過第一個寒冬？從 **Bradford** 的史料記載，可一窺那個難忘嚴酷冬季之景況：人在陌生地方，一百人當中，每天就有兩、三個人因為挨不過嚴冬險峻而過世，經過一段時日，僅剩下不到五十人存活了下來。深陷悲傷的悻存者當中，約有六、七位身心健全之士挺身，無怨無悔地日夜冒著人身安全，深入林地去打柴，好帶回來生火、烹調肉類食物之用；另一方面，忙著整理床鋪內務，清洗髒衣服，幫忙穿衣服或脫衣服。一語概之，這六、七位少數義工人員擔當了所有眾人家事工作。這群本著友愛同伴與家人的初心、甘心樂意為善之士，令人感佩。」

第十位朗讀者登台，講說：

「首個驚險冬季過後，春天降臨，再加上印第安原住民對新移民伸出了援手。溫暖季節，移民開始大規模播種農作物。春耕夏耘。臨秋，豐收季節來臨，管轄者派了四位成員出外捕捉禽鳥，歡樂地規劃一個別開生面社區饗宴，享受著同心合力所結出甜蜜果實。其中一位獵人曾在一天之內宰殺大量的鷄、鴨、鵝、火雞等家禽，肉類供應之豐富，可餵飽整個群體約一個禮拜之久。那時，不少印第安人也受邀參加了豐年感恩盛宴，比方說，酋長 **Massasoit** 帶領了九十位族人赴宴，享受熱情款待並同樂，一連三天。期間，印第安人亦外出獵鹿，然後將五頭戰利品帶回農場分贈給管轄者、酋長以及所有與會者。承蒙上帝眷顧，豐收季節裏，人人樂與他人分享。」

六

豐年宴上，現場演奏的插曲流瀉，陶醉其中，腦海隨著音符神遊五大湖區：密西根湖完全分佈於美國境內，其他四大湖泊例如安大略湖、伊利湖、休倫湖、蘇必略湖，都界於美、加兩國邊境。

七

第十一位朗讀者登台，發言：

「一六二〇年，英國新移民為了渴求自由、改善生活，因此渡海來到新大陸新英格蘭地區尋求新生活。藉由我們現在印第安納州這所教會，年年大擺宴席舉辦「豐年宴」，傳誦先祖歷史，並懷想那個講求忍耐與榮耀早期移民價值觀，代代相傳。」

來到「向我們的祖先致敬」單元，領會者開口：

「此刻，我們將聆聽幾則關於先民初期遷徙的經歷。」

八

憶想最早探險現今美國之創舉，肇始於十五世紀一四九二年十月十二日，義大利人哥倫布發現北美新大陸。十六世紀一五六五年，西班牙殖民時期西班牙人首先定居現今佛羅里達州的聖奧古斯丁地區。

十七世紀和十八世紀早期，荷蘭人、瑞典人、德國人和法國人，相繼前來新大陸殖民發展。殖民開拓者湧現北美洲，除了追求宗教和政治自由，也為了逃避留在母國遭受迫害。

十七世紀，陸續有歐洲移民潮先後抵達美洲大陸。比方說：

英國最初移民於一六〇七年，定居在維琴尼亞州的城市 **Jamestown**。

分別於一六二三年、一六二五年，荷蘭人遷徙至東岸曼哈頓島，紐約市開始逐漸建立。

北歐瑞典人於一六三八年移民至德拉威州。

西歐英國人與德國人紛紛移居美東地區。前者，十七世紀中葉創立基督教貴格教派，於一六八一年移居賓州。後者，德國人於一六八三年定居賓州德國城，**Germantown**，以及其他地區。

十八世紀，西歐掀起移民北美現象。

一七一四年，蘇格蘭人和愛爾蘭人選擇安居地區，從賓州至喬治亞州，殖民地帶的西端。

四年後，一七一八年，法國人移民至紐奧良地區，也就是密西西比河口地區。

十九世紀，一八〇〇年以降，新興美利堅合眾國成立並在發展過程中，亦面臨著戰爭與和平交錯的年代。一八〇三年，出價一千五百萬美元，美國從法國購買了路易斯安納州地區，因此，領土面積瞬間增加了一倍大。同時，在對外戰爭過程中亦獲得不少土地。

當新殖民從東岸往西，開拓遷徙，屢遭為了保護原住民文化的印第安人攻擊。基於此，成為一八一二年爆發美英戰爭導火線之一，並於一八一四年結束這場戰爭，雙方不但都歸還所擄獲的土地，還成立了一個官方組織委員會來判定美、加邊界問題。

一八三六年，德克薩斯脫離墨西哥，宣佈獨立，並於一八四五年成為美國領土之一。當年十二月，德克薩斯成為美國第二十八個州。墨西哥不滿美方所制定南邊的邊界，因而導致美墨戰爭。戰事發生另一主因，乃源於南北戰爭以前，反對廢奴的南方各州亟欲擴展其奴隸制度版圖。戰爭止於一八四八年，墨西哥也割讓新墨西哥、加尼福尼亞兩地給美國。

美墨戰爭期間，一八四六年，由於美國與英國雙方簽訂了一份邊界協議，奧勒岡區域也被正式納入美國領土。

一八九八年，基於國家在古巴的利益，美國、西班牙爆發衝突，開啟戰爭長達一年。西班牙不但放棄在古巴所享權利，還要價兩千萬美元，將波多黎各、菲律賓、關島割讓給美國。

十九世紀，一八〇〇年以降，東岸一些作家經過腦力相互激盪，把真埋火花編織成日後美國獨特品味的文化、歷史與哲學的原型。

文學哲思發展之餘，美國也邁向憲法階段。美國歷史上英國移民出現，一六二〇年一批英國清教徒搭乘五月花號，最終登陸麻州海岸城市 **Plymouth**（普里茅斯）的一百零二位，為了追求宗教自由。上岸不久，新移民著述且簽署了一份協定，五月花號公約。公約明言，將制定一份著眼全體殖民幸福為宗旨的律法，而這份契約亦成為往後美國大陸第一份成文憲法。

九

思緒再度拉回教堂內，豐年宴活動現場。

眾人齊聲朗讀：

「無論何時何地，不管我們經歷何等艱辛歷程，願世世代代子孫都能被當初幸存下來、且勇於追求新勇氣、新希望、新生活的先民而受到激勵，勇往直前。」

酒杯第三次被斟入飲料。

眾人舉杯，飲下第三杯。

音樂插曲再次被奏起。

接著有位教友登台，自問自答。

問題一：「今天，這一天和一年當中其他的任何一天，有何不同？」

答案一：「今天，歡慶時光，因為生活中的困難得到拯救，生活富足，故歡聚一堂同樂。」

問題二：「為何你們桌上放置著幾根乾玉米？」

答案二：「玉米，美洲原住民農產穀物，它是北美印第安人贈與歐洲新移民一份禮物。多虧這份禮物，第一代美國人在荒野中不但餵飽了後代，並且在溫飽中發誓，印第安人與新移民神聖珍貴友誼能將彼此團結在一起，互敬互重。當年飢荒困苦年代，第一代移民每人每天只能吃五顆玉米穀粒為生。眼前各位桌上有五顆穀粒，它不但象徵祖先們犧牲奮鬥，也意謂著今天，我們要珍惜去面對人生挑戰，勿忘當初那份勇氣。現在請各位食用放在眼前的五顆玉米穀粒吧！」

問題三：「我們為什麼要吃蔓越莓呢？」

答案三：「生長在新英格蘭海岸線上，由綠漸漸染紅的蔓越莓果實是當地一種水果，它佈滿在古老花崗石岩礁上。初抵北美新大陸，英國新移民飢餓時，第一餐即以野生蔓越莓果腹。對今日的我們而言，這果實代表了富饒大地，也代表當年寂寞航海追夢者極大勇氣。」

問題四：「我們為什麼要吃火雞呢？」

答案四：「這個奇妙家禽讓生活在荒野中的祖先們得以延續生命。火雞象徵野性美洲。我們因野生生物使得肉體上、精神上都獲得了滋養。同時認知到宇宙萬物，並且人們掌管了土地上豐美的天賜禮物，世世代代要確保這些天然資源，生生不息。」

第十二位朗讀者登台，講述：

「我也吃美味麵包、水果和核果。像是穀物和核果就為我們身體提供健康蛋白質含量，好像今日眾教友來自不同背景與習性，卻能團結在一起，組成一個即堅實又滿有祝福的團契。今晚，我們相聚共餐如家人，趁機慶祝普世價值的自由傳統。在此，勿忘肩負起這份莊嚴理想為己任，代代傳承下去。難得的自由，我們今日即要去珍惜它、保護它，也要將它順利地傳遞至下一代。」並說道：「心存感恩。當我們歌頌希望與喜樂之際，讓我們現在同享今晚豐年宴的美食吧！等一下，當我們唱完讚美詩歌後，本教會團契委員會成員們會逐桌一一宣佈，今晚感恩儀式完美結束了。」

現場音樂插曲再度響起。

眾教友開始享用晚餐。

一段時間過後，現場音樂再度奏起。

不多時，晚餐後的第一位朗讀者登台，訴說：

「年年歡度豐年饗宴，其意義在於對那些生活在任何土地上、任何一個年代，都能不向欺壓人士屈服。大家圍繞在感恩餐桌邊，吃完了豐盛飲食，我們再一次認識到最早移民為了遠離束縛與奴隸，冒險來到這片土壤上，追求宗教信仰，遠離種族或政治上不同迫害，為自己與後代找到一處安居樂業之地，讓我們的律法和自由、藝術和科學蓬勃發展。我們善良跟美好生活都是一種恩賜，而這種恩賜可是前幾代先人付出了不少代價所換來的。當我們為自己和後代子孫立下誓約，去保留這些珍貴成果之際，也讓我們大聲說出我們的感恩。」

酒杯第四次被斟入飲料。

眾人齊聲朗讀：

「我們營造出一個和平、公平和自由的世界。要照顧好我們的地球。」

眾人舉杯，飲下了第四杯。

音樂插曲再次演奏。

餐後的謝恩禱詞：

「今晚豐年宴圓滿結束。一路下來，我們享受故事、歌聲和象徵意義的述說。謹記最初移民祖先第一個感恩節，感謝上帝在種種磨難中不離不棄，引導著先祖的希望與夢想成真，來到自由新天地。祖先那股堅持自由與公義精神，能一直延續下去。願地球上分屬不同國家與傳統習慣的所有人類，歡聚在感恩桌邊，獻上讚美詩歌，互愛團結，接納彼此。天賜和平。」

眾教友齊聲朗讀：

「用愛來祝福我們會眾，並在危險中賜給我們力量。讓我們一起為所有人類的自由與正義發聲。讓世上沒有無知與偏見。願恩典、憐憫、和平，永遠歸於地上所有人類，直到永遠。」

眾教友乾杯。

「為全世界的公民與宗教自由，咱們乾杯吧！」

十

腦海浮現十八世紀中葉，北美新大陸美國革命運動於東岸的初期殖民十三州展開，亟欲擺脫英國統治，追求獨立。當時雖然有些新殖民來自歐洲大陸不同國家，但大體上都仰賴英國，並視英國為祖國。

英國殖民十三州都還被要求繳稅，上繳給遠在歐洲的英國。當賦稅愈繳愈多時，北美殖民愈感負擔沉重。更甚者，英國只知課稅，卻不賦予殖民任何選舉權，或是允許他們推派自己的代理人。對此，引發新殖民不滿，故抗爭不斷。

不僅如此，英國還派軍前往美洲大陸貫徹相關律法，這也造成美國歷史上獨立戰爭之端緒。當時的領袖人物包括喬治華盛頓、湯瑪士傑弗遜等人均秉持相同信念：

「如果一個政府無法護衛自己子民，那麼人民可以將政府的治權取回。」

這也導致後來殖民奪回了政府統治權，政治上脫離英國轄制，並於一七七六年七月四日宣佈獨立。獨立宣言內容主要起草者，湯瑪士傑弗遜，大聲闡述人人生而平等，而且有權去追求基本生存、自由和幸福。

十一

最早草擬「豐年宴」儀式流程與朗讀文字內容，得追溯至芝加哥一位牧師，隨後幾年，分別傳播至芝加哥地區、新墨西哥州 Albuquerque 市、印第安納州蒙西小鎮，隨後又被不同牧師修訂，前後共六次，才成為今日版本。回首，首先舉行這種教會社區感恩餐宴是在感恩節前的周末，那年一九六五年。從此以後，教堂展開了每年豐年宴活動。歷史視角主要聚焦在當年第一批英國清教徒移民為了追求自由而踏上艱苦旅程，歷經掙扎，奮勇前進。

說來，這種精神也正反映著幾世紀以來，不分種族，人類在生活裏拼搏的真象。

再訪蒙西小鎮

那年，二〇一八年，三月十日週末下午。

手機電話上，告訴遠在印第安納州九十高齡 Elsa，西岸這兒，北加州的內華達山脈高山地區，幾天前，一場暴風雪降下了四十一英寸白雪，雪崩。

這些天，加州海岸有好幾場暴雨來襲，高海拔山區也飄起雪花。

Elsa 訝異陽光加州竟會出現春雪。隨後我稍加補述：事實上，這兒高山地區年年積雪，冰雪融化後，水流為加州人提供了三分之一的供水量。不過，接著笑道，今年北加州冬天、春天，當地居民面臨挺特別的兩季。怎麼說？往年，冬季本是寒冷多雨，春季，溫暖乾燥。如今，卻完全顛倒過來。比方說，下週早春時節，據氣象報導預測，將有兩波狂風暴雨直襲舊金山灣區。

Elsa 提到，印第安納州蒙西小鎮，才剛過完一個意外的暖冬呢！

聊完生活瑣事，意識到該讓老人家休息。

準備掛上電話前，她趁機道謝，我於聖誕節寄給她的 **See's Candy** 巧克力包裹，以及用電話連絡了蒙西鎮上當地花店，託請專人送達家門口鮮花一束。末了，補上一句：「下次不要破費。我倒希望你能來蒙西，讓我看看你，就很好了！記住，隨時隨地都歡迎你的到訪。」

「我會。上次返回蒙西城，那也已經是兩年半前的往事了！」

掛了電話，感覺如昔。只要想到或見到 Elsa 這位待我如母的長者，心境立即變得安和。

一

五月第一天，破曉前，陰暗朦朧大地，當臥室牆上掛鐘時間正指向四點半，枕邊手機鬧鐘準時催人醒。

背包搭上肩，右手拉著滾輪行李，一路奔向山景城火車站，為了趕搭清晨八時北上火車，前往舊金山機場。列車上，起先，思緒都圍繞在即將與 Elsa 及其家人見面時，湧現那份興奮與期待。然而火車進行一段時間，突然意識到眼前車廂內，上下雙層座位，不但都被上班族給塞滿，連走道上、樓梯間都站著不少乘客。再細看，青年男女上班族為大宗，他們無不整裝且梳理儀容，各個眼神佈滿朝氣。飄過鼻尖，是一抹對方遺留在髮梢的洗髮精或身上淡淡香水味，彷彿置身三十年前，再見到以前的自己。想起當時跟馬文、Elsa 共渡溫暖的時光。

記得讀完學位，離開 Elsa 和馬文夫婦倆的住家，初抵加拿大，忙於教書工作，日子過得理直氣壯。日日搭乘公車往返於大學校園與市中心 Bellamy 山丘上的住家之間。印象中，上下班時刻，巴士內也會擁擠著一團盎然生命的年輕追夢者，其情景恰似多年後的今天早晨，列車內瀰漫著一團朝氣。頓時，感覺上，我竟然和那個遠颺年代的自己，意外地重疊在一起？

二

重逢，當飛機降落在印第安那州首都，印第安納亞波利斯，一座現代摩登機場。

初夏黃昏七時左右，天亮如午間，被我視為人生第二故里的印第安納州，當時為華氏八十一度，怡人天氣。

Elsa 大女兒凱倫在手機上告知：「我們現在仍在高速公路上。差不多再十五分鐘就會抵達機場。」當我在機場大門外的候車區等待，難免猜測：

「我們？」難到，「不該會是高齡九十的 Elsa 也出門來接機嗎？」前來印第安之前，她老人家不是在電話上說，她現在「行動更加緩慢，走路的時候，還得借助輪椅才能四處活動嗎？」但願她「待在家中。千萬別驚動她老人家，勞師動眾。」

結果，這一次，她還是跟隨大女兒前來機場接我。

相見時，歡樂又滿足。

汽車行駛公路上，忍不住讚賞窗外晴和天氣、兩旁遠近都綠野平疇。

凱倫：「天氣才開始變得這麼晴暖。昨天，也都還有華氏七十多度好天氣。不過兩天前，我們這兒又是雨又是風，濕漉漉。」

我接話：「連日大雨，難怪眼前草木才會如此青翠。」

閒話家常，凱倫說，每當她們母女倆同行外出，一向都不會費神地去規劃瑣碎細節，一切只求隨緣。換言之，這倒也帶給母女兩人結伴駕車外出購物辦事時，均能隨遇而安，隨時可改變行程，極富彈性，因此憑添不少意想不到的樂趣。

凱倫邊開車，邊笑著，舉了妹妹麗莎為例：

「她就和我們不同！一切活動都要事先精準規劃好！好比說，到了什麼時候，就該做什麼事，少有馬虎，總是一板一眼。」想起，「有次，我們姐妹倆結伴在大學附屬醫院做義工那段日子，當時，單位主管做了一項性向測驗。結果分析顯示，麗莎做事，需要一些足夠時間來擬定事前規劃，一件接著一件，十分有序，彈性較少。我的測驗分析報告則剛好相反，就是沒計劃，但是極富彈性創意，雖然如此，終究被賦予的任務，我照樣可以達成。」

抵達家門。凱倫領我走進客房臥室，並簡介一會兒被她收理整潔有序的舒適空間，然後開車離去。無意間，瞄了一眼床頭櫃上，竟然躺著一本自己早年由出版社所出版的中文散文集。書中一段篇幅，就是有關 **Elsa** 和馬文這對老夫婦當年如何恩待我的慈祥身影。

第二天，五月二日星期三。中西部印第安納州蒙西小城早晨約八點五十分，因為聽到一、兩聲來自廚房輕微聲響而轉醒。走進廚房，只見 **Elsa** 她獨自遲緩安靜地從冰箱裏取出優格，再將馬芬鬆餅放進烤箱，然後烹煮咖啡。咖啡烹好，年長者緩緩地拿起一個乾淨陶製馬克杯並倒進熱咖啡，然後將它放置在手推車助行器上。由於自身行動限制，不便將那杯熱咖啡為我放在木製長型餐桌上，於是止步，口頭吩附我一聲：「拿這杯咖啡去喝。」

兩人坐在廚房裏的餐桌邊，各據一方，面對面。

Elsa 朝向室內整個牆面儲放的杯盤碗罐大櫃子，我則仰臉面臨窗外的前院矮木門、更遠處的樹木與天色。兩人享用著眼前一人一碟盛滿新鮮鳳梨、西瓜、蜜瓜以及幾顆紫葡萄。吃喝聊天到快十一點鐘，**Elsa** 說：

「畢竟年紀大了，想進臥房小睡片刻。」

幾個小時後，下午近兩點鐘，她起身，緩步從臥室走進廚房，坐在餐桌邊。

我被問到：「你還記得日本女孩 **Chihoko** 嗎？」

「當然。早年，經由美、日雙方大學的交換計劃，她獨自從日本來美國開課教日文，做文化交流。那時候，她租你們一個房間，和你跟馬文住在一起，也住了有一段時間。」我回覆。

Elsa 回憶，繼續講下去。

有天，**Chihoko** 母女倆來訪。

雖然從未見過對方女兒，多年以來，母子經由日本、美國兩地書信往返，**Elsa** 間接地早已得知，**Chihoko** 擁有一雙兒女以及他們的名字。

初見小輩，慈祥 **Elsa** 如祖母般笑臉相迎，並開口喊道，你是某某某吧？

眼前擁有美麗秀髮、苗條身材的年輕女子輕聲細語：

「我不是。我是 **Masato**，但我現在是伊蓮娜 **Elena**。」

驚奇地恍悟道：「你變性了！」

年輕女子禮貌溫恭地輕輕點頭：「沒錯。我動了變性手術。」

當下，**Chihoko** 轉頭，立即面向老太太補述：

「兒子 **Masato** 過去曾經自殺過好幾次。」

雖然急欲瞭解變性者在身體轉換過程中，內心深處轉折為何？

終究，**Elsa** 那時還是嚥下那股好奇，沒開口探問。

Elsa 對我說：「多年過去。一直到今天，我還是相當後悔，當時為什麼沒有問一下。」接著像是安慰自己，且抱著一絲絲希望説道：

「下次如有機會和他們再相見，我一定要問個清楚。」

又過了幾個小時，春日近黃昏五時許，兩人仍坐在廚房的餐桌邊，面對面閒話家常。聊天過程裏，瞥見 Elsa 雙眼漸漸闔上，頭一歪，沉沉睡去。

避免驚擾剛過完九十歲生日老人家的即時小眠，我躡手躡腳地起身，走向後門的牆壁，先關了燈，再關掉收音機，然後放輕腳步，返回自己房間整理一下東西。

不多時，聽到凱倫進門聲響，隨後喊聲：「哈囉！」

接著隱約地聽到母女倆人對話。踏出房門，我加入談話行列。

閒聊一下，凱倫因為要和朋友翠西結伴外出晚餐，同時，自己擬定明天一大早搭飛機去德州與兒孫團圓數日，於是起身告辭。臨行前，老母親緩慢從餐桌上的公文夾內，取出一個信封袋，抽出一張百元美金紙鈔遞交給女兒凱倫，說：

「拿這些錢去請德州的孩子們吃頓飯吧！」

推辭不掉，凱倫笑納：「好！或許這些錢不夠，但多少都有些幫助。」

家裡再度剩下我和 Elsa 兩人世界，Elsa 在桌邊說：

「我回房換一下衣服，把身上這件大紅睡袍給換掉。」

緩緩起身站立，低頭看了一眼，橘紅色木製坐椅上海綿座墊，顯而易見，由於年老尿失禁而呈現一灘潮溼。

見狀，我脫口安慰：

「這沒什麼，很正常啊！年紀大了，發生這種情況可是再正常不過了。」

對方平靜口吻：「沒辦法顧到這些了。自然而然地發生，無法掌控。」進入浴室，換下尿失禁的溼褲頭，再次推著滾輪手推車出現廚房。

我問：「要不要幫忙把尿溼的坐墊拿掉？」

在她首肯下，我挪移椅墊，抬頭接著詢問：

「我該將它如何處理？我是說，要拿到哪裡去？」

停頓片刻，**Elsa** 吩咐：

「這樣吧！你暫且把眼前這張椅子跟隔壁的椅子，兩張椅子位置互換一下。」

當我移來隔壁那張椅子的時候，發現其坐墊上，明顯有著那麼一大灘乾固尿痕，更即時傳出一陣濃烈尿騷味。

晚間十時左右，**Elsa** 坐在客廳內沙發椅上看電視。不一會兒，再度閉目，沉沉睡去。

走回自己房間。看到床頭那本自己多年前撰寫的中文散文集。**Elsa** 將這本當年我送給她和馬文老夫婦作紀念的書，放置在客房的床頭櫃上。想必這是 **Elsa** 心細所致，想讓我這次居留期間能有一種親切感。瞬間，被無所事事的時光驅使下，隨意翻閱書中一些情節，像是早年 **Elsa** 給予我溫暖家居種種描述。再讀一次，感動依舊。闔起書本，走出房間，來到電視機依舊大聲播放節目的客廳。我靜默地坐在整個人仍陷進沉睡中、左耳聾掉 **Elsa** 身旁的一張木椅上，觀賞著電視節目。

Elsa 不知何時微睜眼皮，神情木然，瞇著雙眼，盯著電視節目片刻。恍忽間，下意識地微轉身，驚見我靜坐在她旁邊，也正盯著電視在看節目，清醒過來。微笑，眼露慈祥，一絲暖意，說：

「我都不知道你就坐在我身邊。」

緊接著好奇地問道：

「你是不是才剛坐下來，沒多久？」

轉頭，笑看 Elsa，平靜地回覆：「我坐在你身邊，少說都有半個多小時了！」

她露齒大笑道：「真的嗎？」

又過了十多分鐘共賞電視節目的光景，趁她還清醒著，我道聲晚安，欲就寢。

Elsa 滿臉燦爛笑容：「快去！快去！好好休息吧！」

凌晨四時半，起床要上洗手間。臥房黑暗中摸索，正欲開燈準備走向衛浴間，那時，只見黑漆漆浴室門縫，竟滲入一道由寂靜廚房照進來的暈黃光線。心中猜想：

「燈亮著。Elsa，她人現在一定正待在廚房裡。」

輕聲打開浴室木門，眼前就是廚房。

果然，溫暖暈黃燈光照明下，見 Elsa 身穿睡袍站立，駝著背，弓著腰，正低頭全神專注地，忙著擺放兩套刀叉碟匙於餐桌上，正在為早餐做準備了。她卻渾然不知我已現身。

輕喚一聲。老人家抬頭，慈祥笑開。

開口前，我先搶問：「怎麼這麼早就起床？」

「有時候，我會在這個時候給自己弄些吃的。」繼續：

「吃完後，會再回到房間睡個回籠覺，一覺睡到早上天亮。」

我們兩人站立談天說笑。

意識到眼前老人竟然比白晝時間更顯得精神抖擻，注意力更加集中。

她邊聊，邊來回忙著兩杯柳橙汁、馬芬小麵包、楓葉醬、涼水、熱咖啡。

「原本我還不餓，不過，沒關係，我現在陪妳一起吃。」

兩人在廚房內四盞聚光燈、兩盞藝術吊燈下，擁有暈黃溫馨的光源照射，安坐木桌邊。

愉快地吃喝、盡情地分享生活點滴。追憶往事，聊聊現況，展望未來。

「我也希望像馬文一樣，身後火化。骨灰灑向舊金山海灣。」我說。

聽我這麼說，**Elsa**：「馬文部份骨灰仍然放在骨灰罈裡。不瞞你說，它現在還被放在家裡頭，就是一進門，客廳裡電視上方的一個角落。我一直沒告訴你，怕你被嚇到。」

聽完，我睜大雙眼，不加思索：

「怎麼會？我才不怕呢！馬文生前對我這麼好，哪會怕他的骨灰罈？」

Elsa 接下去仍維持著平靜語氣：

「其中一半骨灰，馬文過世後，我招待孩子們去了一趟西班牙渡假，趁機，我和兩位女兒，母女三人特別搭乘一條小船，奔向外海深處，將骨灰拋灑落入海水。馬文，生前，你也知道，就常愛去西班牙渡假，因為他非常喜歡南歐溫暖的海水，氣候溫和宜人。」

「對我而言，原本是有那麼一個浪漫心願，就是有朝一日，最好能將自己的骨灰回歸海灣。」但是「後來想想，僱船遠赴外海，再將骨灰灑入舊金山海灣這項工作，對任何執行者來講，總是一件寂寞的任務。於是，目前，暫且不去煩惱。再看吧！」我笑言。

高齡九十 **Elsa** 這時悄然回憶故人往事，慈眉善目，不經意地泛上一抹趣味來，透露，年輕時曾調皮戲弄馬文一幕：

「那年，家中三個孩子還小。馬文代表大學美術系的教授去日本交流一年。」有天，「閒來無聊。靈機一動，寫封信給遠在日本的馬文，說，待在家裡無所事事，於是我把咱們家的房子給賣了。隨信，我還附上幾張照片以示證明。」獨自輕笑起來，繼續：「其實，相片中，前院售屋的房地產招牌，它是我跟朋友家借來插用的。我只想嚇唬馬文一下。」

聞後，我忍不住爆笑。

不知不覺，天際東方漸露白，朝陽漸次地將後院暗黑草樹綠地，轉換成明亮。白靄晨霧籠罩大地。當我朝窗外看了一眼，見景，微驚，回神，迅速抬頭瞄看壁鐘時針，忍不住驚曰：

「什麼？現在已經是早上七點半了？」

話匣子就此打住。匆匆起身，帶著盈盈笑意，分頭奔回臥房，補眠去。

三

重返蒙西小城第三天，大學城發生一件大事，老校友美國電視名人大衛賴特曼（**David Letterman**）重遊大學母校園區、大學城街道等不同角落。同一天下午，我這位校友前往校園內國際學生中心，找到了認識已三十多年老同學黛比，一位印第安納州土生土長的黑白混血朋友，如今專責國際外籍學生跟移民局之間連繫業務。故人相見，我被邀進辦公室敘舊。

「前兩天，辦公室裡幾位同仁邀請我在一家餐廳聚餐，慶祝我在這所大學校園從事國際學生業務已經三十年資歷。」

「碩士班畢業後，很幸運地留校工作至今，妳現在打算什麼時候退休？」我問。

「再七年吧！因為這樣子，退休養老金會多一點。到時候退休，估計往後還有二十年可以好好休息。」

暗猜：「再七年，那時候，她也應該七十歲了！」

黛比接著透露，當年我們幾位同住在研究生宿舍大樓的一些老同學近況：

「比利時的 **Frieda** 四十多歲那年，罹患卵巢癌過逝了。」

兩人懷想起：「某年春天，**Frieda** 搬出宿舍大樓，搬進校園旁一家民宅內。某個星期六早晨，她約我們大夥去她那兒相聚同享早餐。印象中，她在一棵如傘綠樹下，擺出長方形木桌和幾把椅子。桌面上鋪了一張白色桌布，擺上餐具。幾位男同學坐在樹下嘻哈，女同學忙進忙出好一陣子，陸陸續續從廚房端出橘子汁、牛奶、煎蛋、熱咖啡、新鮮水果以及現做熱騰騰的比利時 **Belgium Waffles** 鬆餅，即表面有格子花樣的蛋奶大烘餅，它比當時宿舍餐廳所提供早餐的美式烘餅來得厚實又大片，嚼起來口感更香濃。」

「你還記得 **Carlos** 那位傢伙？委內瑞拉人。」黛比眼露懷疑。

「記得啊！」聽到我如此回覆，黛比接下來大笑透露：

「你猜怎麼著？他畢業後返回委內瑞拉，後來變得只會說西班牙文。多年下來，由於一直身處在沒有講英語的環境下，他竟然現在不會說英語了！」

憶起：當時 Carlos 住在宿舍八樓，我住五樓。夏夜，他邀我們這群朋友去他房間喝冰涼雞尾酒。現場只見他將 Rum 朗姆甜酒，配上新鮮鳳梨、七喜汽水和冰塊，統統丟進果汁機攪打，然後製成一杯杯冰沙鷄尾酒飲料。他遞給我一杯大約 500CC 容量冰飲。歡樂鬧烘的氣氛中，我享受完第一杯。見狀，Carlos 問我：「還要嗎？」我猛點頭，因為味道實在清新清涼，難抵誘惑。然而第二杯，才嚐到一半，不敵後勁酒力，開始臉熱而且心跳加速，還想嘔吐，站不穩，急欲躺平。為了不讓自己在眾友面前失態，於是半途告辭，轉身搭電梯衝回五樓。一進房間，來不及脫鞋寬衣解帶，我整個人直接往床上一倒，試圖從酒醉醺醺中漸漸復原。

「那麼 Umbelto 呢？那位從巴拿馬來的男士，還有印象嗎？」黛比繼續追問。

不以為然，微睜雙眼：

「怎會問這個問題？我當然記得他。那些年住在宿舍裡，他就住在我隔壁。」

黛比笑曰：「我和他兩人一直到現在，都還使用臉書的社群媒體彼此通訊著。」接下來笑得更濃：「猜猜，他現在長什麼樣子嗎？」未待我開口，她搶答：「他長胖了。你一定認不出來。」說畢，她即刻打開筆記型電腦，瞬間，一位上年紀發福身材、禿頭又臉兒變成圓滾滾男子面容乍現。一旦電腦蹦出影像，果然讓我吃驚：「那時候，身材不高，瓜子長臉，濃粗黑髮像鋼刷，瘦瘦體型。你不講，在路上遇到，我還真認不出他來。」

忍不住問了黛比：「這麼多年過去了，他現在結婚成家了嗎？」

她微笑淡語：「他跟我一樣，沒結婚。」

我繼續追憶：「想起以前，和他住在同一間雙人房的室友，那位來自波多黎各的瑞奇，他現在怎麼樣了？當年不都是常常湊在一塊兒瘋癲找樂趣嗎？記得，瑞奇那時候曾用彩筆，畫了一張雨林裡兩隻碩大、彩虹繽紛熱帶彩鳥。敲門，送給我留念。」

黛比：「自從他畢業離校後，就再也沒有他任何消息了。」

瑞奇讓我聯想起另一位舊識：「也是從波多黎各來的，是位女生，莎莉。」又言：「印象中，從那個地區來的男女，好像都有一雙又大又亮的靈活眼睛。」一年深秋，生日那晚，「莎莉為我烘焙了一個塗上白色糖霜的蛋糕，邀請你們大家來我宿舍房間，敲門，給我一個驚喜！那張大合照相片，還留著。她現在人怎麼樣了？」

黛比惋惜語氣：「失聯至今。」

最後共同話題，來到一度曾是黛比室友的凱蒂。我爭先發言：

「記得，她起先留著不長不短金髮呈波浪狀，維持了好多年。直到有天，她決定去美容院剪個赫本短頭髮回來。新髮型把她整個人襯托得特別清新漂亮。長頭髮，她整個人看起來蓬鬆散漫沒精神。換成短髮，她整個人立刻奇妙地變成另一個人，精神抖擻，漂亮脫俗。相較之下，兩種不同髮型，其落差如此巨大。」

黛比語帶婉惜：「她也是這麼多年下來，沒有任何音訊的一位。」

我和黛比再次時光倒流。

早年，多虧不但有車代步，而且個性樂觀的黛比像個領導人物，經常登高一呼，邀眾開車出遊同樂。在她英明領隊之下，男女夏天來到密西根湖，紛紛脫鞋，捲起褲管拉起裙擺，涉足湖水，叫笑嬉水。當時，望著左右無邊無際遼闊水域，風平浪靜，我竟無知地脫口讚賞：

「這片海洋真漂亮！」

黛比睜眼、露牙，爆笑曰：「這不是海，這是湖，密西根湖。」

秋天，一行人驅車奔向山丘 **Brown County**，目睹山林秋色、璀燦變葉。

一年四季，每週二夜晚，黛比手握方向盤，載著年輕男女近訪校園旁，名為「**King's Corner**」的酒吧，因為衝著這一天免費入場。擁擠人潮中，找位子坐下，人人先點一杯啤酒。之後，還得大聲說話才聽得到彼此。時而沉醉在一首首或快、或慢優美旋律中，時而盡情狂笑，時而奔向舞池搖擺身體，開心大跳狄斯可。嗅聞著冷氣混雜著香水味、酒精味之同時，只要ＤＪ播出當時八〇年代節奏鏗鏘舞曲，我們男女立刻扔下手中酒杯，興奮地發出叫聲，疾步衝向舞池，配對起舞，奔放舞姿，享受旋律。尤其期末考結束後，結伴開車一小時，遠赴首都，印第安納亞波利斯，逗留在豪華觀光大飯店內，喝酒跳舞直至打烊。由於高級酒吧舞池於夜間九點多才會出現人潮，於是，進場前，我們會悠閒地走進附近餐廳共進晚餐。幾次，一待吃喝玩樂之後，歸返校園半途中，東方朝陽初升。見狀，屢屢索性停車在校區附近 **Denny's** 餐廳前，魚貫進入，開始享用熱騰騰荷包蛋、培根、薄烤餅及黑咖啡豐盛早餐。走進宿舍大樓，各自回房匆忙就寢，沉睡至午後。

青春往事，聊得欲罷不能，聊到近下班時刻。

黃昏，黛比邀約下，我們從辦公室前往餐廳共進晚餐，然後去吃冰淇淋。席間，雙方興嘆光陰荏苒，喟嘆早年經常混在一塊兒的遊伴們，如今安在？

夜幕，黛比開車將我送回 **Elsa** 家。互道珍重，後會有期。

進門。**Elsa** 未見黛比尾隨我走進屋內，迎面對我的第一句話：

「雖然沒有口頭上先跟你提，邀請黛比進來喝咖啡，但還是歡迎她進屋來！」

「我有邀她進屋來坐坐，但是她說，現在跟媽媽住，要趕回家去。」

四

次日，星期五早上約十點半，麗莎開車載母親 Elsa 及我，去大學附屬醫院去做義工，專門為年長行動不便市民，登門送上新鮮午餐便當，名為「Meals on Wheel」這個社區服務義工大隊。驅車先至大學附屬醫院領取一袋袋內裝有一碗湯、一碟沙拉，以及一盒熱食午餐便當。一袋袋食物分別集中在兩個不同棕色厚紙箱內。兩大箱食物被安置在汽車後座，正是我座位旁邊。

三人行。汽車穿梭大街巷道，逐門逐戶，敲門，送上餐食。

我擔任核對每個盛湯、盛沙拉的紙袋，以及每個飯盒紙袋，看看不同食物內容的兩個紙袋上的粘紙上所寫的地址、姓名，是否與現場住址相吻合否？一一清點，然後在名冊上的住址姓名欄，用筆打上一個大勾。

按址找到居家老人，麗莎停車，然後接下從我手中遞交給她的兩個食物紙袋，轉身，她獨自按鈴，遞交新鮮午餐給對方。站立門口，愉快地與應門老先生或老太太應對寒喧幾句。

汽車進行間，麗莎說：「Elsa 做這項義工也已經四十多年了，從一九七四年開始。」「我們這對母女檔開始結伴送餐擔任社區義工，算起來也已經有十年了。事實上，父親馬文過世前，父親一度配合母親參與這項義工，少說也有九年。生前，馬文活著的最後一年，由於身體健康狀況不佳，從那時起，就開始由我和 Elsa 擔負起這項送餐服務。」

執行送餐任務時，安坐在前座駕駛麗莎旁邊、高齡已九十的 Elsa，常低著頭呈睡眠狀態。因此，當天大抵是由麗莎和我兩人合作這項送餐服務。當大功告成，歸返醫院途中，天空忽然飄起雨來。返抵大學醫院，交回名冊後，駛離。

午餐，由 Elsa 出面請客，挑中鎮上墨西哥餐廳 Victor。這頓飯局，我算是額外加入者，因為已有一段時間，每逢星期五，Elsa 會邀小女兒麗莎、麗莎的大女兒凱特、凱特的三歲女兒，祖孫四代聚餐樂享天倫之樂。

餐後，Elsa 在沃爾瑪 Walmart 市場部門，採購明晚兒孫回家餐敘的主食，牛尾湯的食材。

「今天我們來沃爾瑪這兒買菜，因為鎮上經營多年的 Marsh 超市關門，結束營業。不久之後，我們將會有一家名叫 Payless 的超市開張營業。」Elsa 說明著。

回到家，午後，Elsa 說，想休息片刻，於是走回房間小眠一下。

晚餐，主食為昨晚從印度餐廳帶回那盒尚未食用完、剩餘的咖哩雞飯。雖然行動已趨遲緩，Elsa 仍頭腦清楚，有條不紊地在廚房裏張羅食物、沙拉、飲料之際，我則幫忙用微波爐加熱雞肉餐食。分別在兩個白色瓷碗內，我分食咖哩雞飯，先把五塊較大塊的雞肉放進一個準備要給她使用的碗內，剩下四塊較小雞塊則放置屬於我自己碗內，因為思念到：

「老人家需要蛋白質營養。」並默認：

「她不會知道我如此安排。她老了，哪有可能細心辨別出來？」

雙方正要入座用餐，未料，老人家提高嗓門問我：「我碗裏怎麼這麼多雞塊？你碗裏雞塊夠嗎？」

敷衍笑道：「夠！」

語帶懷疑：「你不會多給我雞肉吧？」

忍不住笑開來，回應：「多給你些雞肉，你需要蛋白質營養。我還年輕！」

再笑言：「不過，萬想不到，還是被你識破了。」

她堅持把她碗中的一塊肉放進我的碗裡。

當她進一步要跟進第二塊肉的時候，我峻拒。

晚餐後，幫忙老人家將已解凍的進口墨西哥牛尾放入大鍋內，待明日備用。

隨後，我在廚房流理台清洗紫葡萄，晾乾，這亦為明日家庭聚餐做準備。

收音機流瀉著古典音樂旋律，當時 **Elsa** 坐在餐桌邊木椅上，再度低垂著頭，沉沉入睡，而我安靜地坐在她對面，低頭滑著手機閱讀。

第二天清晨，七點起床。留下依舊在另一間睡房內睡眠的老人家，獨自出門晨間散步。

來到十字路口，眼前教堂及寬闊停車場看似被閒置多日。近瞧，教堂前招牌上密密麻麻說明，顯然教堂如今已轉身為社區服務中心。清涼晨風微微，一陣又一陣。周遭環境由於被閒置多時，益顯空盪，衍生一股悽涼。此行，發覺中西部這座位於大豆田、玉米田環繞的大學城，昔日風光的電影院，受到經濟不景氣影響而關門大吉，後來被改造成賭場，然而依然不敵經濟蕭條，營業仍不見任何起色，回天乏術，落得今日終被遺棄荒廢。另外，多年來，一直在居民生活上曾扮演重要角色的 **Marsh** 超市，關門大吉。還有，最懷念年輕求學階段，經常奔赴巴士站搭乘長途灰狗巴士，奔波於美國大陸州際公路上、大城與鄉鎮之間，踏上一程又一程的旅程，而今，蒙西小鎮灰狗巴士轉運站早就被撤離，消失不見了。

不遠處，廣綿青青草地上有一對加拿大雁呱呱鳴聲，打破寂廖，將我從緬懷過去拉回到現實世界。不遠處，一隻綠頭鴨悠閒地漫步水泥溝渠內。

轉身回家，欲探 Elsa 起床否？

返家途中，方才那對加拿大雁依然呱呱聲響不絕於耳，愈來愈大聲。

抬頭，只見雁兒打從我頭頂掠過，但不知飛向何處？

早餐後，我和 Elsa 在廚房開始張羅當天晚上家庭聚餐主食牛尾湯。

埋頭專注地將胡蘿蔔、芹菜、洋蔥切丁時，一旁的 Elsa 正將牛尾切塊。

忙碌間，她轉身，突然插話：「剛剛看你用刀忙著切蔬菜的模樣，讓我想起 Ayako、魯賓，這兩位老朋友生前時光，多年來，每逢聖誕節，都會在我的廚房裡洗洗切切那幅模樣。」

Elsa 兩位已逝的老朋友當中，Ayako，那位日本北海道老太太，生前少女時期，於第二次世界大戰後在日本嫁給美國大兵鮑伯。婚後，新婚異國夫婦搬來蒙西小鎮生兒育女，且與 Elsa、馬文一家結為至友。終身單身未娶的老先生魯賓，亦是年輕時即與 Elsa 全家結交為好友。曾在東岸大學教書，退休後，魯賓決定搬來蒙西小城，一心只想要與 Elsa、馬文夫婦為鄰，彼此為伴。這就是為什麼過往每逢聖誕佳節，兩位老朋友 Ayako、魯賓，即使在鮑伯、馬文相繼過世後，依然會被邀請一起加入 Elsa 兒孫友人齊聚的耶誕夜盛宴。

見到切成塊狀的牛尾被煮得滾熟，我幫忙用挾子把肉塊一一挾出鍋來，待涼。大鍋內滾熱的湯頭，依照 Elsa 吩咐，我加進了各式蔬菜丁、些許生米，蓋上鍋蓋，再繼續熬煮。另一個爐頭上，中型鍋內亦不得閒，正熬煮著雞肉丁、白豆。甜點是巧克力慕斯。

黃昏六時許，兒孫近十人返家共聚晚餐。

三小時後，人去。

年老體衰、背駝又行動遲緩的 Elsa，哪經得起這番忙碌與折騰？想當然耳，不多時，從餐廳慢慢移步走進了客廳，舒展雙腿，坐在長型沙發椅上，打開電視，然後聽著電視節目的聲音不久就昏昏睡去。

幾盞聚光燈照射下，整個空間散發出暈黃柔光，我安靜又耐心地站立在廚房流理台前。

打開水龍頭，先用溫水沖刷眼前成疊成堆大小不同的餐具器皿，接著，再一一有序地放進洗碗機內，關上門，扭轉開關，正式起動高溫沖刷工作。至於超大型鍋盤，我則在水槽裡用手洗、抹乾、歸架。

老人家打盹一會兒，轉醒。

見狀，我三步併作兩步趨前，送上一碟切好黃澄柳丁給她嚐。

深夜時分，兩人似乎才大大鬆了一口氣。

翌日，晨光乍現。推門外出，我走向清新大地。

戶外整片公共綠色草坪中央的長方型水池邊，再次看到數隻加拿大雁安祥如昨，鳥禽為嶄新一天暖暖身時，一個念頭閃過腦海：「天天看到牠們。」

自忖：「這批春天雁兒們，想必早已是這個鄰里的居民。」

沒幾步，前方一隻鐵灰色小野兔快速跳躍，一溜煙兒，鑽進矮樹叢。院落或路旁，幾株紫荊樹、山楂樹。

舉步繞著住家前、後院四週的角落，踢到不少從草地裡冒出頭、長錐狀的竹筍。多年以來，馬文夫婦喜愛在自家庭院栽種修竹，無論是舊居，還是新宅這兒。猜測，這一定跟馬文年輕時待過日本做學術研究長達一年有關。

推門進屋，**Elsa** 尚未起床。

廚房窗外，叢密青翠，然而竹葉樹林，早春，竟禿竹一片。

想起 **Elsa** 昨日沒頭沒腦地驚嘆感激：

「你看！窗外這一小片竹林，有意思。」比方說，「冬雪天候，庭院所有其他花草樹木皆凋零，唯獨窗外院子裡一片片的竹葉，還是又青又綠呢！讓我擁有一扇美麗窗景。」如今「春天來臨，大地花樹無不欣欣向榮。這時機，竹葉反而竟然落盡，枯黃低調起來。」

「這些竹子是以前房東種的嗎？」想確認一下。

「不是。是當初我和馬文從以前老房子的院子裡移植過來的。」

我笑道：「有年秋天，我來到現在這所房子探望妳和馬文。那時候，我就從這個廚房面向後院的這扇窗，外望出去，竟然目睹多達十隻左右的紅雀鳥，美麗紅色小鳥們在翠綠竹林間出沒，鳴叫穿梭。來蒙西小城讀書，我才知道紅雀鳥，被視為印第安納州的州鳥。」

扭開收音機，古典鋼琴樂曲輕盈流瀉，老人家向我抒發感言：

「我喜愛鋼琴、雙簧管和大提琴旋律。」卻嫌「小提琴快板拉鋸的節奏，令人心慌意亂。」慶幸著：「還好我們正在聽的音樂，不是小提琴演奏曲。」

打開冰箱，她取出柳澄汁、貝果、優格，再烹煮一壺熱咖啡，輕手輕腳一會兒忙這兒，一會兒忙那兒，預期兩人會有個歡愉早餐。

聽著音樂，看著餐桌上 Elsa 張羅的早餐食物，頓時心生滿足，恰似踏進一家巧克力店那種滿足心情。一直以來，尤其雙親離世後，「只要回到 Elsa 和馬文老夫婦身邊，就幸福感十足。多年下來，縱使彼此面容改變，純真年代流逝，然而真誠依然留下。只要重相逢，怡人溫熱的氛圍、人性光芒、溫情滿滿，早已駐留在雙方的眼眸深處，愈沉愈香。」

當準備搭飛機歸返加州那天，一早，身穿休閒短褲，套上球鞋，披上外套，走向晨光大地。池邊，四隻加拿大雁呱叫聲，對我來說已不再陌生。起初，不以為意。怎知鳴聲漸趨高調，急促吵雜不休。側目，偏頭想瞧個究竟？瞧見兩隻晨鳥一組，呈現兩組人馬，相互叫囂的陣仗。沒多久，改為一對一戰略，主動攻擊者，一邊張大嘴巴狂喊，且一路追逐落荒而逃者，戰況激烈自不在話下。東西方向，各有一組雁群，分散兩頭，都是一前逃、一後追的糾纏戰況。

毫無預警下，驟然，雁兒各自歸隊，搖搖擺擺走回池邊，才再結伴，各據一方，繼續過著之前安靜時光。

行前，幫忙 Elsa 把整個星期累積下來沉重垃圾塑膠袋、環保回收袋分別繫好，然後拿至戶外，丟進車庫旁大塑膠桶內，待明日小鎮的環保車來收集、處理。

此行，驚見老邁 Elsa 常會無端打盹，那天早上亦不例外，她在電視機前面的沙發上打著盹。我躡手躡腳地拉開玻璃門，走入寬闊玄關，環視眾多陶瓷作品與木製桌椅、桌巾、各式餐具以及幾樽燭臺。從那兒，再透過一列透明窗戶，瞧了眼室外來往車輛、路邊、天際與盎然的綠意。

當重返起居室，發現 Elsa 已不在電視前沙發椅上小眠，猜想她已回到自己房間休息。

沒一會兒，再度現身廚房時，她開口：

「我送你去 **Anderson** 小鎮。從那兒，我二女婿 **Rick** 會在下班的時候開車送你去機場，應該趕得上你晚上八點鐘的班機。小鎮是 **Rick** 上班的地方。下班前，他會帶你參觀一下他上班的環境，**Purdue Polytechnic**，普渡大學 **Anderson** 分校。」

「出門送我一程？你會太累了！還是在家多休息！無需特地出門相送。」

「我和麗莎一道送你去 **Anderson** 城，把你交給 **Rick**。然後，我們再開車回蒙西的家。」

麗莎開車來接人時，得知老母親決定亦要送我一程，臉露驚訝表情。

沒多時，已立車旁等待的麗莎和我，看著 **Elsa** 緩緩從室內走向院落。引擎發動前，我央請麗莎用手機替我和老人家合影留念。

中西部大平原，汽車急駛在高速公路上。

當飛機起飛，劃破青天，我心仍逗留在地面上 **Elsa** 的身旁。

機艙內，我安靜地咀嚼這次與 **Elsa** 相聚在一起的晨昏。

可不？今日聚首言歡，其情其景，必將成為明日的回憶。

面對異鄉，只要經年累月儲積了當地人情、風兒、雪雨、壯闊農田及天際，日後，種種追憶猶如地質頁片，層層疊疊累積起來，豐富了客旅的生命成長。

世界之大，唯獨幾處角落，情緒會莫名飛揚起來，因爲人生劇本逐年寫成之故。倘伴於一條記憶長河，感念著：

「過去到現在，河流會改道，人會老逝。當重返舊時路，一路上散發著淡淡懷舊風情；另一方面，未來，也悄然預支了光與熱，使人頓然對未來充滿希望與信心。像是聽到未來的海浪聲，感受到未來的海風擁抱，追蹤沙灘上海鳥所留下足痕，勇敢地去探知，去壯闊自己的視野版圖。」

Elsa 無論如何，她是我台北家中雙親、兄弟姐妹之外，最感念的人物。

多年圍繞在她身旁觀察，我悟出：生活中，**Elsa** 心裡一直想藉由每年兩項家庭團圓活動，把自幼所承受生活上、精神上的文化傳統都傳承給兒孫，一代傳一代，綿延不絕：

一是「聖誕夜瑞典式聖誕大餐 **Smorgasbord**」，另一是「猶太光明節 **Hanukkah** 期間，屬北歐瑞典的 **the Scandinavian St. Lucia Day**，聖露西亞節」。

五

聖誕夜瑞典式聖誕大餐，**Smorgasbord** 萬歲。

對家人親友充滿愛心、瘋狂採購、準備餐食雀躍的過程，這些就是瑞典式聖誕大餐的味道。就兒孫輩而言，難忘的並非美味食物本身，重點在於大人小孩相聚，賓客進進出出，又一連數日男女擁擠在廚房裡忙碌洗菜、燉肉一直到聖誕夜盛宴登場。潛移默化之下，這個瑞典美食文化傳承顯然在 **Elsa** 的家將會生生不息。

Elsa 告訴我，經由瑞典父親，**Harold Albinsson** 先生將瑞典式聖誕大餐自幼就灌輸在 **Elsa** 的腦海裏。

「我父親於一八九三年出生於瑞典的 **Uppsala** 市，靠近首都斯德哥爾摩市。」「爺爺奶奶共生了三男三女。爺爺的名字是 **Albin Andersonn**。家中三子成了 **Albin** 的兒子，所以成了 **Albinsson**，這是當年瑞典人為孩子取名的方式之一。」「我爸年輕時，從瑞典遠赴德國讀大學，進修工程學位。大學畢業那年，一九一五年，隻身來到美國。初抵美國，定居底特律市，暫居在爺爺奶奶的一位朋友家中，長輩姓氏為 **Ornberg** 這對老夫妻，先生叫 **Ivan**，太太叫 **Elsa**。這就是為什麼我父親給我取名叫 **Elsa** 的由來。當年，我父親待在老夫婦家寄宿的同時，他也非常積極地外出尋找工作。」「為了不讓美國人被歐洲人的姓名搞得頭昏腦脹，那時候，我父親就當機立斷把自己名字中的第二個 **s** 給刪掉了。」不但如此，「他甚至乾脆把名字中的 **Harold** 也捨棄不用。跟別人說，叫他 **Al** 就好了。」「我媽媽當初還搞不明白整個過程，一直到結婚證書上的新郎正式名字出現，這才知道我爸爸整個名字的來龍去脈。」

至於早年身為北歐第一代美國移民戀愛過程：「父親把瑞典名字美國化之後，巧遇一位十分甜美來自密西根州斯巴達市的小學一年級老師，名叫 **Grace Gardner**。當然 **Grace** 後來就是我的母親。」當時，「他不是每天登門拜訪，就是打電話給她，絕不允許任何年輕男子湊熱鬧來攪局。每回造訪，總會攜帶一份伴手禮來取悅女方。

就算有時不僅面臨手頭很緊，還得要按時繳房租給房東太太的尷尬日子裡，他仍會想辦法買份禮物送給她。」

Elsa 又對我說，「我瞭解我母親早年為什麼相當喜歡住在大都會裡，唯有如此，才有機會遇見很多北歐移民。唯有身在那樣的環境裡，相信總會找到一小群北歐人，相互認識，彼此取暖。」記憶中，「還是個小女孩，我們家總會有很多北歐朋友出沒。」當年社區除了有「瑞典工程師協會」外，還有底特律市瑞典裔美國婦女團體，或者是專門弘揚瑞典文化藝術、風俗習慣的組織，名稱為「The Jenny Lind 俱樂部」，當然還有「北歐交響樂團」。

Elsa：「母親 Grace 不但是交響樂團創辦人之一，也擔任第一屆主席。」

由於那些團體人數不少，加上集會頻繁的人際網，Elsa 從小就參加各種不同類型的宴會，正因如此，嚐遍瑞典風味各種美食菜餚。「我母親私下，也從她北歐朋友那兒蒐集到不少食譜。」如此成長背景及薰陶下，「從少女時代一直到今天，我始終認為，身為家庭主婦的責任就是，不但得年年親自下廚張羅瑞典式聖誕美食大餐這個傳統，而且要代代傳承下去！」「我的美國媽媽 Grace 從多年婚姻生活裡，學會了瑞典傳統風俗習慣。但說來好笑，這僅限於美食文化部份，但絕對不是語言的部份。也就是說，她雖然從未去過瑞典，但是當她在家料理三餐，都會依循瑞典風味來料理三餐。」

身為一位瑞典人，「父親早年在家裡都會於每個星期天早晨，跑進廚房為妻小張羅瑞典薄烤餅。除了週日做烙餅，他還會每隔一天的早餐時間，為家人料裡出一鍋內軟外彈的水煮蛋。」

Elsa 再回憶說，新婚不久，先生馬文被大學藝術系聘為教授，於是從密西根州搬至印第安納州蒙西這個大學城，建構自己家庭。彼時，聖誕假期，他們夫婦倆會駕車返抵底特律父母家過節。聖誕夜，「我和馬文會待在我娘家，享受著瑞典大餐。第二天，聖誕節當天，我們再轉往馬文的父母家，我德國裔公婆家歡渡聖誕，讓我體驗到另一種風味的節慶。」

興沖沖地奔波於小鎮蒙西和大城底特律之間，來來往往，轉眼歷經了三年。某日，「我們在想，何不留在小城，無需再印第安納、密西根兩州之間奔跑？再者，何不邀請藝術系的同事來家中過聖誕節，吃喝聊天同樂？並且藉機讓我們炫耀一下豐盛的瑞典聖誕大餐？何不讓自己得意洋洋，猶如盔甲上飛揚的羽飾？愈想，愈覺得有理。連我父母竟也同意，不但如此，兩老還願意開車來印第安納的蒙西小鎮，跟我們一起過聖誕。」「年輕又浪漫，馬文跟我完全不識當時家中財政狀況，清貧宛如教堂中的老鼠。」不過，「年輕的好處就在於匹夫蠻勇，不知天高地厚，欣然地獨立挑起宴賓重任。」

一年容易，首次獨挑大樑、大顯身手的日子終於初登場，蒙西小城。

事到臨頭，記起當年居住在底特律的瑞典人都會常去一家肉舖，爭購一大塊令人垂涎三尺的醃火腿肉。某天，幸運地翻閱到一九四六年出版《瑞典風味食譜》，詳盡介紹整塊肉的醃製過程：「使用食鹽、砂糖、硝酸，揉搓著整塊新鮮火腿肉。然後將肉塊放置於瓦罐內，約兩或三天，期間，偶爾將肉塊翻身。接下來，用一碗滾熱且濃度高的鹽水澆於肉塊上，然後再將肉塊放回瓦罐醃著，約十天光景。當把肉塊拿出瓦罐那天，滴乾。最後將肉塊放置於裝有清水、香料的大鍋內，開始慢火燉香。」

躍躍欲試。馬文找來一個小瓦罐，按照食譜上步驟開始著手醃肉。

沒錯，那塊火腿肉被澆上鹵水後，小心翼翼地被拿到較陰涼的地下室。

難忘那年聖誕夜，瑞典大餐即將上桌在即。

「那時我父母已從底特律出發，而且安抵蒙西城。」

誰知道，「當家人滿心期待地走進地下室，準備從罐內取出整塊醃漬火腿肉的時候，竟然發現，它已經變成即醜陋、又奇臭無比的一糰肉。」

何以至此窘境？

「經驗老到的父母見狀，驚叫。」薑是老的辣。他們馬上告訴女兒女婿：

「那是因為使用的瓦罐太小了。」第二，「濃稠鹽水也用的不足夠。」

叮嚀再三：「下次，非得用大罈子不可。另外，還得用大量鹵水，這樣子，瑞典醃火腿肉才做得出來。」耳提面命完畢，天下父母心，面臨兒女遭受重大打擊下都該會有的反應，「我老爸老媽二話不說，拎起錢包，奪門而出，飛車直奔附近一家超級市場，買下一大塊美國典型的火腿肉，匆匆返家，現場救援。」

「你認為發生完這樁精神的重創，當天慘劇就結束了嗎？」

「妳什麼意思？」我緊急凍結大聲狂笑，然後疑惑地問。

Elsa 繼續：「錯！好戲還在後頭。」

日落，月出。聖誕夜派對鑼鼓喧天，賓客們即將陸續大駕光臨。

「我、馬文和一位名叫 **Blanch Story** 女性朋友，三個人擠在小廚房裡，碰碰撞撞忙得不可開交，雞飛狗跳：比如從模子裏倒出美食，切切剁剁，匆促間，變出一盤盤佳餚。再把每盤食物稍為裝飾一下。誰知，家中那張由馬文親手製作，並且乍看之下藝術品味十足、但十分克難的木頭長桌，傾刻，一腳竟突然倒塌。霎時，整個桌面傾倒，晴天霹靂。之前，我們花了不少時間精心裝飾的美國火腿肉，眼看著它，先滑落至廚房地板上，再翻滾幾圈，滑行，止步於牆角。」

客人們快上門，燃眉之急，怎麼可能放棄那塊美式火腿肉？

瑞典火腿即然已經毀了，更不可能放過臨時上場應景的美國火腿。

當機立斷，收拾驚恐震撼，「我們快速從地上拾起肉塊，用清水清理，抹乾，放回盤中。馬上再重新搭配多彩蔬菜、乳酪，重組成一盤聖誕大餐該有的壯觀與燦爛奪目。」當晚，幸好其他風味菜餚「還按步就班，一一出菜，熱鬧登場，還是皆大歡喜，順利落幕。」

自從決定每年留在蒙西小城家中舉辦瑞典風味聖誕大餐，**Elsa** 經年積累了不少食譜和裝飾食物餐盤的妙點子。「一開始，」她說：「有朋友熱心地自告奮勇捲起袖口，要下廚幫忙烹調。但是都被我當下婉拒。那時候，只有馬文被允許隨侍在我左右，不光是出手幫忙，有時還得藉助他的味蕾，開口評論我每道菜的味道如何？」

Elsa 補充說明：「沒錯。起初，除了馬文，我非常忌諱任何不是北歐人，尤其是那些系裡教授同事們下廚幫忙料理。因為我深怕那些外行人會毀了我的瑞典聖誕大餐。」可是到了後來，「我漸漸比較能夠接受朋友客人提供給我不同食譜之外，也漸漸允許他們下廚當助手了。」

憶起馬文的拿手菜，則屬「依照馬文自小的記憶，早年他父母如何烹調家鄉味德國醃豬腳這道菜。馬文依靠年少的記憶，如法炮製。」

Elsa 說，七〇年代，「幾位北歐國際學生陸陸續續住進我們家。當時過年過節，彼此互動的印象，仍然存留腦海至今。」**Elsa** 無礙地叫出對方名字：「**Mats Lindgren**，一位瑞典男大學生。他曾經幫忙我和馬文製作馬鈴薯香腸。我現在還記得當時那個黑色大型、歷史久遠的製香腸機。那款古董機器是馬文父母留傳下來給我們的。還有印象的是，當我操作那台笨重機器，眼看著香腸成串，一節節香腸成型之際，乍生一種心照不宣的快樂，挺詭秘的快感！」

「七〇年代初期，」**Elsa** 繼續聊下去，「我們家曾住了一位芬蘭籍來蒙西校園讀建築系的學生，名叫 **Tapani Tapanainen**。」那位年青小伙子「待在我們家過聖誕節的那年，自告奮勇大顯身手做了一道風味菜。他把鮮魚塞進生麵糰裡，再放進烤箱烘烤。這道菜，現在是我長孫女 **Linnea** 年年要烹調的聖誕餐食。」另一位芬蘭籍國際學生，「則教會了我們烘焙一種飽含豆蔻果實香味的咖啡麵包。」

後來，「我們家迎來了一位瑞典交換生，女大學生，名叫 **Tina Goransson**。她介紹給我和馬文一道菜，就是北大西洋風味的鯡魚沙拉。她這道菜自創部分在於，沙拉裡放進大量新鮮蘋果。味道還真不賴。」

聖誕夜前，每天，**Elsa** 家中大人小孩忙進忙出，忙裡忙外。夫妻倆會預先列出一份計劃表，例如製作食物所需各種食材清單，好出門逐一採購；打電話預訂食物，或撥電話邀請客人；逐日驗收一道道菜餚就位，好讓聖誕大餐完美呈現。

出門採購部份，都會以罐頭食物為主，例如浸酒鯡魚、酸奶酪鯡魚、煙燻牡蠣、油浸沙丁魚和鯷魚小魚等。每年也都會趨車前往瑞典傢俱連鎖店 **Ikea** 選購薑味餅乾（**Pepparkakor**）。

基本上，年年照表操課：

第一天，開始製作烘焙瑞典風味的杏仁餡餅、果醬蛋糕捲、沾滿杏仁碎末的咖啡蛋糕，同時，準備好一個大冰桶在側，以備未來數日擔任冷藏食物之用。

第二天，著手製作瑞典式熱飲 **Glogg**，即是將酒、白蘭地與糖和香料，放入鍋中溫熱調製而成。要喝的話，加溫，再加入葡萄乾、杏仁等配料，再飲用。另一方面，忙著烘焙巧克力慕斯蛋糕、微甜黑麥麵包、咖啡麵包和杏仁蛋糕。

第三天，準備好另一個大冰桶備用，為了冷藏更多食物。預備好一盤牛油球，供賓客塗抹在香脆硬麵餅上，或微甜黑麥麵包上，或裸麥粗麵包上，如此，麥香美味會倍增。醃豬腳。牛舌。煙燻火腿肉。前往地下室，找出製作果子凍的模子備用。

第四天，浸泡棕豆。將鱸魚從冷凍櫃取出，開始退冰。水煮蛋。清洗各式蔬菜並放至碗中，冷藏備用。料理紅色包心菜。製作馬鈴薯香腸。焦糖蛋塔。翻箱倒櫃找出大型鮭魚形狀的模子，備用。醃漬甜菜根。涼拌黃瓜。

第五天，聖誕夜，好戲登場大日子。一早，將每片裸麥麵包上，擺上一片魚肉塊。沖製香料草茶。燉煮瑞典棕豆。瑞典肉丸與調製濃稠肉汁。瑞典醃漬蝦。北歐鯡魚沙拉。水煮蔬菜。掏空半個水煮蛋的中間蛋黃部分後，塞進鯷魚小魚入內。巧克力蛋糕捲。大拼盤上放置挪威瑞士（**Norwegian Swiss**）乳酪、佈滿細小洞眼且口感柔軟的丹麥 **Havarti Dill** 乳酪、荷蘭 **Caraway** 乳酪，以及挪威 **Gjetost** 羊奶乳酪。

一場完美的宴會，歸功於賓主正式入座享用美食前，再次確認下列幾個重點：

第一，熱飲區包括 **Glogg** 熱飲、香料熱茶、熱咖啡，是否各就各位？

第二，冷盤部分：鯷魚小魚鑲入水煮蛋（即 **deviled eggs** 惡魔蛋的做法，在這兒，**Elsa** 只是將鯷魚取代蛋黃泥，再蘸上芥末）、生菜沙拉、芬蘭馬鈴薯沙拉、新鮮水果凍，以及一大盤生鮮紅蘿蔔、芹菜加上小紅蘿蔔。另外，牛肝泥、醃漬甜菜根、涼拌黃瓜、蝦子沾配辣醬、鮭魚形狀模子上盛裝著餐前開味小菜。是否都到齊？

第三，熱食區：火腿肉、瑞典肉圓、燉燒瑞典棕豆、裸麥乾麵包上配有一塊熱騰騰魚片（**Kalakukko**）、馬鈴薯香腸、熱騰騰紅包心菜、四種不同豆類燉成一鍋美食。都到位否？

冬日小鎮，最神奇時刻落在日落月升之際，瑞典風味聖誕大餐隆重上菜。

屋內閃爍不已的溫熱燭光，美味香甜多汁豐盛食物，客廳餐廳空間內應景裝飾，食物拼盤上悅目擺飾，主客雙方人人臉龐綻放光芒。眼前景象，「足以讓一星期以來繁忙籌備工作所帶來巨大的辛勞，立刻得到報償，即刻轉換成嘴角盈盈笑意。」**Elsa** 笑咪咪說著。

聖誕夜，平安夜。

次日早晨，聖誕節當天，睜開雙眼，昨夜剛過去的氣氛與畫面已成為另一個美好回憶了。

年復年。

當心智日漸衰退老化，人生邁向「二度童年」流金歲月，**Elsa** 意識到：

「在我們這個大家庭裡，此時此刻正是時候了。我要高聲疾呼，鼓舞身旁的女兒、媳婦、孫女輩們，拾起家庭傳統的瑞典風味聖誕大餐那面旗幟，永續地奔向未來。」想想，「這麼多年來，我和馬文身體力行，營造一個年終活動，家人們都忙碌嘈雜地擁擠在廚房一角，用愛心和歡樂，四處去張羅瑞典式隆重節慶大餐。這景象多麼大快人心，樂事一樁。」

對 Elsa 而言，那份久遠的北歐瑞典味蕾印象，藉由她這位年屆九十高齡的瑞典女兒和瑞典女婿馬文在有生之年，落腳且紮根於印州大學城，蒙西小鎮，並且建立了一個快樂園子。婦唱夫隨，邀請那些嚮往瑞典節慶飲食文化的親友，在聖誕夜，踏進園中，相聚一堂同歡又同樂。在園內，景物悅人眼目，滿足了口腹，更心生幸福美滿，宛若一彎生命長河流經，滋潤了那個園子。冬夜，瑞典聖誕大餐之後，喜悅從園區流瀉，從 Elsa 的家流奔西東。離去賓客的身份，或許富貴或許平庸，然而精神上，霎那間，皆萌生富貴之感，恰似有珍珠、瑪瑙環繞在一江暖暖春水似的。

對我來說，年輕時，有幸多次參與 Elsa 和馬文的瑞典聖誕節大餐盛會。憶起，相聚歡樂中，彼此在不知不覺中釋放慈愛本質。談笑聲與靜默傾聽的情感交流裡，同情悄聲地流洩而出，自私及偏見都會銷聲匿跡。

六

第二年，二〇一九年的十月二十五日星期五清晨，我一連傳了幾則簡訊給 Elsa 的大女兒凱倫：「非常懷念 Elsa！就算是僅僅一天，跟她談談話就會很高興。於是，日前，萌生了一個想給她驚喜的念頭。」「現在手中已持有聯合航空飛往舊金山、印第安納亞波利斯兩地之間的來回機票。去程是十一月十五日，星期五，晚間九點四十五分抵達機場。回程是隔天十一月十七日，星期日下午一點的班機飛回灣區。」「同時，我也已經支付了大學校園內的旅館兩晚住宿費。」「願不久能見到你和 **Elsa**。」

不多時，收到凱倫回音：「這個驚喜太棒了。接機一事，別操心，我來接你。」

十一月十日星期天早晨，氣象預報中西部未來一週將連日大雪紛飛，超低溫，路況冰滑危險。深恐凱倫屆時受困高速公路上進退維谷，於是從加州發出簡訊：

「為了你駕駛安全，你要我重新訂機票，擇期再訪蒙西小城？」

凱倫：「不礙事。有暖衣嗎？如果沒有，我可向我弟弟 **Kurt**，或者向我妹夫 **Ric** 借暖和的冬衣給你穿。」其實，「我現在人正在洛杉磯我女兒家做客。不過，星期二就會飛回印第安納。到時候，中西部氣候變化如何？就會真相大白了。」

經過確認後，我那忐忑心情才安頓下來：「咱們按原訂計劃，星期五機場見。」

星期五晚間飛抵印第安納州的首府機場時已近十點。人在出境大廳靜待，不多時，凱倫打來手機電話：「還在機場外圍的公路上，快到了。你去六號出口等我。每次接機，都會叫他們在六號出口等我，因為它是最後一扇門，雙方都好記，不會搞掉。」「夜間寒冷，不要在外頭等候而受風寒。待在大廳內，靠近玻璃牆壁等待，我開車找人的時候也容易看到你。」

喜相逢。雪夜，汽車駛回蒙西小城。

一路上，問起 **Elsa** 近況。

凱倫：「不太好。她現在聽力、視力極速退化，不像以前。目前她也較少閱讀。她似乎有點放棄的念頭。」講述至此，我深感不妙，靜默不語。

凱倫改變話題：「夜深了。你肚子餓嗎？要不我在下個出口，開車到前面一家 Dairy Queen 速食店買些食物外帶，我們再邊吃，邊開車，繼續趕路？」

「好主意。我喜歡 Dairy Queen 的冰淇淋和漢堡三明治。記得以前，還在英文系讀書，正和 Elsa、馬文同住那些年。盛夏午後，Elsa 開著車在馬路上，問了問坐在駕駛座旁的我，要不要吃個 Daisy Queen 霜淇淋？她一邊開車，一邊不忘舔著霜淇淋，而我也開心地享受手中冰涼聖品。」

下了交流道，凱倫將車停靠速食店的停車場，入店點餐之際，也幫 Elsa 點了幾份 Chili 熱湯帶回去，準備放進家裡冰箱，老人家隨時可食用。

汽車再次奔馳於漆黑綿長、無止盡的公路上。

這時聊天內容，圍繞著凱倫自己兒孫們的生活近況，趣味盎然。一邊微笑，一邊傾聽，我適時爆笑，或回應幾句過程中，享受著重相逢的閒話家常。

汽車終於滑出高速公路，駛進蒙西小城外圍。

經過郊區十字路口，凱倫說，這個路口交流道經常發生交通意外，引發當地居民不安，頻向有關單位反應。

再熟悉不過的大學校園再現眼前，難掩內心興奮。凱倫未直駛至校園內我將夜宿的大學旅館，自作主張：「今天校園景觀有些改變。我會放慢車速，帶你繞一圈校園，好讓你看看久違校園保留下來的舊貌和新景，然後再載你去旅館休息。」睜大雙眼，貪婪地巡視著車窗外、左右兩旁的水鴨池塘、居住多年的十層樓研究生宿舍大樓 Shively、圓頂室內體育館、英文系館、建築系館、聳立夜空的鐘樓、圖書館

Bracken Library、大禮堂、教育學院教學大樓，以及不同系館的建築與行政大樓。抵達學生活動中心停車場，我下車，拖拉行李才走幾步，轉頭跟凱倫致謝並道晚安。

透過車窗嚷道：「我要親眼見到你進入建築物內，我再離開。免得你像剛才一樣，原本要從正門進入，大門卻深鎖，旁邊一個告示牌，叫客人改由側門入內。要是連這個側門也進不去，起碼我還可以把你載回家休息。」

打開旅館三樓 327 房門。

就寢前，瞄了一眼玻璃窗外的紅磚建築、灰瓦屋頂，還有白色積雪。手機傳來簡訊：「明早十一點，來旅館接你去媽媽那兒。」

次日，汽車從旅館出發，一直駛向慈祥長者的居屋。

「Tillotson 路上那家泰國餐廳 Thai Smile 應該已經開始營業了。我們去那兒買外帶，帶回去跟 Elsa 一起在家吃午餐，覺得如何？她現在身體狀況已無法讓她像以往一樣外出用餐了。媽媽很喜歡那家餐廳。」

「每次回到蒙西鎮，Elsa 常帶我去那兒吃飯。沒錯，她挺喜歡那家餐廳的泰國菜，同時，她跟老闆和餐廳服務員也都很熟。還有，別說是 Elsa，連我也覺得每樣菜都好吃。」

餐廳現場，凱倫先為母親點了芝麻雞肉、腰果、清蒸青花椰菜的便當才再為自己點菜：「我要來一份花椰菜，淋上你們餐廳特調的醬汁和白飯，就這兩樣。」轉頭對我大加讚揚：「他們大廚清炒的花椰菜，我最愛吃。綠花椰菜吃起來口感脆脆的。醬汁更是美味無比！」

然後問我：「你呢？你想點菜單上哪道菜？」

「熱炒黑胡椒牛排肉塊，搭配青椒、洋蔥和草菇。」

歸返再熟悉不過的庭院，穿過前門，經過迴廊，打開大門，走進客廳。舒適地坐在搖椅上的 Elsa 見到我突然現身，燦爛笑容綻放如昔，驚喜道：

「老天，你怎麼出現在眼前！」

大步向前，我彎身向她問安，並表達此行能來看她，實在帶給我極大的喜悅。凱倫攙扶年邁、駝背得厲害且行動不便的母親，緩慢地移步至餐桌邊，安坐。餐桌中央，放置一盆幾天前，我從加州用電話訂購的鮮花。

Elsa：「你送給我的鮮花，早先你一步來到印第安納。繁花似錦，漂亮。」

當我也坐在餐桌邊，面對面，迅速地端詳一下今日步履蹣跚的慈善老人。她一頭俐落雪白短髮，全身套進一襲棗紅色長袖長袍。眼角與嘴角所堆積歲月皺紋，看似倦容，卻阻擋不了滿臉通紅的笑容所流露出那股生命力。我起身，半蹲，擁抱老人家，開懷地合不攏嘴，內心故然慶幸：「Elsa 還活生生的在我眼前。」然而一絲淡幽：「這回相聚，會是惜別之旅嗎？」並疑問：「Elsa 有天不在人世，我還會想再返回印第安納？還會懷著那份回家的感覺嗎？」

午餐飯盒原封不動放在桌上。凱倫提議：「幫你們倆拍張照片。」

兩人分別坐在兩張木椅上，我伸展右手臂搭在 Elsa 肩膀上。

凱倫說，再照一張，因為拍照過程中我身體動了幾下，然而誇讚：

「媽媽的姿態不錯。」

凱倫說畢，Elsa 雙眼看著站立面前的女兒，微弱但堅定的語調：「我要和他臉靠著臉。」

於是，我即刻調整位置，首先，把自己座椅拉近 Elsa 的座椅更緊密，雙併在一起。接著我全身靠過去，把右臉頰貼上她的左臉頰，同時，右手環摟她整個肩膀，兩人笑盈盈地再次入鏡。

吃完便當，每人一杯熱咖啡，配上我帶去的 See's Candy 核果黑巧克力。桌上大瓷碗內，盛裝著粒粒紫葡萄。

我坐在 Elsa 正前方，笑談一會兒。體弱老人，默默無聲、緩緩用手推著那碗紫葡萄，更靠近我面前，然後用右手指輕輕地在餐桌上點了幾下，示意要我吃葡萄。

午後陽光暖和，廚房餐桌邊，三人談天說地，Elsa 這次，自然而然地把巧克力推近我的面前，再度輕輕點了點指尖示意，要我享受巧克力。

心想：「如今，年老力衰，連說話的力氣都吃力的時候，Elsa 她老人家仍然不忘提醒我，要多吃。這種勸食的言語或舉動，三十多年來未曾改變，不管我年輕時候在印第安納州求學時代，還是我如今退休多年，自己儼然也成為一位歲月催人老的老人了！」

七

多年前，某個星期五，深秋，系裡沒有要舉行任何會議，又無需教課的日子，於是允諾一位同事結伴前往新竹國賓飯店頂樓的高挑廳堂享受自助午餐。席間，吃喝同時，我津津樂道：「趁著秋季班開學前，八中旬，獨自規劃好旅程日期，由台北搭乘西北航空班機出國，飛抵東京，再轉機飛往印第安那州，歸返蒙西小鎮探望馬文、Elsa，欲給他們老夫婦來個驚訝之旅。」

人不知，鬼不覺。拖著行李，推開後院木門，穿過綠草如茵、幾棵頂天大樹、蘋果樹、藤架涼亭，還有一個盛水、水面上浮現幾片蓮葉、水中悠游著幾尾金魚的大型圓木桶。

木屋在眼前，拾階而上。

透過大片玻璃牆面，從戶外只見馬文一人正坐在圓型餐桌邊翻閱雜誌。

輕敲木門。

聞聲，馬文抬頭，睜眼張口十分驚訝，起身為我開門。

相擁、問候。

不忘提問：「Elsa 呢？」

「在臥室裡。」

聽到廚房內笑語不斷。「誰來了？」好奇心驅使下，Elsa 走出臥室一探究竟。走到臥室門口，驚見我竟然出現在廚房，並且隨身還帶著一個大行李，於是睜眼張口，喜形於色，立刻拋出一個大擁抱姿態，並且一路大笑大叫，小跑奔向我，並給予熱情大擁抱。

「老天！你下次回來，早點通知我們，好去機場接你。另外，免得我激動得了心臟病。」

「預先通知？那就不是我的行事風格了。」道盡對兩老的思念。

接下來，快樂滿足地跟兩老渡過兩個星期居家生活。

講述完那趟印第安納之旅，友人淡語：

「聽你這麼描述，我感觸良多。」因為「他們兩位美國老人家對你而言，非親非故，但是長年以來，都對你那麼溫馨，那麼好。」相較而言，「我在紐約住有幾家親戚，像是我小叔，也就是我先生的弟弟。每次回紐約，不管是有血統或有姻親關係的親戚都表現出冷靜的態度，只盡一點禮貌上的禮儀。朋友呢？就更別提了。飛往紐約，每一回，訂旅館等等所有一切，都得自己張羅。」所以說，「那對老美夫婦對待你，真難得。」

八

再度回神過來。

晚餐由凱倫下廚烹調，三人圍桌飲食如家人。

飯後，凱倫早先在臉書上預約好同樣居住在鎮上的弟弟妹妹、以及兩位好友翠西和唐娜，紛紛前來媽媽 **Elsa** 家相聚，品嚐蛋糕甜點、冰淇淋配上熱咖啡。那一夜，廚房餐桌上坐滿著已離婚多年的大女兒凱倫、二女兒麗莎偕丈夫，兒子寇特攜愛妻以及兩位友人訪客，熱鬧哄哄。這時，**Elsa** 對身旁的我說，年紀漸長，一生當中談得來的好朋友們一個個先後離世。後來，一度落得沒有任何說話對象，孤單起來。落得每天只好跟自己養的貓講講話。幸好目前，「凱倫搬回來跟我同住，照顧我。那些跟凱倫經常來往的年輕朋友們，我也試著跟他們交往，如今也把他們當成我的朋友了。包括今晚在座的兩位，翠西和唐娜。」

記得有年，馬文過逝後，飛來小城探望獨居的 Elsa。那時，她對我說：大女兒每天倒是會回家一探老人家，但停留時間不到五分鐘就趕忙離去；至於住在一、兩條街口不遠處的二女兒莉莎一家，孫女凱特偶爾出現一下，匆匆寒喧就離開。

我為 Elsa 慶幸，因爲今有凱倫同住在屋簷下，有個照應與陪伴，不再孤獨。

餐桌邊，被 Elsa 的兒子寇特問到，家居加州近況？

我提到自己曾失眠一段時間，幸運地如今已好轉。

他說，自己一度亦苦嚐失眠以及憂鬱症之累。

當兩個男人閒話過程中，大夥耳目突然都聚焦於我和寇特同患失眠障礙。至此，大夥開始專注在同一個主題上，不再是三兩群聚各聊各的。

那趟三天兩夜蒙西小鎮之旅，一趟難忘回憶。

Elsa 過逝後，第三天，加州星期四午夜時分，午夜夢迴。夢中，我和 Elsa 竟然肩並肩。夢境裏，她的大女兒凱倫坐在我和 Elsa 的正對面，三人聚精會神地分發巧克力當籌碼，正在玩牌賭博。我故意放水，為了讓 Elsa 能吃到巧克力。睡夢裏，想起一件事情，我迫切隨口用英語問道：

「今天星期幾？」

凱倫回答：「星期四。」

一聽，我夢中詫異，心中納悶：

「星期四？兩天前，星期二，Elsa 不是就過逝了嗎？」

夢裡，我一驚。Elsa 不知何時已經起身，慢步地漸漸離去。見狀，我一慌，急忙用英語在她背後喊叫著：「Elsa, don't go！」Elsa，不要走！

被自己的喊叫聲給驚醒了。

從夢境抽離出來，暗夜，感恩母親般的笑容與溫暖。

對 Elsa 的思念，延續到三月冠狀病毒疫情開始在全世界大流行。我們在加州居家避難期間，慶幸 Elsa 完全避開了新冠肺炎這場災難。三月下旬，二十六日星期四下午三點五十五分，手機「叮」了一聲，傳來「News Top Stories」一則訊息：「美國今天確診人數已超越世界上任何一個國家。」第二天下午三點十六分，手機嗶嗶嗶的警報聲大響，向民眾發出安全警告：Santa Clara 縣政府提醒每位居民，必需就地居家避難，也就是說新冠肺炎開始大流行，目前尚無任何疫苗問世，因此要待在家裡不要外出，藉此保護自己和家人。

Elsa 過世後，第一個七月四日，美國家庭也不似往年熱鬧地慶祝國慶，因爲全球疫情嚴峻。白天，沙灘上少了擁擠人潮，庭院內親友團圓烤肉的歡樂派對情景也不再。夜晚，施放壯觀華麗煙火表演的現場，觀眾稀稀落落，因爲實施居家防疫，政府不鼓勵群聚以減少社交傳染。

國慶當晚，床頭邊，夜燈下，入睡前，翻閱陳冠學的散文集才沒幾頁，不期然的放下書本，忍不住又思慕起 Elsa 生前近四十年來對我的慈愛。

一直以來，她甚少以長輩對晚輩說教之姿，告訴我，該做什麼，或不該做什麼。她僅默默溫情相助，包容我所有一切，無需任何理由，完全接納我為家中一份子。

多年以來，Elsa 只給予我無數微笑、暖語、擁抱與暖心。

國慶當夜，我失眠了。

花了點時間思憶故人往事。稍加整理思緒之後：

其實，Elsa生前是有那麼兩次對我耳提面命。
一是，無論何時，都歡迎我造訪蒙西小城，愛住她家多久，就住多久。
一是，預先把遺囑寫好，放在身邊，這很重要。關於這一點，未忘Elsa當時對我說，她早已吩咐住在同一小城的三位子女家庭，趁著母親還健在，每家預先挑選好未來想要拿走喜歡的家俱或擺設。當那天來臨，就是她跟丈夫馬文一樣作古時，子女們就可返回老家取物。遺囑內明言，身後留下的遺產，全數用於教育基金提供給未來孫輩接受大學教育的助學金。

Elsa就像聖路西亞。

這，又不得不提到猶太光明節。

九

漫漫人生，自從年輕時和馬文共組家庭以來，兩件年度家庭節慶大事未曾間斷過，即聖誕夜瑞典自助式聖誕大餐派對之外，就屬瑞典老家的聖露西亞節（Saint Lucia Day）。

Elsa已經將每年當中，白天最短的一天冬至重疊到基督教光明節，成功地傳播在蒙西小城的一座教堂內，並發揚光大。如今，它已成為該教堂年度傳統文化之一。

斯堪地那維亞半島瑞典這個國家的聖露西亞節，是在十二月十三日，不但為每年聖誕節氣氛正式拉開序幕，並啟示基督之光降臨。當天，家中小姑娘會裝扮成「露西亞少女」。

聖露西亞，基督教的聖人曆記載著，西元三世紀，她是一名死於被羅馬皇帝戴克里先（Diocletian）迫害的女基督徒烈士。生前，聖露西亞遵循基督教傳統，帶著食物給藏身在陰暗地下墓穴的基督徒充飢，並給予協助。為了讓雙手空出來，以便多拿些食物助人，因此在她的頭上戴著一頂、上面有幾根燃燒蠟燭的光環，無需再一手拿食物，另一手拿著蠟燭走進黑暗墓穴了。

古老傳統傳承下去，每年裝扮成露西亞的少女們忙於分發食物給那些飢渴市民。當時，聖徒露西亞身穿白衣，繫上紅腰帶，頭上佩戴了一頂由越橘葉片編成的皇冠，綠色植物皇冠四週又點燃一圈數支白色蠟燭，冠冕中央為另一支燭光閃爍的白蠟燭；聖露西亞體現了聖誕節的精神。

瑞典家庭中的露西亞於清早，一一喚醒家中成員，邀請他們愉快地享受著已預備好並放置床邊的熱騰騰咖啡、剛出爐新鮮麵包。不少民俗信仰裡，把「聖露西亞日」視為聖誕節報信者，猶如知更鳥報佳音，為春天來臨之前兆。年度麥熟打穀、紡織和編織衣服等工作均將收尾告一段落，轉為開始籌備喜慶活動，以迎接聖誕節。

北歐古諺語，一個家庭如果適切地大手筆花費迎聖日，那麼接下來十二個月一整年必福恩滿堂。不管聖誕夜歡宴的賓主同樂有多晚，聖誕節當天早晨人人都起個大早，然後前往教堂望彌撒。冬晨，天際依舊暗沉，鄉下農家，窗沿上，放置幾支點燃蠟燭，燭火照亮門前白雪道路，也照亮拖著雪橇、歡躍不已的馬匹們，藉著雪地光明，馬兒去迎接並運送居民至教堂。每輛雪橇都有一把火炬伴行，抵達目的地，人們會把火炬扔進熊熊營火中。教堂內，上百支燭光閃亮，會眾開口合唱聖誕詩歌。聖誕節當天在瑞典被視為聖日，家家戶戶浸在一片寧靜安和，獻上感恩：

「冬陽，偏西，晚霞環抱著房宇和農舍，躊躇不前，徘徊。
夜幕低垂，門口，適時站著一位身穿白衣而且燭光閃爍的少女，
聖露西亞，聖露西亞。」

光明節，聖露西亞節，讓我回想到當年住在 **Elsa** 家渡過的猶太光明節。

Elsa 告訴我，美國猶太人基本上不過聖誕節，每年卻重視兩個節日，一是光明節，一是踰越節。雖說如此，家中父母縱使是猶太人後裔，但是為了孩子，光明節和聖誕節這兩個節慶都會在家大肆慶祝。

首次聽到光明節，「光明」兩字，讓我聯想到創世記開宗明義：

「神創造天地。頭一日，神說：要有光，就有了光，光、暗分開了。」

光明與黑暗的對比，即空虛混沌、淵面黑暗與光明，這兩者之間明顯對照。光，奇蹟地出現，不但驅逐絕望，迎來希望，也開展了精神層面的新生活。

猶太光明節（**Hanukkah**）跟聖誕節相隔也很近，然而開始的第一天，有趣的是，每年會落在不同的一天，通常而言，介於十一月底、十二月底之間的某天。

慶祝傳統活動包括每晚家家戶戶點燃光明節蠟燭，連續八個夜晚。

玩遊戲，每個小陀螺四面都有希伯來文。

吃油炸食物，像是馬鈴薯和洋蔥混合的 **Latkes**。

果凍填充的甜甜圈，食用前撒些糖粉的 **Sufganiyot**。

對光明節有更多瞭解，恍悟：「這就是為什麼 **Elsa** 生前總愛在家中特別節慶的日子裡，或喜慶日子裡，點燃蠟燭：像是餐桌上，窗台上，或圓型木製掛燈上。」

Elsa 說，美國猶太家庭希望此一特有文化遺產能夠傳承給後代，因而年年在家中舉行這個表現家人親密又團圓的儀式，加深子孫印象。教會學校則會安排猶太宗教知識相關課程，延續文化歷史。光明節提醒猶太人，人生在世，有飽暖就是恩賜，就得感謝，並且將自己的福氣分散出去，繼而奉獻自己，善待他人，與人分享。同時趁著這天，安靜回顧那些發生在自己身上接二連三的小神蹟，進而對未來更具信心。

個人方面，無論當前環境如何艱困，挺身前行，探尋奇蹟。感受到呼召後，就勇敢地去做，坦然面對任何結果。慶幸身為猶太人也可以生活在美國，願意接受自己身為一個人的原貌。

家庭方面，願光明節之精神落實到每位家庭成員的心中，重視團圓，心連心，沉浸在猶太文化傳統。父母欲傳遞一盞亮光給後代，於是家長點燃了光明燭台上的七根蠟燭（Menorah），或點燃油碟之後，將燭台、油碟置於窗邊、鋼琴上、桌上，連續八天。這些日子裡，閃爍燭火相伴下，家人圍桌吃著自家手工製作的蘋果醬，嚐著洋蔥、馬鈴薯裹上麵粉雞蛋的烤餅，喝著牛奶。團圓活動過程中欲傳達訊息是，這個家庭要靜下心來緬懷過往，且獻上感恩。

雖然人生路難免經歷了一些黑暗，今日卻有一股光明希望，遠離黑暗，沐浴光華之中，親人彼此相依扶持。同時，藉此機會來慶祝自己的勇氣與勝利。

光明節奇妙地將猶太人過去生活方式、面對未來展望的精神儀式，以及故有文化遺產，這三者連串起來，傳承下去。

猶太日曆上的光明節點燭儀式，啟示著：

「無止盡地去學習，因為世上還有不同多樣文化，等待我們去瞭解與欣賞。」

不過我也納悶多時，**Elsa** 為何那麼熱衷猶太文化，她不是北歐瑞典人嗎？

一天，想到：

「是不是德國裔的馬文有猶太血統？」

說到每年聖露西亞節，**Elsa** 那天一早，下廚忙著烘培番紅花小麵包（**Saffron Buns**），並且會在屋裡點燃蠟燭。光暈，是光明與希望。

十

Elsa 已離世數月。想念她，生前不就是一位現代版散播光明與熱情的聖露西亞嗎？「她生前不總是默默地藉由美味食物提供給身邊陷入抑鬱困境當中、急需光明的人嗎？」

偶爾，我會在室內點燃蠟燭來懷念 **Elsa**。

同時，我也鍾愛待在一間充滿自然光的屋宇裡，迎接光明。

冬晨，新竹菜市場內的麵攤

李家同：「讓高牆倒下吧！」

一

元旦，開元復始，萬象更新。

新年第一個星期六，早晨，走向久違的傳統菜市場。

本來想說，買兩根攤販賣的熱騰騰玉米，未果，故一個右轉彎，走進一條設有許多攤位的巷道。

巷道左側，水果攤前，停下腳步，低頭挑點水果要帶回家。店家老闆忙於水果進貨，妻子負責招呼客人並結賬工作。見我挑選鮮紅大蘋果，老闆娘逕自開口：

「你挑的是美國富士蘋果。十月到二月，我們進口美國、日本蘋果。日本蘋果的品種比較多。今天的美國富士，脆是脆，但不甜。」她誠實相告，完全沒有老王賣瓜自賣自誇，總說自家的瓜甜。

「沒關係。我買四個蘋果。」

裝進塑膠袋後，雙眼瞥見蘋果右邊一堆木瓜，於是隨口問：「木瓜呢？」

「這些是台灣木瓜，屏東產的。秋天木瓜最好吃，果肉紅，味道甜。現在你看到的，肉就沒那麼紅，也就不甜。」

再瞥一眼蘋果左邊，一堆用塑膠袋包裝好的橘子。

「現在的橘子，不是當季水果。橘子要九月、十月才好吃。不過，橘子可以賣一段很長的時間。」

「橘子雖然不是當季，為了捧場，我還是買兩個吧！」我笑道。

久未露面，當再相見，買賣水果的兩方都認得彼此，畢竟熟識已久。這麼多年下來，有趣的部分在於彼此默契十足，無需口頭寒喧暖場，攤商總是使用親切語調，詳實地提供目前水果行情，此舉表達並維繫彼此無言的鄰里友善關係。

轉身，水果店斜對面是上海包子店。這家店，沒人見過男主人身影，終年僅留老闆娘獨撐店面。照往例，我買了鮮肉包、紅豆包、四季豆包子。有件事可以確定，多年下來，當默默進行付錢找錢過程中，買賣雙方神態都維持了鄰人良好關係，即使無言又無語。

巷道內，再一個右轉，迎面而來是菜市場大頂棚。

走到魚販攤位，我這位久未露面熟客尚未開口，男攤商微笑，樸實親切問道：

「先生，今天還是切一片鮭魚，對吧？」

之後來到另一家水果攤位，老闆給我介紹他們賣的蘋果，說，三月到四月賣南半球紐西蘭和智利的蘋果，均屬富士蘋果。兩相比較之下，智利品種吃起來脆，然而紐西蘭 **gala** 蘋果不好吃，不脆，但是紐西蘭的玫瑰蘋果還可以。雖然說三月到四月會進貨當季南半球蘋果，但是會被冷藏起來，可以一直賣很長的時間。

最後走往頂棚內一家麵店，內心盤算著，前去吃碗熱呼呼的肉片湯麵當早餐。沒料到，還沒走幾步，就遇到資工系梁教授的老母親，老人家正弓腰挑菜，她忙於在菇類、蔬菜攤位前選購。想起之前，她曾在初冬，鑽進廚房烹煮一道紅燒蹄膀；又於夏天，拌製涼麵和一鍋熱湯熱情款待；又難忘多次，我和梁教授一家老小圍桌吃飯，樂融融。於是，主動趨前打招呼，順祝新年快樂。

梁伯母笑著，喊出我的名字無誤。

（多年後，聽說梁伯母老年失智，再也認不清誰是誰了。）

與梁伯母道別後，走到麵店。先坐在煮麵的火爐前、一條長木板凳上，然後抬頭跟老闆娘點了肉片湯麵。等待中，左顧右盼，多看幾眼來往買菜族，驚見顧燕翎教授正要從眼前經過，趕緊喊住她。起身，我笑著和對方寒喧問候，並互祝新年快樂。一待冒著縷縷熱氣的湯麵由老闆娘的女兒送到我面前，對談才告一段落。臨走前，顧老師開口邀請：

「今天晚上六點鐘，你到我們家來吃飯，因為我今天在菜市場買了點菜。到時候，我會叫我先生吳培元去九龍宿舍接你來我們家。」

（吳培元是校內應用數學系的榮譽教授。）

拿起筷子準備吃麵，看了一眼那碗湯麵，欣慰不已，因為老闆仍記得我曾囑咐過，不要加入油蔥調味料在湯麵裏，怕太油膩，清湯肉香那種單純味道就很好了。

吃麵吃到一半，聽到有人在身後打招呼。放下筷子，抬頭轉身，看到應化系的陳教授。聊點近況，身為驕傲父親的他，提到小兒子如何聰穎過人：

「小兒子，從幼稚園開始就去一間以全英語教學為特色的幼稚園上學。年紀雖小，但非常熱愛閱讀英文書。」父子日前同遊倫敦大英博物館，「就讀小學的小兒子，當場要我幫他買下英文書，**Life in Medieval Times**，中世紀的生活面面觀。」

聽聞，大吃一驚：

「真想見見你那位小兒子，當面問問他有關歐洲中古世紀的歷史人文。」

二

退休後，九年過去了，至今，偶爾憶起梁伯母、顧教授和陳教授當時的音容。躬逢互聯網科技時代，人與人之間見面、相處，愈來愈短暫、淺顯。至今，我仍愛抽空逛一趟傳統市場，一個讓人走在一起的空間，在那個空間裡，自在地與熟人或陌生人接觸交流，話家常，聊天氣。

尋常生活裡，喧鬧擁擠的傳統菜市場內，我們不停地在相遇與告別中成長，即使風雨，彼此之間，建立友誼，並祝福對方都能活出自己最好的幸福。

跨越分歧、相互靠近、真誠以待，並共同尋求相處之道，生活就再也閒適恬淡不過了。在那種氛圍裏，相信世界是和樂的，來往鄰里居民好像喜馬拉雅山的國度、尼泊爾的子民一樣，樂天知命。

三

走進現代亮麗繽紛的超級市場，快樂的感覺會瞬間襲上心頭，眼前購物環境也整潔有序。然而，擁抱數位時代的同時，偶爾親赴傳統菜市場去採買，仍是生活中難得的樂趣，那種親密人際互動關係。

傳統菜市場走一回，可是生活中的潤滑劑。

無煙鐵板燒和城隍廟

大年初二，午後，台北一〇一鼎泰豐餐廳前，終於盼到靜妹家獨生女現身。兩人在人群喧嚷歡樂聲中，終於在美食街找到兩個空座位，坐下。

把我寄放在她那兒多時的一尊無頭女人胴體銅雕、一對兩磅重的啞鈴，以及幾本英文原文書遞交給我，物歸原主。聊些近況，聊到剛去朋友家打麻將、吃飯過年。

起身欲離去。見狀，小芸開口：

「要回新竹了嗎？等下一起吃個飯再走？」

「不了。我得搭客運趕回去，因為明天我還要去苗栗三義跟朋友一起過年。已經說好了。」

一

從台北轉運站出發，當巴士抵達新竹清大車站時，已黃昏。

年節期間，僅有少數商家餐廳開門營業，原本熱鬧夜市頓覺冷清不少。

由於時值晚餐時間，故想找一家館子吃個飯。然而行經寥寥幾家開張的麵店、小吃店，都沒進去用餐，想著：

「不管怎麼說，今晚仍是過年。晚餐豈可如此敷衍過去？」

迎面而來是一家鐵板燒店，「肥仔龍」大招牌明亮高高掛。

街邊，透過透明整片玻璃牆面，看見飯館內有開放式橢圓形座椅環繞的料理中島，左右各一座中島。右側的中島圍滿了食客，正在享受熱食，或等待現場兩位廚師在鐵板上烹調熱騰騰肉類、蔬菜。左側的中島座位還全空著，僅兩位身穿棗紅色短袖制服、帶頂黑帽、穿著黑褲黑圍裙的廚師忙於食材準備工作。

佇立街邊，看到大片玻璃牆面內男女食客，各個氣定神閒吃喝，輕鬆愉快的神情吸引著我。瞬間，舉步進門，加入食客行列。

女服務生問：「幾位？」

「一位。」

她點頭。我逕自走向全是空位的中島，選擇了一個中間位子坐下來。

待她服務完爆滿隔壁桌客人不同需求，回頭，卻見我坐在中間，於是立即開口：「先生，請你坐到最前面第一個位子上去。」

這才知道店方安排客人座位，從頭依照順序，一路排下去，也就是說，身旁鄰座陌生人是誰，客人沒有選擇權，一切隨緣。

幾分鐘後，從我右側開始，先是兩位年輕人入座，談著工作、老闆、同事。緊挨著他們，是一家父母孩子四人坐下，七嘴八舌討論菜單。

眼看空位愈來愈少，終至被填滿。

生意太興隆。等待好一陣子，負責米飯、炒蔬菜的廚師這才先給了我一碗白飯，再等一陣子，又遞交給我一盤熱炒高麗菜和一碗玉米濃湯。

漫漫等待現炒食物上桌。奇妙感覺，心中全無不耐，反而享受著滿室鬧哄哄歡暢過節氣氛。要是沒有眼前這種人聲鼎沸、樂融融情景，我無法想像，就算趕回家，那還不是一個冷清無趣、無年節味道的空間。

當下，想起海明威的短篇小說「A Clean Well-Lighted Place」，深夜一位逗留在咖啡館看似迷失人生方向老人家。他活著孤獨、了無生趣，又虛無。還算幸運，老人找到一家乾淨明亮的咖啡館，坐在角落裡喝點酒，一個躲避人生風雨的港灣。

小說，聯想到電影「酒店」。夜總會酒店裡舞榭歌台。歡樂場所被比做為一段人生，歡迎光臨！寂寞地呆坐在家中，或完全與外界隔絕的孤島上，所為何來？何必呢！獨愁？何不來酒店坐坐吧！找一個歡樂明亮熱鬧的棲所，任由舒緩虛無飄渺人生，能找尋到一個暫時存在的理由。

負責在鐵板上清炒蔬菜的掌廚師傅，再將一碟熱炒豆芽菜遞到我眼前。

同時，另一頭掌廚負責烤肉與海鮮的師傅轉頭，對我表達歉意：

「讓你久等了。你點牛肉，對吧？再等一會兒。」

他從炙熱大鐵板上拿起一個內裝有兩尾大明蝦的小鐵杯，將小杯放置在我面前，讓我享用。看到滾燙肥蝦青醬湯汁，叫人食慾大開。

「湯汁可以拌飯吃。」掌廚師傅善意提醒。

一聽，我好奇地追問：「青色醬汁是由什麼做的？」

「青蔥。」

起身，走到飲料區為自己拿了一杯冰紅茶。

滿足地吃喝之餘，更享受著眼前一室過年濃郁暖意。

慶幸，拒絕讓自己呼吸在巨大荒原上。

消磨流連兩個小時。離去前，櫃台的大碗內，我拿取一顆糖果。那碗甜食是商家特別為顧客預備的過年應景喜糖。付完帳，互道新年快樂。

二

夜未央。長夜漫漫。

跳上一輛開往市區公共汽車，新竹城隍廟附近的車站下車。

兩百多年歷史廟宇，當夜香火鼎盛。古老民間宗教建築內，煙霧繚繞，善男信女求籤拜拜。

緊鄰廟旁，小吃夜市，每個攤位前都擠滿了人潮。

尤其彩券刮刮樂的店家前，大排長龍，人人想發財，一夜致富。

遠近鞭炮響聲不斷，煙火接二連三，點綴新竹夜空。

湊熱鬧，我隨著夜遊民眾坐下來，吃蚵仔煎、貢丸米粉湯。

三

返家，無論搭車、走路，甚至踏進了家門，仍然耳聞鞭炮聲，並可在窗口瞥見衝天的煙花。

入睡前，回味海明威小說裏咖啡館酒吧兩位服務生。

年長服務生比較能同情失落老人常來店裡飲酒，理解到夜幕下，人生價值觀早已隨著早年參與戰役而崩毀，因此老人需要光亮，只想在一個乾淨明亮空間裏棲息片刻，減輕孤絕感與空無。

當夜躺在床上，心念著：

「新竹人如果在年節氣氛濃厚的日子裏獨處，要是缺乏動力，又覺得生活乏味的時候，那麼何不踏出家門，來到鐵板燒餐廳吃頓飯，然後再前往城隍廟嚐小吃、逛街、看著人潮來往。」

「儘量讓生活再度井然有序起來。」

「畢竟人生苦短，自求多福才好。」

出門在外。

圍著一張桌子。桌子，形狀材質不拘，地點不限，時間不定，三兩人圍桌聚攏在一起分享：

「生存的挑戰」

「吃吃喝喝」

「傾吐心聲」

「生活點滴」或

「祝禱」

甚至，三兩位陌生人圍桌相陪，當下，就已經是半個天堂了。

四

居家生活裡，獨鍾廚房內的餐桌，在那兒，一家人樂享三餐，或待客，或讀書寫字，或喝咖啡，或聽音樂，或發呆。

家庭餐桌，聯想到無煙鐵板燒店家的中島桌邊，兩者都是生活中心，也帶來精神上的富足感，勝過飲食內容。

餐桌邊，提供不同個性的朋友或不同背景的訪客、甚至迷途陌生人另一種形式的家。尤其對一位歷經人生暴風雨的朋友而言，走進這個家，被主人邀請坐在廚房餐桌旁喝杯熱茶、吃著剛烙好的蔥油餅，加上主人噓寒問暖，頓時覺得眼前光景怎麼好似在曠野裡，竟然有人為你擺設宴席？

耶穌曾經與人圍桌，團契。

活在世間，每個人都背負著不為人知的秘密、艱困和快樂。

三兩人，只要靠攏在桌邊交流，管它窗外晴雨、白天黑夜。

一張餐桌就可以是家，是關愛，是友誼的中心。

巴黎街頭巧遇媒體記者

比利時籍旅遊巴士駕駛員透過麥克風：

「現在早上八點四十分，車窗外的巴黎，氣溫大約攝氏零下八度。」

歐洲人燒木頭取暖，於是室內濕氣沿著煙囪口往上移動，縷縷輕煙冉冉升空。

濃霧茫茫，雪地皚皚，公路上的能見度不佳。

朦朧世界，巴黎在晨霧中。想起不久前阿姆斯特丹的雨水來。

一

阿姆斯特丹的雨。

憶起前天，晨間八點，巴士從比利時古城，布魯日，奔向荷蘭阿姆斯特丹。

當時室外溫度攝氏三度，雨水灑落在雪地上。車窗外深灰色天際，雨水飄落。因雨之故，視野變得清透。一個小時後，旅遊巴士仍在細雨中前進。比利時駕駛員方向盤前的雨刷，左右不懈地擺動。又過了四十分鍾，巴士已經在荷蘭境內公路上，無雨，天陰，地面乾燥僅有幾處結冰結霜的水窪，冰霜雪水，駕駛打破沉默：

「看來，今天阿姆斯特丹會是個飄雨天氣！」

灰濛籠罩下，鬱金香和乳酪王國，不久，果真，雨點打在駕駛座前的玻璃車窗上，滴滴答答帶著節奏感一直奔往荷京。暗自慶幸，抵達觀光目的地，托雨水之福，以致於當我們遊覽各景點時，還不致於霧裡看花，比較能看清那些在城市街道上的電車、汽車共軌路線。

二

回神過來，目前法國公路上，我們的遊覽車疾駛中。

枯禿單調冬景，藉由紅綠交通燈號閃亮、公路兩側橘黃色路燈，還有雙向流動不息的車尾紅燈與隔壁線道迎面而來的車頭黃燈，紅綠橘黃，交織在一起，竟也成就了冬日另類鮮活色調。

白雪融化，吸收熱量，天氣更冷。

安抵花都。

巴黎下著雪，反而不冷。

起初，曾叮嚀自己何不好好窩在飯店休息，旋即，念頭一轉：

「還是出門品嚐法國巴黎的冬味吧！」

花都早晨十點多，攝氏五度，陰天，成了霧都。

鐵塔尖端，一半隱沒在雲霧繚繞中。

義大利料理例如焗烤、比薩餅、麵條，因為靠海，故海鮮美食注重原味，不搶味。法國料理則偏向煎煮炒炸，吃動物內臟如鵝肝，精心烹調，講求色香味俱全，加上擺盤有點像現代圖畫，無怪乎是米其林世界美食重要指標。

遊客在巴黎，五人一桌，品嚐田螺風味餐和鮭魚料理，而且每桌分配到兩瓶波爾多紅酒。

三

巴黎城市南邊，左岸，街道乾淨，藍紅白的法國國旗紛紛飄揚在建築物頂端、牆壁上與十字路口。左岸，從前藝術家、文學家薈萃之地。在左岸，一杯咖啡，一方街角，造就了不少名留青史的大文豪和學者。那天，我們細細品味咖啡滋味，同時遙想文人風采。

雨果、伏爾泰都葬在巴黎。

東方客在藝術之都，憶及藝術大師畫作：蒙娜麗莎的微笑、梵古的向日葵，兩位畫家相隔百年。另外一組，呈現情緒最真誠的兩位畫家，一是馬蒂斯的返璞歸真，反映出赤子之心；一是畢卡索的原始質感，畫風從「像」，演進到最後完全不在意「像」或「不像」。

何謂真正的藝術家？就如同提問，何謂真正的宗教家？

人在左岸，喝咖啡，回味著：藝術家、宗教家想必都是一位行動家，而且：

「深居獨處，受到啟蒙，將原本週遭充滿矛盾的人與事，幻化成饒富禪味的思考模式。」

「內心被一股莫名力量牽引。」

「空靈要落實到土壤裡，生長，擔負起社會責任，去做有意義事情，跟普羅大眾一同呼吸，說著共同語言。」

「選擇智慧，融入群眾，欣然群居，因為終其一生不可能過著孤島封閉生活方式。藝術人生不但反射自身內心情感，而且要與人類社會進展息息相連。」

喝完咖啡，我們來到巴黎藝術表演劇場，夏樂國家劇院（**Theatre National de Chaillot**）旁，臨 **Trocadero** 地鐵站附近漫遊異鄉。

行道樹是梧桐樹。

巴黎城北邊，街道不如南邊整潔。

盧森堡公園，攝氏四度。公園內的國會大廈建築的圓頂上國旗飄揚。

四

冬日黃昏，走出拉法葉百貨大樓，身穿禦寒外套、毛線帽和皮手套，手中提著 **Long Champ** 大購物袋，肩上背著背包，行經歌劇院，眼見春天百貨大樓在望。街邊，巧遇歐洲華人電視台攝影師和長髮女記者一組人馬準備取景拍攝。

女記者微笑點頭。見狀，馬上露齒微笑，我隨口說出：

「下雪了！」

「下得還不小！」

紛飛雪花，像極了我走在一片雪林，濛濛渺渺，飄忽不定。白濛濛世界裡能見度有限。

由於女記者肢體語言表現出親切態度，我停下腳步。

當她得知，我冬日在荷蘭、比利時和法國一邊旅遊，一邊賞雪，走在雪中，於是隨口問我：

「你常出國旅遊？」

「旅遊是一種情境。披星戴月的旅遊途中，何嘗不是一種生活。」

「你這次為什麼來巴黎？」

「來訪巴黎之前，對這座城市萌生百般想像和幻想，凝結成浪漫情懷。後來，兩度造訪花都，真實地生活在其中。花都吸引人之處在於不同族群匯集，經過時間、歷史而累積出豐富多采的生活元素和文化資產。巴黎人甚少守舊。今天，重踏巴黎街頭，為了尋找年輕時的浪漫，重溫一下青春足跡。」

「你找到那個早年的浪漫嗎？」她緊追著問。

「如今，歷經種種淬鍊，生命成長，不知不覺中，自己心態已被塑造為一位地球村的世界公民。人與人之間的藩籬與距離，逐漸解構、縮短，心胸因而開闊些，開始耐心去觀察、欣賞各地不同種族、文化、生活方式。此刻的浪漫，說來，這座城市本身就標記著浪漫，無論你來過這兒，還是從未親臨這個花花世界。」至於「早年那股浪漫情懷，我發現，如今，仍瀰漫在這座城市裡。」

飛雪滿天，不知何時，我意識到，攝影機的鏡頭已經在我面前啟動。

舊金山 Joe & the Juice

舊金山夏天，日落後，寒涼氣溫教人驚訝，不敢恭維。

客機從桃園機場起飛，抵達舊金山約清晨六點多。八月的第一天。

放下行李，立即傳簡訊給台北朋友，願台灣早日脫離新冠肺炎疫情。

懷念今年開春，兩人先在台北安和路上「葉公館滬菜餐廳」聚餐喝酒，幾天後，我在她台大宿舍三樓公寓內吃年夜飯。

收到簡訊後，她好奇問我，回到加州是為了注射疫苗嗎？接著說，八月，會卸下研究所所長的職務，自由了。再問，何時回台北？希望很快再相見。寄語，多保重。

三十年友誼不易。至於何時再回台灣？我反問對方：

「妳覺得我們繼續維持著一直以來的傳統如何？就是每年於除夕夜相聚，吃年夜飯並拜年？」我又說：「八月中，我會在加州施打莫德納第二劑疫苗。」

「好極了。那麼就是明年一月底農曆新年再相見。希望你趕快安定下來，我也很想去舊金山。上次去，是二〇一二年五月。時光飛逝。」

「什麼？二〇一二年？」那可是九年前的往事。

三個禮拜後，我探問：

「現在學校放暑期，想趁機來趟舊金山嗎？台灣疫苗短缺，妳順便來打個疫苗不也挺好？」

「再過幾天，本周五，我會再施打AZ第二劑疫苗。終於等到了。重遊舊金山，我還得等等，看疫情發展。住舊金山嗎？真羨慕。」

一

詫異，她怎麼會羨慕起我居住在舊金山？

沒幾天，紐約一位朋友，好巧不巧，在群組裏談到舊金山無家可歸遊民。

這幾年，走在舊金山街頭，無法置信和感嘆，並油生一絲悲悽感觸。不禁暗想，眼前這座美國西岸國際大都會何以落得如此下場？於是，敲打鍵盤承認：「身歷其境，舊金山如今發展叫人驚嚇，不勝唏噓。這就是為什麼我不常進城。」

紐約客：「悲哀！最後一次到舊金山漁人碼頭，在二〇一三年。那時候對城市的感覺還好。」

「今天舊金山，傷感勝過浪漫！」我忍不住感傷。

無心起了個頭，卻引發紐約客的群組成員紛紛關注：

「不只舊金山，這情況加州隨處可見，遊民、山林野火、毒品、犯罪率。黃金州正在掉漆！」在民主黨政策下，「這是劣幣驅逐良幣的過程。有的人卻還在睜眼說瞎話，視而不見……」「我們已經有朋友在行動，開始搬離加州，最常見的是在拉斯維加斯置產。」

「我先生常說，越多人搬離加州越好，就不會有交通阻塞。可惜，交通還是擁擠不堪。」

「其實我們這個組群裡面，只有幾位居住在加州，大部分都住在台灣，談加州政治，有點浪費唇舌……」

「遊民與吸毒犯罪問題很複雜。這是共和黨在州長的改選期間，刻意做的政治抹黑。」

「美國人太崇尚自由、人權和隱私權，使得許多社會問題無法解決。很多共和黨控制的州，就給他們州內遊民一張單程火車票，前往民主黨主政的舊金山、洛杉磯，甚至聖地牙哥，以致加州遊民數量不斷增加……共和黨堅持的槍械擁有權，造成很多無意義的生命損失……」

「王學姐活在民主黨編織的童話世界，不願面對事實，這也是一種幸福吧！」

「有人搬離加州，人口就會變少？這想法也太天真。什麼劣幣驅逐良幣？決定搬出去，都是有條件、有選擇的。更多人會搬進來，因為有免費福利，有錢領。加州人偷竊犯罪，只要記得，不要超過九百五十美金，就不用背負法律責任。對某些人來說，真是天堂！舊金山、洛杉磯市區，有很多連鎖商店都索性關門了。因為很多人每天進來搬東西，不付錢，大搖大擺地離去。我不要說是哪些人了，自由心證吧！店家受不了，只好放棄這個市場。」

「來美國將近四十年，都一直住在加州。這裡就是我第二個故鄉。非常喜歡這裡一切。近年來，眼看著這麼一個得天獨厚好地方，卻被民主黨政客搞得烏煙瘴氣，實在是怒火衝天。」

「加州有 Medi - Cal 醫療健保提供給低收入、無收入者服務，讓他們看病、拿藥，包括牙科、眼科都不用錢，另外，Obama Care 歐氏健保提供給有收入者加入的醫療保險。印象中，加州的人道主義和社會主義掛帥。很多福利政策，我都覺得幾近浮濫，補助申請門檻很鬆。鬆到讓高稅總額的加州政府，仍然是每過一陣子，就得來到破產邊緣。」

「健保好不好用？Medi - Cal 或 Obama Care 都一樣。看一般小病、定時體檢，都還好。真有病，找專科就累了，一排，就是一、兩個月之久，還是掛不到號。至於你要自費買保險，除非有公司幫你出錢，或者讓你掛名，打個折扣。要不然，保費真會讓你不僅肉痛，那簡直會讓你骨折。記得幾年前，我問過一個住院型保險。去診所、拿藥都得自費，只有住院，保險公司才支付。當年，我老公六十歲，我五十六，兩人保費一個月一千元，嚇死人。同樣保險，在歐氏健保以前，一個月才三百五十元。這個歐氏健保搞得我連最基本保險都買不起。如今，加州是否還有強制保險，否則會被罰款這項規定？但是我覺得，來加州如果要搞個健保，雖然不好用，但是不難申請。」

「我說，退休者住加州最好，原因是加州天氣最適合，氣溫合適，陽光燦爛，不容易得憂鬱症。離台灣最近。這時期沒有了工作所得的收入，最好連股票、房地產買賣獲利的資產都沒有，那麼你就沒有加州恐怖的萬萬稅這些煩惱，安心吃自己早期的存糧。加州政府，三不五時來個環保、平等、住屋、照顧老弱等政策，就會撥款給沒收入者或低收入者一堆補貼。這些補貼，很多都不看資產。這一點，我個人非常不贊同，覺得這根本給很多愛佔便宜鑽漏洞的公民增大貪慾，而且不公平。因為退休後收入太低，我就會常常接到電話，說，水電瓦斯可以打折或免費，要不然補貼家庭節約裝修的支出……把戲很多。」

「我在十年前，也就是說歐巴馬健保以前，一個月保費九十五元。那時候還介紹給別人去加入。現在夫妻兩人一個月要繳一千八百元。歐巴馬健保是標準民主黨的作風，劫中產階級的錢去討好低收入者。當然如果你在美國沒有太多收入，就可以得到州政府百分之八十的優惠。政府經費從哪裏來？那就是壓榨乖乖繳稅的中產階級，拼命調漲我們的保險費。我們的保費一下子漲了八倍，而且逐年增加。很多人因為健康保險費而不敢退休。還好我老公的財務規劃得宜，我們都早早退休。但是面對這樣的保費，以及所有投資要付的稅金，心有不甘。如果付的稅去做公共建設，去辦好教育，那麼也都還值得。但是我要問，錢都花到什麼地方去了？把一個黃金州，搞成這樣！如果你們來加州定居，請避開大城市，尤其是洛杉磯郡，有些區域的治安、遊民問題越來越嚴重。但是還是有些區域是不錯的，例如橙縣就好得多了，可以考慮。」

「加州天氣雖然沒有以前好，但是畢竟屬於地中海型氣候。在這兒，朋友也多。不過我已經有一大堆朋友都跑去拉斯維加斯買屋，成為內華達州居民，因為痛恨加州高稅率及政府。這些人都是高所得納稅義務人。加州政府太愚蠢，把科技公司、工作、人才都逼走了。任何真相都被視為政治抹黑。真是睜眼說瞎話。裝睡的叫不醒。去舊金山看看，去洛杉磯市中心瞧瞧。」

紐約客說，當大學同學群組對話聚焦在遊民、治安、健康保險等問題上，住在加州的民主黨和共和黨昔日同窗竟然兩邊吵了起來，這情況多少揭露一些殘酷事實。

二

不少人見證到舊金山一步步陷入混亂。

據稱富裕如舊金山，如今這座城市竟淪落到，街頭無家可歸遊民總數已達一萬八千人。

即使政府每年投入十億美元整頓，依舊沒有什麼成效，情勢繼續急轉直下。觀光景點金門大橋和著名的 **Hyde** 街路口，今已成為美國西海岸最大毒品交易市場。街頭幫派份子明目張膽在交易海洛英、芬太尼和冰毒等毒品。

遊民遮風避雨的營帳綿延五十個舊金山街道，數目仍在增加當中。如此街道景觀，描繪著城市一道慘淡畫面。早晚都有人睡大街，有人公然販賣毒品或吸食毒品，有人則是精神病患。

舊金山怎會淪落至此不堪？社會觀察家認為，毒品合法化，持毒品不是重罪。即使政府善意介入，尋找地點將遊民集中安置收容，竟也會因為侵犯公民權利而引發政治攻防，這更導致遊民逐日佔據城市。新冠肺炎疫情爆發，遊民的帳篷溢出原本圍堵的區域，漫延至附近地區。

三

欲知舊金山當地人目睹城市崩壞的感受為何？可探問一下作家、曾經流浪在街頭的遊民、市議員和記者。

首先，作家沉思一會兒，由感而發：

「加州怎麼可以口口聲聲要維護自由，卻任由社會底層這般悲微地生活？」

「有些鄰居對此沉重現況，深感無奈又力不從心。」

「雖說一些家庭搬離，然而無家可歸者卻源源湧入。一半遊民是外地人。」

「不是錢這個經濟問題上，而是政治問題。」

接下來，老家遠在明尼蘇達州，一位前流浪漢表示，舊金山對露宿街頭、吸食毒品、入室犯罪行為，都採取一種包庇縱容態度。同時他親身體驗到：

「無家可歸遊民當中，有百分之八十五患上嚴重毒癮。」

這些癮君子為了購買一針海洛英美金十元，不惜去犯行竊的輕罪，或打零工來滿足毒癮。

因為警察救命之恩，今回到正常生活軌道的前遊民認為：

「雖說街頭遊民、沾染上毒癮，兩者不應該被視為犯罪，但是你得確實要為自己在成癮期間所從事的非法行為負責任。」

「要讓每個人行爲舉止都能步上正軌，這個理想得建立在公共安全的保障上。」

市政府放任無家可歸帳篷營地遍佈市區，不但採取寬鬆監管力度，還釋放監獄裡近一半的囚犯，政府竟然把露宿街頭、吸食毒品、賣淫、在公共場所大小便全部合法化，因此街友帳篷數量漲了三倍、暴力犯罪嚴重、街上有人被槍殺等現象。

接下來：「長久以來，無家可歸是這個城市的一塊瘡疤。」一位市議員承認：「市政府在毒品合法化、擴大公共服務、精神疾病方面的政策都給予支持。」疫情期間，「市政府還制定了一份《流浪漢賓館收容計劃》。」也就是說，「我們在全市租用了上千賓館套房，提供給那些缺乏防疫措施遊民。」不僅如此，「甚至提供免費毒品、酒精給他們。」瘡疤的根源在於「貧富差距、種族歧視和聯邦住屋政策。」該議員再稱：「要承認，人類是相互依存、社會性動物。」但是「國內部份地區對於價值觀，或憲法權利議題上，逐漸走味。」特別是「共和黨那套意識形態，人與人之間很難形成互助的關係，導致無法填補那些地位不平等和貧富差距的距離。」

接下來，有人疑惑：

「以高科技、招商引資聞名，舊金山如今不就是貧富差距最大的城市嗎？」

這位發言人是一位社會觀察家，幾度走在街道上，苦思：

「這座城市主政者，一方面向全世界標榜要戮力消除不平等，一方面親手形塑如此不平等、殘酷的社會現況。」行經街道，放眼望去，毒癮、無處可去的精神病患者、貧困，這些景像無所不在，更有人在帳營裡因吸毒過量而辭世。免不了輕嘆：

「這就是所謂的同情和正義嗎？」

如何解決城市夢魘？

社會觀察家：「唯有仰賴選民用選票，把無意改變現狀的決策層，讓他們落選，趕下台。」

沒過幾天，社交群組有位加州居民痛罵州長，主要有兩點：

「不斷加稅，卻不推動公共建設。」加上，「放任遊民佔據公共空間而不處理。由於監獄不夠，想辦法通過修法，讓偷搶九百元以下的人除罪，這使得加州治安急速惡化。」

四

不過，也有人喜歡民主黨州長施政表現。

紐約客：「九月十五號，是第二次罷免他的公投日，結果沒有通過。表示支持現任加州州長的人仍是多數。」

罷免公投前兩天，星期一。天未亮，凌晨約五點十分，我在 **El Camino Real** 和 **Wolfe** 路口，搭乘22路公車北上，在山景城 **Castro** 街的站牌，下車，再沿著市街，穿過市中心來到火車站。

火車進站，六點零三分啟動，大地仍籠罩在半睡半醒之間，一路上搭坐火車，看日出，迎晨曦，奔向陽光舊金山。早上七點抵達舊金山終點站。

走在市區 **Montgomery** 大街，人車稀少。

擁有高挑明亮優雅空間，**Joe & the Juice** 咖啡館吸引了我，由於有賣熱咖啡，推門進去，點上一杯熱咖啡。早起民眾陸續進入喝咖啡，有人外帶新鮮蔬果汁或簡餐三明治。

隔著玻璃窗、一個安靜角落裡品茗咖啡，竟然想起不久前過世的交大陳龍英教務長，電子工程系教授。

五

思緒縈繞在時間、遺忘、死亡。

時間，可以改變事情、條件、設定。

情感，我的面部表情、肌肉變化、個性，我的心跳、手心出汗，我所處的情境。我的整體情緒影響著我的抉擇、感知、學習以及遺忘。

死亡。由於感懷心目中永遠的教務長陳龍英教授，讓我在 **Joe & the Juice** 前思後想著：

「如果死後有盼望，人就不懼怕死亡。只怕死前病痛所帶來的苦難。」

「想與所愛的人永遠相聚、與上帝面對面，走完一生，死亡是必經途徑。」

「最後一聲長長嘆息，是對神，對永恆的渴望。」

「臨終，瞥見窗外一道彩虹，一道安慰。」

「臨終是心靈的。」

「悟性的、理性的，或者知識的，都會過去。」

「人的聽覺是死亡時最後才會離開，因此，臨終者歡迎溫柔的祈禱。」

「離世時微露笑容，死後，神經鬆弛。」

那麼生前，什麼是一個人邁向老年的藝術？

「返璞歸真。善用各種感官來生活。」

上帝是公平的，因爲人人都要面對死亡。

六

一個人，一座城市，陷入傷感、感傷皆可，但是沒有悲觀的權利。

因為這個世界是有意義、有目的、有秩序的。

因為美，不是隨機創造，不是偶然，而是數學之美。

甦醒過來，舊金山早晨。

我看著窗外街道上來往行人車輛，一切顯得生動怡人。咖啡店臨窗角落，藉由不斷地提問、思索、涉獵、學習，繼而找到活著的理由和原因。多從旁人視角來反觀自己所擁有的。

來去舊金山一趟。夜歸，九月十六日，傳簡訊給紐約朋友：

「上次聊到舊金山的感傷。今天，搭火車進城去。」

「我在 Joe & the Juice 喝了一杯咖啡。」

北極狼

陌生環境。陌生人。

故鄉與他鄉的分野，邏輯為何？

對一位從未離開生長環境的人而言，故鄉、他鄉，這兩者之間分野似乎並不明顯，因為沒有深陷到故鄉的邏輯中去。直到有天，發現自己身陷陌生環境成為一位他人眼中的陌生人時，方能體會這個身份所隱含的意義。

清心之人，面對群眾而不逃避，這才能真正體會到身為陌生人的神聖意義。創造生活，只是為了追尋人生意義？倒也不盡然，活著乃是尋覓如何活出格調與品味來。

接近人群，接近陌生人，感受到一張張人臉的力量。

一個人決定去體驗生活中可能會遇見陌生人，打開心胸，彼此互動交流，增進彼此瞭解。

理解到身為陌生人的神聖性。

清晨，默坐窗邊，我閱讀創世記：

頭一日，光，有晚上，有早晨。

第二日，空氣，天也。

第三日，地上有青草和結種子的菜蔬，有結果子的樹木，果子都包著核。
第四日，光體，天空裡大的光體管晝，小的管夜，又造眾星，普照在地上。
第五日，海中的水，要滋生繁多；飛在空中雀鳥吱吱喳喳，也要多牛在地上。
次日，野獸，牲畜，昆蟲之外，經上記載著：
「上帝就照著自己的形像造人，乃是照著他的形像造男造女。」
陌生男女老少，因此皆具質樸自然的本質、神聖性。
有幾次，令我訝異的是，眾裡尋「乾淨清徹」千百度，驀然回首，那淡淡的味道，卻在陌生人的眼裡；「溫暖善良」，卻在陌生人的心裡。

一

十一月第一天，海面上，清晨六點二十四分，日出。
一艘滿載四千三百五十七名旅客和一千一百一十二位工作人員的郵輪，**Norwegian Cruise Line**，停靠墨西哥《**Cabo San Lucas**》這座濱海城市。當地氣溫攝氏二十八度。
半睡半醒，船艙門牌號碼11673房門外，擴音器大聲播放最新信息。
聽不太清楚，我猜測：
「發生了緊急事件嗎？過去幾天，從沒有在一大清早會廣播任何重要事情。」
好奇地瞄了一眼枕邊手錶，早晨七時整。
打開房門，留個縫，側耳聽：

「現在手持號碼單7號來賓，請到4號甲板艙面，準備搭乘接駁小船，小船被用來浮沉在海面上郵輪與陸地之間、專門運送旅客的交通工具。登岸 **Cabo San Lucas** 城市後，自由行動，觀光旅遊。本郵輪體積過大，然而墨西哥此地的海域水淺，因此無法正常停泊港口。」

仍留在郵輪上享用早餐，時間約九時許，再次聽到廣播：

「從現在開始，無需再憑註冊號碼的順序搭乘接駁小船了。只要有興趣，任何人在任何時間，隨時都可以到4號艙面去搭接駁船，然後登岸自由行。」

急忙把保溫瓶、加州身份證、郵輪旅客卡，一併塞進背包裡，準備登岸旅遊，做一名背包客。從巨無霸郵輪登上接駁小艇後，航行間，海風習習，氣溫宜人，不到十分鐘就靠岸。上岸，旅客排隊等候，接受墨西哥安全檢查人員的入境作業，並查看隨身背包內有無攜帶水果上岸。看了一眼手錶，早上十點。通過海關，同船旅客各自分頭進城尋樂。

陌生街道上，腦中想到近日一連三天造訪了三座濱海城市，一趟墨西哥海濱巡遊之旅。

首先，十九世紀因採礦而興起，位於 **Jalisco** 州的《**Puerto Vallarta**》是一座位於墨西哥太平洋海岸線上的城市，擁有無數海灘美景、海上活動、多彩多姿夜生活、以及著名的 **Parroquia de Nuestra Senora de Guadalupe** 聖母教堂。好萊塢巨星伊麗莎白泰勒、李察波頓夫婦生前一度定居在這座城市裏，享受著海鮮美食、新鮮的香蕉和鳳梨、龍舌蘭酒和街道上嘉年華活動。

另一座城市，位於 Sinaloa 州的《Mazatlan》渡假城，太平洋海岸，尤其長達三百二十一公里濱海步道。遊客在當地出海捕魚，回岸後，鮮烹魚獲。

先說《Puerto Vallarta》港市。十月三十日，一行旅客從港邊搭巴士前往市區聖母教堂，Our Lady of Guadalupe Cathedral，並入內參觀。團員聚集在天主教堂前，墨西哥導遊拉高嗓門介紹這座歷史悠久極負盛名宗教建築。

同船旅客魚貫進入聖堂參觀、欣賞建築古典風格。由於教堂內走道狹窄，所以移動緩慢。

入口處等待時，無聊，隨意轉身環視，發現身後有一對中年洋人男女。雙方微笑點頭，表達一種出遊在外、四海之內皆兄弟那套基本親切與禮貌。金髮婦人開口對我說，天氣炎熱，隨後問我，來自何處？

身旁男子安靜地陪伴在側，沒幾分鐘，輕聲對女伴說，他要回頭去找那位四處兜售當地紀念品的小販，看看其他貨品。

這下子，只剩下婦女凱莉和我在閒聊。

神情略帶憂鬱，女子輕描淡寫：家住在舊金山，不久前，才離開一位負心的男人。今天和邀她參加郵輪旅遊的男士，也就是方才暫時離開要去選購紀念品那位男子保羅，兩人一起報名參加這趟巡遊墨西哥港都之旅。

她出示一條項鍊，說，這件是保羅在路邊攤販買來送給她的禮物。

「我跟保羅說，我不要，他偏要買下，送給我。」

總覺得眼前中年女子凱莉，淡妝、白淨肌膚、說話不急不徐、體態優雅，出身背景應屬白領階級。然而年齡相仿的保羅，看起來雖然態度誠懇，但神態言語和品味則屬藍領人士。

保羅歸隊沒多久，我們就前後踏進教堂內，安靜地各自巡視聖堂，仰慕古教堂的神韻。

走出聖母教堂，大隊人馬漫遊馬路左側的人行道上。凱莉仍舊對我這位陌生人斷斷續續訴說，近日情傷與內心感觸。對她不幸經歷，我說，能理解，並且安慰她幾句。

導遊領隊走在前，我們尾隨其後，浩浩蕩蕩。路過一面白色粉牆、印有黑色西班牙文的字體，一棟十分樸實的樓房建築：上行「**Centro de Capacitacion** 」，下行「 **Para El Trabajo Industrial N° 63**」。聊著聊，又路過一座紅磚牆的酒吧建築，牆面則印有白色的三行文字，上行「 **La Cerveceria Union** 」，中間印著放大的英文單字「**MEXICAN**」，下行亦為英文「**Oyster Bar & Grill**」，一家酒吧。

轉角，見到旅遊巴士就停在街邊，靜待旅客上車。這時候，我們才停下交談，分別登車，安靜地就座。

不久，遊覽車載客抵達郊區一座農場，**Hacienda Dona Engracia** 龍舌蘭酒廠。午後一點鐘。走進莊園內，參觀酒廠一系列龍舌蘭酒製作過程，包括專人解說蒸餾方式。介紹完畢，緊接著踏入品酒室，人人開始品嚐不同口味龍舌蘭酒，咖啡口味深得我心。

待在酒廠內參觀約一個小時後，加入戶外自助午餐時間，包括觀賞餐前的嘉年華歌舞表演。舞台上，少女舞者和年輕牛仔，紅男綠女隨著墨西哥傳統音樂跳著民族舞蹈，娛樂節目炒熱現場歡樂氣氛。看完表演，吃完午餐，約三點鐘。

曲終人散，起身正欲離去，被隔壁桌一個女聲給叫住，轉頭，喜見七十五歲的黛西和湯尼夫婦。重相逢，雙方喜不自勝。身材嬌小的黛西，坐在大圓餐桌邊椅子上，仰頭，一直感謝我，前些日子，幫她在茫茫人海中尋找迷失且略帶失智的丈夫湯尼。交談時，我站立。

湯尼見到我，認得出我，臉上笑容傻傻不間斷。

熱情的黛西說，他們早年自墨西哥 **Yucatán** 州移民到美國已多年，如今定居加州 **Corona** 市的 **Aoe Del Vista** 街上，「你一定要來我們家玩。」

話說從頭，洛杉磯市的聖佩德羅港口，是我跟老夫婦結緣之地。

日前，洛杉磯港務大樓內，遊客們分別排隊在數條海關通行路線上，魚貫地出示證件，以備通關。一旦進入候客室大廳，直奔不同窗口報到，再領取海上郵輪的房間鑰匙。

旅客靜待著郵輪不久之後將展開雙臂迎賓登船，啟航，出海巡遊龍舌蘭國度墨西哥的幾座濱海城市。

等待登船期間，大廳內鬧鬨鬨，歡聲笑語聲浪高漲，一波接著一波。

縱使有人不言不語，但從每個人臉龐表情，不難看出那股輕鬆與期待的神情。

每位旅客猶似將赴人間仙境一遊，飄飄欲仙。

環顧四週，我看上了咖啡茶飲供應區附近僅剩下的三、四個空位。

挑了中間座位，坐下。右手邊一張座位之隔，有一對年約七、八十歲老夫妻。又順又直的金色短髮、脂粉淡妝，身穿奶綠色長袖T恤衫，胸前掛著一串項鍊的女士站立低頭，對著坐在椅上男子滔滔不絕，西班牙文和英文夾雜使用，像是交待、提醒了一大堆事情。

瞥見禿頭且兩側稀疏金色短髮、兩座小山眉、灰白色短鬍髭男子直視前方，面無表情，直把聒噪耳語當耳邊風。

轉頭，左右巡視，當我們目光交會，男子逮住機會，緊忙用食指朝向他身旁、且背對著我的女子搖頭，露出一抹詭異微笑，嫌女人太嘮叨，自己很無奈。

心不在焉、淡漠表情，我再一個轉頭，看了看前方人來人往，決定起身。走到牆邊免費飲料區，我拿了一杯咖啡。女子沒多久也起身前往同樣角落，為男子拿了杯咖啡飲品，再回座。不多時，手機響起，金色短髮婦女一接聽，立即興奮地用西班牙文回應，旋即，收起手機，改用英文向安坐且神態自若的男子說，朋友已正在搭計程車趕來港口，一待朋友通關完成，就會及時加入這趟旅遊行列。說畢，馬上改用一種堅定口吻警告男子：

「別亂跑，乖乖地留在座位上，等我回來。現在要趕著去海關那兒去迎接我的朋友。」加強語氣：「知道嗎？聽懂了嗎？」語畢，轉身離開了男子視線。

從隨身背包裡取出一本小說，閱讀了兩頁，微抬頭，當要再低頭繼續埋入小說情節之際，瞧見方才那位兩眼看似茫然、擁有兩座小山眉的男子已經自行起身，站立著。不以為意，我又一頭鑽進小說世界以消磨時光。過了一段時間，耳邊響起女子因為飽受驚嚇而帶著哭腔大喊：

「我先生呢？他去哪兒了？他有老人痴呆症。」

一聽，非同小可，我甩下手中書本，急忙站起，跨出幾步，打算跟她一起分頭在人山人海尋覓老人蹤影，並且對她說：「我剛剛還看到他站在這裡啊！」

左右前後尋人，不果。女子整個身魂都煎熬到顫抖不已。

「這樣吧！我這就往大廳四處去尋找他。」

「謝謝你！」老婦連說了好幾聲。

轉身，拾起座椅上那只藍色背包，上路尋人去。

茫茫人海。兩眼頓時如鷹如狐狸般，疾速地在尋找、鎖定目標。左閃右避身旁排山倒海而來遊客群眾，前進間，不斷地來回轉頭，巡視偌大迎賓大廳內東西南北各角落、千百張陌生臉孔。

未果。眉頭微皺。

總算在登船報到的眾多窗口區認出一張面孔，老人正在幾個窗口之遙，表情呆滯且迷惘著。

欣慰地，我咧嘴笑起來，然後猛然大力揮手，盼老先生能注意到我。花了約十秒鐘，迷途的湯尼才正視前方，且認出我來。他立即展顏笑容，揮起手來，回應我，打招呼，並馬上加快腳步朝我的方向走過來。

「你去哪兒了？我們一直在找你。」

老人只顧傻笑，跟隨我回到咖啡飲料區附近的老婦人身邊。

女人見到我領著男人歸返，馬上眼睛圓睜，喜出望外，再度拉開嗓門，熱情洋溢地使用連串的西班牙文關懷老公，露出失而復得的驚喜。

想起一件事，回頭，女人望著已經安坐的我，開口，連聲道謝，激動不已，說：

「你是我們的救命恩人。」

自我介紹，我才知道男女雙方姓名。

二

話說《**Mazatlan**》這座墨西哥港口城市。

跳上一輛無頂雙層巴士，沿街兜風。

拂面的海風涼意絲毫抵擋不住頭頂上艷陽曝曬，觀光客都渴望手持一杯當地出產的啤酒，好暢飲以消除十月底墨西哥暑氣。即然手中無解渴飲料，雙眼只好寄情沿路風光。

Playas 街道的安全島上，不同綠色植樹，包括錯落其間一排排棕櫚樹。

左轉，迎來 **Ave del Mar** 海洋大道。

下車。緊鄰太平洋的街邊，盡是成列棕櫚樹木。

綿延海濱有雕像、紀念碑、海灘，以及海面上那些被激盪而起的海波。

遠方汪洋海域，十一月至五月游著一群群的林魚。從四月到十一月則換成旗魚在海水游。

海中凸起岩塊，海中孤島群、一座燈塔。

Cliff Divers 景點。當地年青人站立岩柱頂端，居高臨下，地面上兩位同伴仰頭吆喝助興，高處男子打了個手勢。年青人一躍而下，鑽進海面，爆發了大片海上花。

身旁當地居民說：「在這兒，十月、十一月是夏季，因為沒有惡劣氣候。」

離開海邊。

旅遊巴士駛進一條鋪著古老石板路 **Gral Angel Flores** 窄巷子裡，然後繼續朝向位於共和廣場 **Republic Square** 上那座鋪著大理石地板、百年歷史天主教堂 **the Cathedral of the Immaculate Conception**。

建於一八七五年，並於一八九九年完工這座新哥德（**Neo-Gothic**）古老教堂內，一場婚禮正在進行中。年輕男賓客多著黃色卡其長褲、白色長袖襯衫、棕色或暗沉色皮帶，但不打領帶。燠熱氣溫瀰漫教堂內外。一對新人在管風琴伴奏的婚禮進行曲下，含笑緩緩走出室外，接受約三十名盛裝出席的親友們歡呼、拍手祝福。雖然在熱浪席捲下，賓客仍排成一縱隊，有序且心誠地向新婚夫妻獻上祝福，新人接受祝賀後，再與來賓拍照留念，一組接一組的。

告別教堂，巴士再度穿梭在街道上。坐在無頂雙層巴士上層，我頭頂竟然碰撞到路邊大樹岔出來的枝條，猛然一驚。

隔日，前往位於 **Baja California** 半島南端的《**Cabo San Lucas**》海洋城市。

深入海水的懸崖岩塊。

清澈海水。海水顏色，遠近藍綠，層次分明。

出海捕魚觀光行程，觀光客先在碼頭附近領取體積較小的魚類，像是鯛魚、石斑魚當作魚餌。店家再將小船開往淺海水域去海釣公雞魚、黃尾魚。小艇駛進深海水域去誘釣大魚，像是黑槍魚、黃鰭金槍魚、土魠魚等。

天氣變得愈來愈熱，忍不住邊走邊脫下襯衫，僅留短袖T恤衫，身心這才舒爽。

徒步旅行，淺嚐異國城市風味。

陌生城市，陌生人。

街上不時傳來拉丁音樂、美國流行歌曲，交錯熱鬧。

Captain Tony's 酒吧，不但飄出食物好味道，更把現場拉丁小樂團演唱的熱情歌曲傳播到四週。簡單擊鼓聲、手搖發出沙沙節奏聲的樂器、女歌手深情高歌，譜成了一幅異國情調。

經過 **Solomon's Landing** 餐廳前，傳來陣陣廚房油炸食物香味。

暫停腳步，閒坐在一排針刺的墨西哥龍舌蘭草旁邊，歇腳。

抬頭一看，我正巧身在一家龍舌蘭酒專賣店門口。

身旁植物巨大球狀心部、鱗莖部分，都會被墨西哥人用來釀造龍舌蘭酒的原料。

不遠處，海面上，私人遊艇和摩天郵輪，雙雙構成另類海洋天際線。

岸邊，棕櫚樹。

走進 **Tesoro** 飯店內，對服務人員說出旅遊時我學會一個很重要的西班牙文單字 **Sanitarios**，「廁所」。

歸返郵輪的時刻將至。街邊攤位員工仍賣力推銷觀光商業活動，像是出海去看鯨魚、看海豚、看海獅、看海底巨岩奇景、或浮潛觀賞海底世界。

抓住最後機會頻向路過旅客寒喧，並介紹不同旅遊產品。

見到我，年輕人使出渾身解數，滔滔不絕。

我打斷對方對我強力推銷旅遊產品，說：

「太可惜！時間不夠，因為我們馬上要上船歸隊。」另外，好奇問道：

「你的英語講得很流利，跟這幾天我們所遇到的墨西哥店員不一樣。」

「我以前住過加州。」年輕人回答。
「哪裡？」
「北灣的 **Stockholm** 市。」
「你怎麼沒回加州？」
「我當時是非法移民，沒有合法移民文件。六歲就去加州了。」說完，不忘繼續介紹：「我們 **Cabo San Lucas** 這座海濱城市，墨西哥最美最棒的城市。」以及「潛水，夕陽的時候出海，絕妙無比。」又言：「每年十月到一月，最好的旅遊季節。」
我問：「這個月算是夏季？」又「你們的春夏秋冬月份如何區分？」
「墨西哥夏季時間和美國不一樣。」說畢，馬上再補正：「其實應該這麼說，墨西哥終年氣候溫和宜人，實在沒有四季之分。只有當颶風來襲，暴風雨也跟著來。除此之外，整年好天氣。」
「下次，我會再遊墨西哥。」
「下次如果坐飛機來，在機場，不要跟任何人搭訕，那些人會騙得你團團轉。記住，不要理會任何人，直奔飯店就對了。」還有，「我的名字是 **Bruno**。如果從美國打電話給我。我的電話號碼留給你。」「你下次來墨西哥，要打電話給我。」
登船的時間已至，眼看要揮手道別《**Cabo San Lucas**》這座濱海城市：
「陽光、海風、純靜透明深藍海水。」
「彩色珊瑚礁、海星魚、海龜、大魟魚、河豚魚、藍環神仙魚，和海中噴水的座頭鯨。」
「太平洋海岸線、閃爍的白色沙灘、仙人掌、棕櫚林蔭大道。」

微笑，雙方握手，互道珍重。

當晚，月亮升起，郵輪航行海平面上，優緩前進。

當夜，沒有選擇去八樓甲板角落，欣賞夜海或夜讀片刻，因為船艙內不同樓層，分頭進行著樂團現場演唱，像是拉丁、鄉村、搖滾、流行音樂以及加勒比海多元曲風，要不然就是百老匯音樂劇、披頭四老歌重現，甚至脫口秀表演等多元娛興節目，任君選擇。

先至位於十五層樓甲板上，聆聽現場鋼琴演奏後，再下樓去大廳參觀雞尾酒品嚐、舞會現場。當經過舞池邊，見到盛裝晚禮服打扮的凱莉和她身邊男伴保羅。凱莉展顏微笑，打招呼。彼此親切寒喧幾句，我藉故離去，不想打攪眼前男女約會。

三

「何處是兒家？」

讓自己的視野開闊，家，就是在人生路上實踐慈善，付出友誼，包容陌生人。暫時把彼此陌生感，擱置一旁。

面對陌生臉孔，總要心懸「友愛陌生人。」

前總統歐巴馬：「我相信人的善，多過人的惡。」

聖經教導：「人活著，並非天天自我享受著平安喜樂，而是愛神愛人。」

走出家門，走入群眾，伸出友誼之手。

人人都是寄居在地球上的過客，如耶穌在聖經《利未記》提醒摩西和以色列人，說，勿忘自己也曾經寄居在埃及。

四

大自然裡，野性北極狼。

野狼世界裏，沒有一隻寧為孤獨，因為這樣處境不僅極不尋常，而且野狼會很難生存下來。灰濛濛冰天雪地，對於孤獨身影的狼隻而言，不論基於何種原因，要是遭到被遺棄，或變成無家可歸的流浪者，肯定不易幸存下來。

因此，荒漠大地上，不幸一旦成為落單野狼，晝夜所思，就是何處是兒家？

時時刻刻，北極狼總在尋找一個群體，一個可以稱為家的環境，彼此相依相偎。

要是沒有群體保護，狼兒將會身陷於艱苦危險之中。

落單狼隻在一年四季裡，沒有一個季節是輕鬆容易挨過，即使在盛夏。

家庭，乃是生命成長過程中不可或缺的，不論狹義的，還是廣義的。

生存唯一道路，回家的路。

在家裡，每個成員安心快樂地成長、緜延子孫。

北極狼群，終生樂於一起打獵和興旺。

五

人類世界，如野狼世界。

世上沒有所謂絕對完美的人。

在家裡，彼此相互依偎與尊重；在外，連結群體，學習互助。

如此，心中有盼望，跟隨自己心中羅盤，超越憂傷、恐懼和疑惑，邁步前進。

出外靠朋友，靠陌生人。
塵世的肉身結束前，擁抱世界，勿妄加評斷。
最好讓自己成為賜福給旁人的一個管道。
天堂，在我們心裡。
人生路上，迎面走來陌生男女。
無論他或她，美醜善惡、高矮胖瘦。
相遇了，就好像看見自己，彼此也可以像是親人一般。

猶太新年 Rosh Hashanah

秋天蒞臨中西部地區。九月二十二日，秋分。

天氣會一天天變涼，變冷。白晝會變得愈來愈短，夜晚愈拉愈長。

意謂著，除了針葉常綠喬木，像是——

散發木材香氣的絲柏樹；

增添隱密性的樹籬、黃柏樹；

高大的雲杉；

常綠矮松、杜松子。

至於其他落葉樹木的顏色，開始每星期、每星期漸漸呈現季節性的改變臉色。葉綠素暫停，化學變化影響下，綠葉靜悄地轉為紅色，橘色，黃色，紛紛鋪陳在陽光下。

一

走進廚房，一份蒙西小城當地報紙已經工整地被放置在長型木質餐桌上。

凱倫現身，微笑道聲早安。

看向窗外遠處天空，確定，這又將是一個秋高氣爽好日子。

「報紙上寫著，後天，九月二十五日星期天，是 **Rosh Hashanah**。」

「是希伯來曆七月結束後的第一天，猶太新年，吹角節。」凱倫回應。

「吹角節？新年？現在都九月下旬了，還新年？」

「吹角節，猶太新年，象徵秋季來臨，表明上帝創造天地之始。每當迎接猶太新年吹角節，即意謂著秋天腳步來臨了。」

「這一天，要做什麼呢？」我好奇。

「猶太人在吹角節當天，按照上帝所吩咐，聚集在會堂內吹響公羊角，並舉行一場聖會。」除此之外，「也有猶太人在當天下午去河水溪邊看水中的魚。看魚，象徵著猶太人對神的依賴，恰似魚對水的依賴；又，以魚的不闔眼，來比喻神對祂子民的眷顧，從未懈怠。」

「會吃什麼特別食物來歡渡猶太新年嗎？」

「當天晚餐，傳統來說，會吃蜂蜜、蘋果，或蜂蜜蘋果派，象徵人們在新的一年裡滿是甜蜜、富足與希望。」麥粉混和著牛油、蛋黃、檸檬做成的餅皮，然後餅皮包裹著蘋果切片，再放進烤箱烘焙。

接著繼續，笑語：「你看！玻璃窗外，後院中，懸掛在屋簷的陶製野鳥餵食器上，有一隻鷦鳥正在蹦跳，吃喝玩樂。」凱倫轉換話題，當再度望向窗外，這次卻注目在近處庭院內的動靜。

二

喝完咖啡，出門，我搭乘校園巡迴巴士歸返多年不見的母校。

近午，十一點半，用餐時間。走進學生中心，來到 **Tally** 餐飲區，點了一盒含有波菜、毛豆、小黃瓜、小蕃茄、墨西哥辣椒的沙拉餐，外加一盒巧克力牛奶。付完帳，置身人頭鑽動、熱鬧用餐區時，我卻不知該何去何從，哪裡可找個空位子坐下來用餐？

正徬徨猶疑，見不遠處，有一張方桌那兒僅坐著一位留著短鬍子的大學生。大學生手邊沒有任何餐飲，兩手空空，呆坐著。

不過，當四眼交錯瞬間，我迅速將眼光游移它處，完全放棄要與他同桌的念頭。目光再度來回巡視找座位，當視角再次轉向男大學生方向，驚見坐在桌邊的他，抬頭看著我，把右手放在桌面上，然後以食指輕敲桌面兩下，示意我可以到他那一桌坐下來用餐。

先把沙拉、巧克力牛奶放在桌上，我這才卸下深藍色背包，且把背包擱置在他隔壁的椅子上，我人才坐下，也就是坐在背包的正對面。

斜角，兩人互嗨一聲，打招呼。

為了防疫，口罩未摘下來。

行禮如儀，透著口罩寒喧一句，輕描淡寫：

「好一個秋日！」

正欲拔下口罩，好好吃頓簡餐，始料未及，對方看似談興濃，採取主動開啟話題姿態，全無要結束開場白、簡短社交語。然而，大學生神態一板一眼，鎮定無波。見狀，我也只好告訴自己，暫時先挨餓點吧，看他到底想聊到什麼時候？捨命陪君子。況且，機會也難得。

於是換成我向他提問了，不過交談期間，口罩自始至終不離口。

「你是學生嗎？」還是想確定一下。

「我在等著上課。二十六歲。」

什麼系？

「政治系。」

幾年級？

「大四。目前在學校上最後一個學期的課。」

畢業後，想找工作？還是想繼續攻讀研究所？

「我想工作幾年後，再走上從政之路。」

很多政治人物都是政治系畢業。

「從政初衷，我想要投身於獄政改革議題，因為監獄與司法，兩者關係與相關業務確實有不少改革空間。」

會留在印第安納州本地找工作？

「不會。畢業後，會去英國倫敦找我女朋友，跟她住在一起。她二十歲。」

目前住校？

「每天通勤。學校與住處之間，開車往返，一趟車程二十分鐘。跟我父母同住。他們住在一個小鎮農莊上，有好幾公頃幅員遼闊的土地。鎮民人口稀少。」

胡猜一通小鎮的名字，略想表現一下，畢業多年後的我仍然對校園附近環境還算熟悉，非等閒之輩，於是問道：是 **Anderson** 城嗎？是 **New Castle** 城？還是 **York Town** 城？

「都不是。一個小鎮，人口不到一千人。你沒聽過。」接著說：

「我這次是休學後，再度返校繼續大學未竟的學業。」

大學幾年級休學離校？當初為何休學？之後，又是為何決定重返校園復學？

「大三那年休學。你問這些問題都跟一個女人有關係。她是我當時的女朋友，一位比我大上七歲的大女人。大一下那個學期，我認識了她。對方當年二十六歲……」

未待大學生繼續描述人生故事，我好奇打了個岔，問道：

她一定很漂亮吧？

「沒特別漂亮。但是，身材超級棒！」立即臉上露出仰慕又得意的表情，露齒並且唇角呈上揚的弧度，整個人較先前火熱了起來。況且，「她比我還聰明。」

彼此交往期間，大女人有在工作？還是在讀書？

「高中畢業後，就沒有再升學，也沒有在工作。每天待在家裡跟她父母同住。」

當初為何想到休學？

「我和她兩人相處，她總是控制我一切行為與價值觀。大三那年，我求學成績尚可，但是她慫恿我，別再繼續讀什麼大學了。根本沒啥用。當時，我整個人都被她控制住，毫無招架抵抗力。所以，就辦休學了。」

大女人沒工作，你又休學，兩個人在一起怎麼過活呢？

「我找到一個在監獄擔任督導員工作，專職管理那些被判決要關進監獄的犯人。當時工資，每小時十五元。一週工作總時數四十小時。」再言：「工作環境影響下，個性也變得暴躁易怒，多了仇恨。因為工作上，每天面對的犯人，大多粗暴、不馴，因此我必需要表現得比他們更粗野、果斷、強勢，才能勝任那份監獄工作。比方說，有天，一輛警車載來準備入監的犯人。警員下車，對我說，**Green** 先生，現在把這位犯人交給你，請幫忙為他上銬，押他入監。可是我一時忘了隨身攜帶一付手銬在身。警員一聽，寶貴時間豈可就這樣被耽擱下來？於是勃然大怒，吼叫：婊子。眼看自己在犯人面前被羞辱，當下，如果無任何表態，將來如何能在管理犯人這項工作上服眾？於是基於工作上尊嚴，我口頭向警員挑戰，說，咱們兩人來單挑。兩人走到監獄外頭的空曠地，開始糾纏爛打成一糰，難分難解，直到獄方人士用腳跟絆倒了我，趴在地上，互毆的雙方才被人拉開，這才結束了一場格鬥。」繼續：「男女相處時間久了，爭吵情形家常便飯。一旦女方總用一種強勢態度，處處限制我、掌控我。到頭來，我也累了！我開始學習像貓一樣，在被攻擊之下，選擇靜默下來，冷漠以對，無動於衷。女方決定主動離開。為此，我終究還是悲傷了好一陣子。」

累了？心涼了？

爭吵，溝通方式之一，有建設性，也有毀滅性。

如果一味地負面情緒，惡性循環下去，就會演變得很醜陋。大女人意識到小男人的愛情趨涼，於是知趣地分離。一旦女人果真遠去，多年來生活上相依伴侶沒了，頓時，只剩下孤單寂寞，任何人都會不習慣而陷入低潮。又想問年輕人，什麼因緣際會，做出最後復學決定，返回校園？

「對方離開後，開始靜思：自己年輕黃金歲月竟然就這樣荒廢了四、五年，一片空白，不勝唏噓！不能就這樣一直消沉下去。心一橫，申請復學。如今修讀大四最後一學期課程，眼看自己就要畢業了。」

皺眉，搖頭，我一臉大惑不解且嘆道，女子怎能錯過眼前這麼一位優秀青年？

接著問，畢業後的打算。

「我會去倫敦。在那兒，最近認識了一位英國女子，二十歲，小我六歲。我們將住在倫敦市東邊住宅區。」又強調：「倫敦建地稀有，每棟房價都很貴。」

好奇地追問，鄉居那座農莊市值行情為何？

「農莊，加上龐大農地，要價六十萬美金。」

倫敦東區是你們打算租房子的地方？

「不是。那是英國女孩父親的房產。她父親做生意賺了不少錢，擁有幾棟房產。這樣子，房租就可以結省下來。」

日常生活費如何湊錢呢？

「我有一輛古董老爺車，拍賣市場上行情大概兩萬美金。打個折吧，少說也有一萬五千。同時，我也會在美國申請聯邦貸款。」

你們未來打算結婚嗎？

「我的思想屬於傳統思維。男女交往，就是要朝著結婚的方向前進。我想，先讓兩人試看看同居十年，嘗試住在一起過日子。看看雙方是否適合彼此？再決定未來是否要走進結婚禮堂。」

婚後，會從英國搬回印第安納家鄉小鎮？

「婚後幾年，我再看對方是否心智夠成熟，成熟到，即使離開英國家鄉也不會那麼再留戀、依賴鄉土人情，那時候，我才會考慮是否搬回美國的鄉下農莊定居。」說完，年輕人話鋒一轉，對我說：「現在來談談你吧！」

三

八〇年代初，大學畢業後，從台灣來到中西部這所大學讀研究所。

初抵異鄉，經歷了一連串文化衝擊，比方說：

當年台灣星期六上午還要上班、上課，下午才開始周末；印第安納這兒已經周休二日。

公共廁所內，都備有衛生紙，備覺體貼。

電腦，那時在台灣校園裡，它還僅象徵一種昂貴新科技。除非有需要，否則全校唯一的電腦教室會上鎖，禁止任何人接近，確保機器安全。在這兒，英文系內就有一間電腦室，提供給系上學生自由進出使用，並允許盡情地使用列表機。紙張、油墨均由系上無限制提供。反觀，圖書館系亦然，擁有屬於自己專業的圖書館。

第一個美國國慶日，校園內一間教會廣邀各界人士參與烤肉活動。拿了漢堡、熱狗，沙拉盤上，也鋪滿了未經烹調的新鮮花椰菜、波菜、芹菜、胡蘿蔔、萵苣。生菜沙拉嚼在嘴裏，無味，猶似一隻羊在吃草，真教人難以下嚥。暗地驚呼：美國人簡直就是未開化的野蠻人。

眼前年輕人聽到「野蠻人」，放聲大笑，拍案叫絕，整張臉龐、肢體動作語言，瞬間，完全放鬆下來。結果彼此之間距離就這麼給縮短了，不再像陌生人。

四

談笑方歇，年輕人逕自抒發對當前時事的見解：「俄烏戰爭，如火如荼，此時此刻，正在激烈地進行中。我覺得烏克蘭應該考慮投降，換取和平。理由是，當一方擁有致命核彈，而你卻為了芝麻綠豆小事，堅持己見，實屬不智。至於美國政府，應該先管理好自己的家務事，這樣才能顧及到別人。豈可本末顛倒？俄烏戰爭，美國幹嘛插手管閒事，所為何來？怎麼不去想，烏克蘭這個國家貪污嚴重，國內生產毛額的總值低得不像話。」回顧歷史，「美國愛管閒事，介入別國事務，啟動戰爭。如果真要介入他國事務，那麼就快速進出，贏得漂亮俐落，趁勝退場。事實上，事與願違。美國政府即然啟動了戰爭，竟不求勝利，拖拖拉拉，長年糾纏，又不能堅持到底，最後草草收場，落荒而逃，留下一堆爛攤子，比方說中東、越南、阿富汗。多年以來，美國總是在海外軍事活動上表現得顏面掃地。」目前「美國、中國兩強博弈，兩者對照下，中國的集體主義，Collectiveness，表現出令人意外的穩健，像是在防疫上、經濟上。」說到此，大學生帶著一抹自知的神情，先兩眼巡視左右方向，橫掃整個餐飲區正在用餐男女師生一圈後，這才放低嗓音：「我知道，我這位政治系學生這些觀點，跟國內主流意見與氛圍相去甚遠。」

聽君一席話，興頭上，我欲陳述其他政治觀察家相關論點，比方說美國政府現今以間接的方式介入俄烏衝突，其戰略考量在於拖垮宿敵俄羅斯，削弱歐盟，重振美國影響力在北約組織的威望，美國的軍工業複合體大賣軍火賺錢，美國貨幣走強，以及緩和一下自己國內通貨膨脹的壓力等等國家利益考量。

又，政治體系上，第二次世界大戰後，西方體系與蘇聯體系的冷戰，結果蘇聯解體垮台。第三世界國家路線上的選擇，西方民主？還是政變、代理人戰爭、地緣衝突？現代性的政治理論為另一選項？

又，地球上，在世界體系理論中，持不同觀點與教條性思維，對於：美國文化；美國社會反應出來的經濟生活；美國政治制度所講求的自由、民主、人權、平等與法治等等，這些美國價值就是普世價值嗎？那麼對那些，尤其具有國家特色的社會、政治、文化，如何去做有人文深度的省思？信仰上的修正階段，難道無需講求「價值」與「內心的世界」達成一致嗎？

顧及到政治系大學生準備要去上課，故未延伸任何有關話題了。反而提醒眼前年輕人，不要耽擱正常上課時間。

「沒問題。我有兩個小時休息時間。」

五

注意到對方瘦臉，留著兜腮鬍，忍不住打趣地說：樣貌乍看之下，好像已故亞伯拉罕林肯總統。聽聞後，大學生笑聲不止，接著說：

「林肯的個頭很高。我也長得很高很高。我可能在這個校園裡長得第四高的人。」

由於自始至終雙方都坐著閒話日常，無法一探身高虛實？

「要不然，我現在站起來給你看，我實際的身高。」

起身後，果然高得嚇人！

嚷嚷著，自己身高一七五公分，我也要站起來，跟大學生比高，確認差距？結果，我的身高只配到他的肩膀而已。

「其實，你也已經歸屬於高個子。」大學生咧嘴笑說，像似安慰。不僅如此，身穿牛仔長褲，年輕人還展示他所穿上的長靴。全身打扮，像極了一位南部德州牛仔闖入中西部。

雙方看來已經從全然陌生、冷淡、謹慎，發展到熟稔、熱絡的地步了。彼此進一步互問大名。「**Jonathan**，暱稱強尼。」接著看了一眼手錶。匆匆把一頂毛線帽給戴上，開口：「要去上課了。我從上午十一點，可以休息到下午一點。現在時間到了，我得去教室了。」

強尼的右手把背包瀟洒地甩上肩，臨行前，抛下一句：

「下星期五，我們還是來到這張桌子這兒，再相見。」

心忖，下星期三，九月二十八日，凱倫將於破曉時分，開車載我從印第安納州蒙西小城前往首都機場，搭乘八點半的飛機返回加州。

雙方握手道別之際，未將既定行程相告，沒勇氣去澆熄強尼的熱切期待。

猶太新年前夕。

從當初冷漠，加溫到新結交朋友般，兩端差距縮短了，僅花了一個半小時。

六

秋夜。

秋月。

更愛秋月高掛的秋夜。

早年居住在中西部的經驗，我在西岸加州臆測起印第安納州：

繽紛變葉，秋葉狂燒，大約落在十月二十四日左右吧？

至於多彩秋葉巔峰期，應落在十月三十一日，不是嗎？

說起來，加州這兒秋天，一如遙遠的印第安納州：

「出門，順著僻靜小徑漫遊下去，瞧一瞧難得露臉的野生動物。」

「南瓜、火雞和黃色小菊花，把屬秋氛圍烘托得更濃醇。」

感恩節前夕，遙想，印第安納州會從十一月七日開始，黃葉落盡鋪滿地，還有那些一身赤裸且呈棍棒狀、高矮樹身——

櫻花樹、野山楂、花梨樹與橡樹、白樺木、酸櫻桃樹，以及美國十月紅楓樹。

牧師娘的秘密

一

從高二就開始上教堂，然而始終未求甚解有關教會、敬拜、事奉、聖餐擘餅，彼此之間到底有何不同的意義？

猶記那年，擁有一雙湛藍眼睛的麥克牧師在秋天的講壇上侃侃而談：

教會，「有聖徒聚集。來到這兒，尋找、明白神的真理，不但有上帝教導，還有相愛的團契、激勵的敬拜、明亮的事奉和友誼。」

敬拜時，「態度上，是敬畏的。經歷上，是奇妙的。生活上，彼此是相顧的。」

事奉時，「團隊天天笑臉常開，共同服事；全面地，積極地，興奮地，認真地，悃切地，在聖殿裏同心合一。」

齊聚屬靈的教堂領受聖餐擘餅，「領受聖餐，心存歡喜與誠實。」

聽起來，牧師的理念純正，甚好。

隔天，北加州酒鄉的臨近山丘，慘遭野火肆虐。

秋去冬來。

二

二月底那天，星期三。晨起，隨意打開手機，牧師娘傳來一則簡訊：

「還記得我們兩人之間的密秘？我們牧師一家人會離開聖三教會，七月一日那天。」

秘密。

回溯到兩個禮拜前，星期三，二月十四日。

當天不但是西洋情人節，更是具宗教意義的聖灰星期三（**Ash Wednesday**）。

當天是大齋節或四旬節（**Lent**）首日，即復活節前的第七個星期三。

牧師會用手沾油、蘸灰，抹在信徒額頭上、懺悔者額頭上，以示懺悔。

那晚，牧師娘桃莉，跟我立下秘密約定。

記得當晚，夜幕低垂。走近教堂，稀疏街燈下，見到有人迎面揮手。

暗地猜測，朦朧輪廓應該是牧師，故我也舉起右手，揮手回禮。

站立在教堂庭院迴廊上。牧師態度似乎較往常更加謙虛，詢問我，可否走進教堂內，一起幫忙拿出蠟燭？夜晚，教友們將會在室外的花壇邊緣，舉行「聖灰星期三」儀式。

尚未踏進教堂，透過建築物大門邊的寬闊透明玻璃牆，見到進入教堂內第二道門的門口右側，有位女性保全人員坐在小木桌旁，正在執行守衛安全檢查工作。再透過第二道挑高透明玻璃牆面，目擊到平時莊嚴聖殿內，頓時擠滿了無家可歸男女遊民，一個個佔據打地舖，臨時的床位。一捆捆黑色鼓脹的陳舊大塑膠袋，都是遊民隨身攜帶家當，紛紛都被散佈在聖堂不同角落。當然，原來提供給教友做禮拜的棗紅色沙發座椅，都已被疊架成一落落，直立著，挨著牆壁安置著，盡量騰出了最大空間給入住者。

穿越整屋子兩列男女遊民克難床位，再拾階而上，來至聖壇。身旁牧師打開了從家裡帶來黑色小皮包，取出備妥的灰燼和一小瓶油，然後再倒了點油在一個小碟上。

瞬間，改變心意，牧師微微抬頭，對我說：

「我們乾脆就在這兒舉行室內儀式好了。不必跑到教堂外頭，受涼。」

巨形木製十字架下方，聖壇區的地板上，亦被好幾個舊皺的黑色塑膠大袋佔據。也就是說遊民家當的每個塑膠袋，紛紛夾雜在佈道講桌、金燭台、大鋼琴、三張尊貴特大號木質座椅的地板上。忽然間，感覺到，此刻此景，整座聖堂霎時流失掉它原有的神聖與莊嚴，喪失了牧師曾經講道時提及教會、敬拜、事奉神、屬靈擘餅的意義。

弗列德，平常偶爾會出席主日崇拜的聚會。當夜，他也現身。沒錯，他也是當夜會棲身本教堂臨時收容站成員之一。牧師和他，兩人彼此打招呼。

走向前，我擁抱了弗列德，說聲「哈囉！」

沒多久，牧師娘桃莉走進教堂。

牧師靈機一動：「當我主持儀式的時候，你們三位排成縱隊，一個個上前來，領受塗抹額灰。這樣，下面那些無家可歸遊民看到我們所做的儀式，基於好奇心，有些人可能會前來詢問，今天特殊日子的意義。說不定，他們有人也會願意來受禮。」

沒三、兩分鐘，桃莉成為首位領受聖灰的教友，我緊隨其後，弗列德殿後。

轉身，我見桃莉正朝向大門口走去。心忖：「今晚，就這麼簡短的時間，整個儀式就結束，可以回家了嗎？如果是，我也想準備離開。」為了搞清楚狀況，我急忙走下聖壇，穿越左右兩排一個個床鋪、男女群體散發出微淡異味途中，喊住桃莉，急忙問道：

「妳要去哪裡？」

「回家。」

「妳等等我。我現在先回到聖壇那邊拿取背包和外套，然後我們一起走出去。」

尚未轉身取物，我隨口禮貌性寒喧：「近來好嗎？」

與往常笑答有異，平靜臉龐隱約透露一絲憂鬱，她淡語數句。

僅聽清楚「工作」、「房子」幾個關鍵字，其他字語都飄忽不定。當中，又聽到像是「住在山景城房租奇貴。」「工作職業」。看來都說明了，雖然大廳收容處僅有少數男女在輕語，但是我想要和桃莉雙方交談順暢，還是得將聲量提高才行。

實在無法將牧師家現況，與桃莉方才表露出那股憂慮及感傷相連結。

難道她講的是他人，祈人憂天不成？

我急著脫口問道：「妳是指我的工作、居住的狀況嗎？」

「噢，不！是牧師。我講我們自己。」

說完，桃莉的眼淚就再也忍不住地噴湧而出。道歉不已：

「對不起！我不該跟你講這些的。這是秘密。」尚且，「你又是我們教會的委員會成員之一。這真是罪過。對不起。讓你也為我們家擔憂起來了。」

安撫數句後，立即決定：

「我現在就去拿外套背包，馬上過來。我們再一起走到停車場。」

當迅速再次返回桃莉身旁，發現她淚水仍舊靜流著。

隔著寬深廳堂，牧師遙遠地在另一頭的聖壇上，正忙碌地為三、兩位好奇遊民講解聖灰典故，時而抬起右手，祝福他們，當下，牧師看不清，而且全然不知牧師娘心情轉折。

深恐被進進出出教友和街友目睹尷尬情景，我急著安慰眼前突然面臨人生窘境的傷心牧師娘，盼能穩定她的情緒：

「我瞭解這份突發狀況所帶來的衝擊。要是我，我也會傷神傷心。」

對方淚眼且重覆說著：「很抱歉！我不應該告訴你這個目前沒有任何人知道的秘密。答應我，你要保密，不要告訴任何人。我可以相信你嗎？」

「放心。就連牧師本人，我都不會向他表示，說，我已經知道這個消息。」

我刻意地將牧師娘引向室外停車場，不希望讓旁人見到牧師娘的淚水。

站立停車場夜燈下，桃莉淚水仍流淌不住。再度不安地要我保證，千萬別對任何人吐露有關牧師要被迫離職的蛛絲馬跡。

想要證明我確實能夠保守多年深藏內心秘密為例，我開口：

「知道嗎？已經是三十七年前往事了。有位親戚曾狠狠地當面疾言厲色地羞辱我。我都沒有向父母告狀去，直到今天，父母雙亡，都還不知情。如果我當初告了狀，可以想像，我父母會多傷心。然而這個秘密，我也都沒有向任何人透露風聲。我這樣講，你是否就會比較放心？」

聽畢，桃莉，她那顆深怕自己一時忍不住將秘密告訴別人後，萬一帶來更加混亂與糾結的擔憂，才總算平靜下來。

不多時，停車場出現了一對正要進入教堂領受聖灰禮的教友夫婦。

四人彼此招呼。

之後，帶著同一個秘密的牧師娘和我，再各自分道揚鑣，返回各自的家。

無意間，被賦予要去保守一項秘密的夜歸人，漫走在山景城街道上。多家餐廳、夜總會的門前，不斷有擦肩而過喝酒跳舞尋歡的年輕科技人潮，笑語此起彼落。

夜歸者心想：

「身邊要是有個朋友，可以隨時將對方當做一名傾吐秘密的對象，那麼日子會好過點。」

三

去年九月，人在台北，秋雨綿綿。

講壇上，身為神學院的陳院長牧師語重心長：

「當初被任命為牧師，就告訴自己，牧師不需要朋友，只要以事奉 上帝為自己的中心思想。」不過，「僅僅二十年時間過去，就放棄了。畢竟，人還是人，我們需要彼此。」但是，「當有幸找到相互可信賴的小團體，然而，小圈圈成員得彼此細心地、微妙地去相愛，相互分享。」並且，「在有原則、步驟、內涵、方法的相互屬靈同伴之間，需要深度溝通，將紮實的真理活出來。」並說：「敬拜，就是生活，就是工作。在上帝權能的手中，眾人在被愛關懷下，得到釋放，去饒恕。人人需要關懷、被愛。」如果膝下無子，「那麼就做一位屬靈的父母。」

陳院長繼續：「日常生活裏，能夠無礙去平述心情故事與感慨，看似簡單的願望，何其難能可貴啊！因為背景、經歷、性別差異，雙方有時無法同說一種語言，或無法翻到同一篇章。這下子，非常容易導致誤解。更何況秘密！」或許，「到頭來，每個人終將孤孤零零地帶著深藏內心一、兩項秘密，走進墳墓。」

四

夜歸途中，心思再拉回到山景城街道上，這時，我難免猜測著：為何桃莉的丈夫、我們的麥克牧師，會被教區高層迫不急待地撤換掉？當教區總監傳達了這項人事安排，想必我們總教區身份位階更高的主教，亦知情我們教會目前營運情況，而且參與這次徹換整個決策？

走路途中，不禁天馬行空，回顧起牧師這幾年下來在教會事工上、行事風格上，到底出了哪些閃失，終至引發教會行政高層不甚滿意？

「財務管理方面出了問題嗎？處理財物不善？」

往事，歷歷在目。

其一，原本看似好端端的，牧師某天卻獨自決定，把聖殿內所有實心木質的長排座椅，統統更新。寧願額外花費不少金錢，改換成一張張嶄新棗紅色沙發椅。不過這下子，偌大可以容納一百多人傳統教堂空間，在教友多年來人數稀少情況下，新椅如果全部鋪滿廳堂，卻沒人進來坐下聽道，益顯人氣荒涼。因此為了避免尷尬，後來僅擺出左右各五排，每排約六張椅子。而且座椅儘量往前挪移，接近講台聖壇，好讓空間看起來不致於太疏離而顯人氣渙散。剩餘新座椅則被高高架疊起來，被放置於聖殿牆壁兩側，或聖壇上鋼琴附近。

聖壇上的前半部分，顯得擁擠，那是因爲牧師還使用十分緊縮經費，訂做了一個鋼鋁材質由低往高，約三排的長形觀台座位。牧師說，為了未來唱詩班預作安排。問題是會堂人數太少，每個星期天出席崇拜人數有十一、二人就不錯了，以致於始終沒有一個唱詩班成形。那座觀台座位的龐然大物，一直被閒置在聖壇上。視覺上，雜亂又妨礙觀瞻，遞減神聖性與莊嚴。

其二，教堂場地租金管理，像是城裡韓國教友租用我們教堂場地，為了要舉行韓語主日崇拜與聚會；或是拉丁裔組織，以西班牙語為主的基督教諮詢中心，他們都向教堂租借場地。前者，麥克牧師讓韓國教友自由奉獻；後者，以每月兩千塊錢出租了一間辦公室。兩者雖然近期也都先後解約，但是教會近年來，每月除了教友奉獻，應該都還有這些租金固定進帳。為何最後教堂收支平衡上，竟然赤字惡化？

其三，人事費掌控欠嚴謹，例如，牧師私下以教會名義支付每個月一千塊錢，聘用一位自己認識的熟人來負責西班牙語探訪工作與傳道。這件事，還是在上次年度委員會議中，牧師就經費使用部分，當場說明了這項沒人知道的人事開支。當被好奇委員問到：

「如今，已經吸引到多少拉丁裔慕道友？成效如何？」

牧師支唔，答不出個所以然來，僅強調，他本人認識受雇者這位年輕的弟兄多年，又說，對方人格特質不錯。換句話說，讓現場委員們覺得牧師平常亦甚少過問、關心這項教會事工。難免讓人產生一種以公款來酬庸熟人之慮。

其四，每星期主日崇拜後，清點奉獻箱內的實際金額，到頭來，怎麼與會計業務整理出來的報表不合。這部分，也在委員會議中被提問。難免教人感嘆，為什麼麥克牧師這麼粗心大意，會讓這種事件發生在教會裏？

最後，基本上而言，牧師可說是甚少主動去探訪弟兄姊妹家庭，表達關懷；甚少關心教友們健康生病狀況或在屬靈上需要；更遑論前往醫院、家庭去探病關心、代禱祝福。星期天主日崇拜的講道，除此之外，平常日子裏，牧師亦無舉行任何定期小組團契活動或禱告會。因此，難以凝聚人氣與向心力。雖然曾經有段期間，是有個小組團契成立，但僅曇花一現，後繼無力，最終不了了之。猶記牧師當時把團契聚會時間，訂在星期天上午在教堂做完禮拜後，約正午時分，移步至小會議室，歷時一小時左右。其實，他倒可以把時間安排在週一到週五之間，而不是只利用星期天這一天，馬拉松式密集地進行，結束時，也都下午一點多了。另外，牧師大都待在離教堂幾條街之遠牧師公館內，偶爾僅以社群媒體臉書、電子郵件來和教友交流。整個星期，只有週日出現在教堂，其他日子裏，他亦甚少出現在教堂辦公室內。小組聚會最終腰折另一項主因，是麥克牧師聽不進去任何與他觀點相異的建議或評論，他會豪不猶豫地辯駁，而且當場否定對方發言內容。例如約翰、琴妮夫妻檔，當初還蠻熱心參與團契小組活動，直到有次，約翰善意委婉發言，表示教會未來可以加強補足目前運作缺失。未料，牧師沉不住氣，立即以一種不以為然口吻當眾辯護。約翰靜默不語，隱忍下來，從此以後，他們夫婦倆缺席了好長一段時間。至於牧師當眾不給教友情面之舉動，也發生在一位菲律賓老姐妹身上。那次，大夥在教堂內參與主日崇拜，牧師請人數不多的教友們一一發表屬靈的分享。那位菲律賓老姐妹滔滔發言。未料，牧師略顯不耐，當眾打斷，從此那位教友也就從教會中徹底消失。

如果說，駐堂牧師是支撐一個教會的靈魂，那麼我們教堂似乎少了歸屬感和親近感，缺乏一個能夠增進教友屬靈生活友善環境。牧師僅熱心於教堂外的公共關係推展上，例如他與市政府相關單位合作，開放聖殿的廳堂做為無家可歸遊民收容站，卻無暇回歸崇拜佈道的核心價值。信仰與行善，兩端失衡，本末倒置。

五

聖灰星期三的次日，牧師傳來電子郵件：

「四月齋，就是復活節前夕，星期日除外的第四十天。」這段期間，中心主題，為引導信徒去思考十字架以及耶穌是誰。「祂是最初，祂是終了；祂是創始成終，唯一道路，是最閃亮那顆晨星。」「讓飢渴慕義的人來享受生命活水這份上好禮物。」「信徒被召喚後，背上自己的十字架，與耶穌同行。」這條大齋路，「指引我們走向十字架與重生。」

牧師信中又言，「當今環境，假如教友身處失去親人，或心中充滿不信、周遭反對聲浪直撲而來，逢此沉重時刻，人無需勉強掙扎迎戰。有時候，跳出，獨處祈禱，靜坐在聖光中，讓聖靈來卸下痛苦重擔。學習去尊榮生命中的失落，而非盡可能快速地繞過悲傷。換個角度，體認到生命成長中難免會遇見局限。不解人生奧秘時，選擇放慢腳步，面對種種負面情緒。」我們都是「流浪者，卻非孤單地漫無任何方向目標，四處迷惘徘徊。」聖靈陪伴下，「跟隨信心腳蹤。放手，挨近傷痛，並與其並肩同坐。讓失落在你的靈魂中做它那不朽工作吧！生命之河，從羔羊寶座上流出，兩旁生命樹接受到光，按時結果子，不再被詛咒。」

六

二月二十五日，午后，一對教會年輕夫婦經由簡訊連繫，終於敲定三月十日星期六晚間，前來寒舍餐聚。旋即，將此聚餐邀請一事傳給牧師娘，並請她針對派對時間安排，他們一家人是否方便與會？她回覆：「我們有空，可以參加。謝謝邀請。我們可以帶一道菜赴約嗎？」我隨後回覆：「只要你們大家露面，好好享受我當天準備的粗茶淡飯。無需攜帶任何伴手禮。你們光臨大駕就已經帶給我莫大快樂了！」

二月底，牧師娘早上七點四十八分，捎來手機上一則簡訊。一早醒來約八點半，我尚未梳洗，立刻回函：「當然記得妳提到的秘密。你們一家人離開教會，我們將會十分懷念。」黃昏約五點半，手機響了，叮一聲，簡訊內，牧師娘僅寫一個英文單字「Confidential」，秘密，這個字。為了讓牧師娘寬心，我也及時在鍵盤上敲打出來：「一直相信，若有一位主內弟兄或姐妹值得信賴，會讓我們生活因而富足。」當天晚上，牧師娘再次捎來簡訊：「謝謝。你不但是我在基督裏一位弟兄，而且也是一位永遠的朋友。」

七

三月第一天，清晨健走，發現居家旁，小溪河床原本乾涸多時，竟悄然呈現出一彎水域，靜淌起來，僅在轉彎處或水道高低落差處，才有潺潺水聲，以及躍動白泡沫。納悶：

「昨天，不也是經過同樣的小溪，整條溪床，半滴水都沒有，僅有羅列的石塊和乾泥黃沙？怎麼一夜之間，像是老天忽然從天上賜給人間一條淺溪，生動多了！」原來前天，一陣強冷空氣襲向灣區各地。早幾天前，白天和晚間，零星陣雨。同時，南灣海拔四千兩百多英尺的山頂，也意外地降起雪來，披上銀妝。僅僅一天半日，源於阿拉斯加海灣的冷氣團所帶來強勁風暴，於二十八日夜間襲擊舊金山灣區，從此拉開連續三天落雨景像。

心想：「大風、春雨，還有冷鋒到達所引發的山區降雪。」回想：「去年十二月、今年一月和二月的雨季，基本上，沒什麼降雨。」曾經擔憂：「今年是否會再陷入乾旱？因為去年雨季水量豐沛，因而結束了過去一度長達五年的乾旱。」同時，也擔心起牧師一家未來前途，何去何從？

次日，有位熟識朋友，四十二歲滑雪高手遇難身亡，身後遺留年幼兒女，這一則家庭悲劇怪罪於冬季風暴席捲加州，高山上累積降雪造成了雪崩。

八

又過了一天，周六正午，教會茱蒂打手機電話相告：

「六月底，麥克牧師要離開我們教會。其他教會提供他一個職位，但他想退休。」又說：「下個禮拜天，我們教區的日本裔總監 Goto 長老，他將會前來我們教會跟大家見面坐談。」

我好奇：「牧師不是原先計劃要和一些弟兄姊妹去斐濟嗎？牧師還會前往斐濟嗎？」茱蒂根據總監說法，回答：「這權利只留給下一任新聘牧師。」茱蒂又說，總監婉轉表示，六月下旬，總教區董事會將討論並投票來決定，麥克牧師是否可以代表我們山景城教會飛往南太平洋島國斐濟去宣教？斐濟於一九七〇年脫離英國獨立。

茱蒂在電話另一頭略帶不解口吻：「為什麼是現在這個時候要來處理牧師現況？因為他不是馬上就要退休了嗎？教會裏面不是有些正在進行的規劃都是麥克牧師在處理嗎？」並透露：「麥克牧師走後，我們教會將無法聘請全職牧師了，因為財務狀況極差。」最後結尾：「明天，星期天，主日崇拜結束後，留下來，我們聚一聚再討論。同時，下個星期天，教區總監會過來跟我們見面。到時候，我們再看看有哪些可能性？好讓我們這個教會繼續往前走。」

次日，前腳才踏進教堂，驚見日前排列整齊棗紅色沙發椅子被改變為七張大圓桌。每張桌面上鋪著深綠色桌布，其上，再鋪了深紅色窄長的布條於桌布中央位置，伸展至桌面兩端。環繞每張圓桌是四、五張棗紅色沙發座椅。紅、綠布料均被燙得平整，且桌面上放置每人一瓶的礦泉水。

聖壇後巨大牆面上，左右螢幕上，幻燈投影了一段經文，源於哥林多前書第一章十八至二十五節。當崇拜進行中，螢幕切換為「Celebration of Timket，the

Ethiopian Orthodox Festival of Epiphany」彩色畫作。隨後眾教友同聲讀經，約翰福音第二章十三至二十二節，讀到：

「豈可將聖殿變成菜市場？」

口唱著詩歌。教友們擺上奉獻袋於銀盤上，然後走到聖壇前，領受聖餐。

麥克牧師講道，說，詩歌與神學，有別一般學科，因為兩者不但都深入百姓生活，而且引發共鳴，進入詩境。

上帝的圖像是什麼？牧師：

「浩瀚宇宙。跟隨救主腳蹤，來到施恩寶座前，得著生命，全因我們的信心。」

平穩語調中，毫無預警地淡淡抛出一句：

「今天，我正進入退休狀態，我在教堂牧會工作將到六月三十號那天為止。」

牧師娘的秘密，此刻正式解秘，告昭天下，無需我再保守這項秘密了。

繼續說下去：「上帝為我，也為了這個教會開啟了另一扇門。」

「我們已變成朋友。」

「一九六四年，一場大火燒毀了這座教堂。一九六五年，重建後使用至今，就是各位今天所看到的這棟建築。」

「確定一件事，你們要為自己發聲表態。」

「今天，我可以說，我當初立志傳教的第一個誓言，已如願。我們教會在山景城已變成一個與社區連結的完全伙伴，諸如每個星期六上午，我們教堂已經參與其它教會，合辦了一個提供給窮人享用熱食的午餐活動。同時，當寒冷冬季來臨，我們提供了教堂場地，來收容一些無家可歸遊民，讓他們有個避寒棲身之所，我們也為他們專闢淋浴間，定時提供給遊民潔身使用。」

「我和我家人認知到我們的憂傷。」然而，「另一方面，也認知到，那最好的祝福，正迎向我們而來。」

「新舊交接期間，願 上帝祝福！」

「我們一家仍會留在山景城。畢竟，兒子山姆不久要就讀本地高中，山景高中。太太桃莉也得保住目前工作。如此看來，過了三、四年後，我們才可能到斐濟群島那兒退休。」

最後，牧師邀請茱蒂補充說明。

茱蒂起身發言：「Goto 總監說，他不是獨裁者，所以不會告訴我們該怎麼做。他只會協助我們走前面道路。」

聚會完畢，留下來繼續參加下一場討論會的男女教友，共有十一位。

九

接下來第二個現場，依舊由麥克牧師主持，開場白：

「教區總監 Goto 牧師是位好人。衛理公會總教區讓我提前退休這項人事決議案，對每個人，對基督，都是最好安排。這件事，總監已經和教區主教談過了。」再次讚美總監：「他是位貼心的人，找他反應任何事情，他都會很開放，不會拒人於千里之外。」

茱蒂隨後發言，之前，她有和總監碰面，談過話，總結其要點：

「他誠摯表達，他不是獨裁者。願全力幫助我們教會這次過渡階段能順順利利。他要我們教堂思考，如何有效管理，好讓財政收支平衡。」

牧師接下來提問：

「下星期，總監來我們這邊跟各位見面，想對他表達什麼意見、想法嗎？」

琴妮：「我希望我們教會能繼續參與周六，《希望角》，一個提供熱食給低收入家庭、個人的社區服務。還有冬季來臨時，能夠繼續提供給遊民淋浴設備等這些社會服務。」話鋒一轉：「我覺得有種被背叛的感覺。好像被刮了一巴掌。」「我們弟兄姊妹相融，如一家人。不可能把我們拆散開來。」

喜泰芮：「做了這些慈善事業，《希望角》和冬季收容遊民避寒，我們教堂財政部份可有外面贊助款項進入？」

牧師：「有。縣政府使用到我們的空間，因此，會定期支付四萬美金給我們。」

喜泰芮接著提到斐濟宣教行，牧師回應：「這部分，牽涉到先前的投入和承諾。斐濟宣教，是去當地訓練未來的教會領導者。」麥克牧師並順道說明：「每星期六的《希望角》，這個社區服務有成熟的董事會在運作，成員包括我們教會、Los Altos 教會，再加上山景城市政府相關機構。我極不願意看到因爲自己失去牧師職務，而讓本教堂失去社區服務的機會，以及放棄好不容易我們與社區所建立的關係。我願這一切都還能保持下去。」語帶擔憂：「要不然，寒冬來，無家可歸遊民何去何從？」

摩西發問：「我想向教區高層反應意見，跳過總監這一關。」

牧師：「相信我，總監是直接跟教區主教接觸最親近人士了。在我們衛理公會不同教區裡，當有人向總監反應事情，這就已算最有效、最有影響力的途徑了。」

現場出席者抓住發言機會，無論是自發性或被主席點名。感言紛紛：

「想知道換掉我們現在牧師的用意是什麼？」

「我們尊重、並繼續支持本教堂去服務社區窮人這個召喚，能夠維持社區服務項目。正在進行的幾間廳房改造裝修工程也不會受影響。冬季收容無家可歸遊民過夜的年度計劃能照舊實施。現任麥克牧師已與聖塔克拉拉縣行政長官、山景城相關社區服務機構、Los Altos 市的衛理教會所建立種種管道與多邊關係，希望這些交流能夠保持暢通，永續發展。」

「確定能夠執行今年海外斐濟宣教工作。本計劃需要現任麥克牧師參與，因為屆時，斐濟當地活動都要由他來召開主持。」

「要向總監反應，我們教會有能力來處理本身財政業務，走上軌道。沒錯，過去，我們一度曾經在整理財務收支方面不清。不過今天，我們已雇了一位記帳員。她不但負責記帳，也會追踪教堂收支狀況。同時日前，我們也改選了財政委員會來定期審查財務狀況，適時提出未來財務重建的方向，儘可能資助教堂。」

「處於新舊牧師交替期間，讓各方在過程中，都能感到滿意順利。如果未來新任牧師不會住進牧師宿舍，可考慮將該房屋出租給邁克牧師及其家屬。如此安排，期盼讓交接過程平順，另一方面，我們教會也有一份房租收入來源。」

「我們會和 Los Altos 教堂維持交流。目前，兩所教會面臨挑戰之一，兩者在未來是否要合併？以及在文化背景上、教友與教友之間能展現良好互動？首先，我們教會成員一半是斐濟人，外加少數説中文及西班牙母語的教友。再來，上回，Los

Altos 教堂那邊有幾位教友前來我們這兒交流，一起在星期天早晨和我們共同敬拜。他們都對我們展現的熱忱，以及我們教堂內弟兄姊妹融為一家人氣氛，印象深刻。」

「如果未來新牧師為半職事工，非全職，那麼希望有個後補牧師這個職位。就是說，如果退休的麥克牧師有興趣，還願意回來教堂講道牧會，不失為可行方案。當然，最終還是期盼我們能有位全職牧師。」

過了兩天，星期二清晨七點半，牧師寄出一封電子信件：

「下個月，四月七日至十四日，本人和家人將飛往斐濟歡慶結婚週年慶。趁機，去當地瞧瞧自己未來退休時將安置的新屋，並檢視新屋建築開工最新進度。」

十

四旬齋（**Lent**）第四個星期天，主日崇拜當天神壇上，置有黃銅十字架，一個高大白胖蠟燭、兩隻白燭和三根暗紅蠟燭，燭光閃爍，還有半打新鮮白色的百合花被安插在淡綠色粗口的瓷瓶內。教友們坐下來靜待主日崇拜正式開始。

崇拜開始，眾教友們包括十一位斐濟人、三位中國人、十位白人，外加五位青少年，人人同聲開口唱起詩歌：

「彼此以和弦相綁在一起，不被拆離。」

「上主，為什麼是我？我曾經做了什麼嗎？我做錯了什麼？」

「幫助我，耶穌！我的靈魂掌控在祢手中。」

唱完詩歌，夏天過後開始就讀高中、牧師的兒子山姆，上台領導會眾祈禱。

牧師首先預報未來幾週活動：三月二十五日聖棕樹節，那是復活節前的星期日，或基督進入耶路撒冷的紀念日；三月三十日星期五晚間七點半，復活節前的星期五受難節（Good Friday）聚會，以及四月一日星期天復活節當天崇拜活動。

領受聖餐儀式完成。

接著麥克牧師開始講道：

「有時會無法確定身在何地？也不知道未來會走向哪兒？」

「順服。就像聖經中亞伯拉罕的例子。」

「就好像自己去跑一場賽局。人生中，你曾經贏得獎牌動章嗎？」

「人類冒險行為，就是去築構藝術美學，去散播種籽，冒險真諦才彰顯出來。」

「多少時候，起步階段，毫無清晰方向可言。然而，藉著信心，舉步向前，生命成長舞台上才呈現一齣戲，一齣飽滿著深遠意義的戲。」

「奧林匹克競技場上，人人追求金牌。設定目標，遠勝於不知人生方向為何？當贏得獎牌動章，選手把這份榮耀放入心底。不要把自己的靈魂在追尋的過程當中，給失落了！自始至終，要看待信心與希望，這是做人真誠應有的態度。」

講道完畢。

如常地，牧師來到教友群中，相互問安，彼此握手，熱情擁抱。

正午，牧師離場。

十一

牧師離場後不久，教區總監 Goto 長老緊接著親駕教堂，主持會議。

首先率眾祈禱：「願 上帝帶領本教會前面的道路，並祝福即將離職的麥克牧師人生另一篇章，並賜福牧師家人。」

接下來，開宗明義：「我們這間教會面臨了財政上挑戰。財源已經枯盡。我們知道，我們到了需要做一些調整的時候了。」

Goto 總監繼續：「麥克牧師處於過渡期間，表現出對斐濟服侍的熱情。」對於舊金山灣區的教區總會對麥克牧師職務上所做出調整安排，他語帶同情：「對誰來說，都不是一件容易的事。」語畢，總監與教友們對談時段正式開啟。

琴妮發言，現在教會裏面，有空間改造的工程正在進行之外，其他像是星期六上午「希望角」，這個專門為低收入戶提供免費熱食；今年，去斐濟宣教之旅將於八月五號至十九號舉行；冷天，特別為無家可歸遊民提供收容所等等，這些措施，未來將會如何處理？當我們突然間聽到麥克牧師要離職，心情感受彷彿被賞巴掌，似乎一切就這麼結束了。

總監回應：「沒有一個時間是最好的時間。」

「教會，總是在做宣教服侍的工作，以及手邊總有一些規劃在進行著。」

「衛理公會教派體系的一貫目標，都是著眼於教會未來發展。」

「基於財政考量，本教堂將聘半職牧師為主。至於正職與半職兩者之間差異，在於是否提供牧師健康保險、宿舍等。」

「要去思考、預見，我們這所教堂在未來五年、十年之後，願景是什麼？」

「任何身為本教堂的牧師，要思考，如何面對未來標竿前景，以及他個人可以提供怎樣的貢獻給教堂？」

瑪麗說出：「希望未來，前來本教堂做禮拜的人數能夠增加。」

總監當眾拋出一個思考方向：

「你們認為誰會願意到我們這個教堂來？」旋即再言：

「我們總教區共有六十個教堂分散各地。按照手邊一份人口統計學的資料分析……」他埋頭，從容地用右手操作，從平板電腦調出相關報告，再抬頭，提出重點：

「我們這座山景城教堂，1.5 哩半徑範圍內，人口分佈圖上顯示，現有人口六萬八千六百九十九位居民。每戶約 2.35 人。白人占百分之四十五，亞洲人佔百分之二十六，拉丁裔占百分之二十二，黑人百分之二，太平洋島人及印第安人占百分之四。至於平均年齡為 37.71 歲。家庭年收入大約十五萬多美金。婚姻狀況，未婚占 34.6%，已婚 51.4%，離婚 8.3%，寡婦／鰥夫 4.4%，夫妻分居狀態 1.3%。教育程度方面，研究所畢業或專業學位占 35.3%，大學畢業 28.5%，曾就讀大學但未畢業占 12.1%，高中文憑 11.4%，唸過高中但未畢業 3.7%，未讀完九年級即休學佔 3.8%。這座城市有偏高比例屬於都會型年輕單身為主，也就是婚前，也就是人生還在奮鬥階段的單身貴族為主。」「本教堂所在地和谷歌、臉書、蘋果等高科技總公司為鄰。」繼續：

「也就是說，我們這所教堂應該如何架起一座上帝和這群年輕、充滿活力但懷疑教堂價值的主流居民之間的橋樑。」

「也就是說，誰能說他們相同的語言？」

「為了上帝，我們教堂要走出去，主動去接觸那群尚未信主的慕道友。同時，教堂應該預備自己，提供給高科技年輕族群宣教的服侍，讓福音普傳。」

另外，總監要眼前教友們安心：

「你們提過，本教會正在進行中一些規劃，這些工程活動不會被捨棄掉。」勉勵教友奔向未來：「不要忘記我們是誰？」

「讓我們做一番不凡的事業，雖然費時費心。」

「在衛理公會系統下，我們眾多教會彼此之間是一個聯結在一起的教會。教會與教會之間，唯有同心協力開創新局，美夢才能成真，結出美好果實。」

一位教友發言，說，當前籠罩在經費不足陰影下，這段過渡期間，未受神職訓練的一般信徒，也就是所謂的平信徒，大夥一塊兒來分擔部分教會事工。

總監藉此鼓勵著現場教友：

「衛理公會系統下教會的發展，當初，就是從平信徒運動開始。」

「沒錯。處在過渡期間，未受神職訓練的平信徒，正如在座各位能夠勝任一切迎面而來種種挑戰。」同時，在座教友要經常銘記於心：

「我們山景城教會未來方向是什麼？」

「還有像是跨文化溝通技巧的訓練。麥克牧師為例，他展現出對斐濟事工的熱情。你們可以教導未來新上任牧師有關斐濟弟兄姊妹屬靈的需求。」

「至於牧師宿舍，麥克牧師一家是否能在離職後，仍可繼續住下去？或者到時候他們得付房租？我會向布朗主教本人反應。」

會議近尾聲，總監再問：「還有人尚未把握最後機會陳述己見嗎？」

瑪麗接話：「今天，我倒對麥克牧師更加放心了。因為從他今天早上在講壇上佈道時，講到聖經中亞伯拉罕如何順從上帝旨意。看來，先前那種未確定感、擔憂，都消失得無影無蹤。麥克牧師知道這一切安排都在上帝手中，一切都在安穩之中。」因此，「我們對他即將離職一事，也要放下，開始往前行。」恰似，「當我們自己未來，總有一天得面臨即將退休時刻。」於是乎，「我們應該對麥克牧師他們一家人，表達一種正向心情的時候了。」這樣子，「雙方就都會有明確安泰的態度。」如此說來，「就讓我們協助麥克牧師順利走過這一段過渡期吧！」

喜泰莉也發言：「是時候了！我們教會裏每個人應該動起來，人人在服事上帝的事工上，熱情地獻上一己之力。」

這時，總監語重心長：

「教會，隨著時間流轉，一直往前走。教會隨著時代更迭，一直在改變。」

「我們眾多教會是相互聯結成為一體。」

「讓我們攜手並肩，一同踏上這段旅程。」

眾人圍成一圈，攜手禱告中，結束會議。

十二

一星期過去，三月十八日，主日崇拜當天，麥克牧師講道：

「人類基因，隱藏著一種保護的基因。跳水前，會先測試一下水深，想確定一下，這麼一跳，是否安全？這種防衛表現、焦慮表現，會使我們落入陷阱。」

話語方落，牧師當場從網路上，下載了一段影片，小狗在白雪堆中嬉戲玩樂。

看完視頻，他再度開口：「狗在白雪中蹦跳，快樂地不斷探索、玩雪。看起來，狗兒似乎更願意去冒險。」接著提到：「普天下教堂，目前，普遍地不被大眾喜愛，因為人們普遍地認為教會不是那麼可愛，不是那麼有愛心。」其實，「身為門徒，理應廣邀人們來就近耶穌，搭起一座橋，讓更多人越過橋樑來見耶穌。挑戰之一，就是教友行為模式，那就是怕主動邀請人來教堂，因為怕被人拒絕所帶來的尷尬。」

麥克牧師鼓勵：「讓我們具有冒險精神。勇敢地涉入水中，與耶穌同行於水面上。把微笑掛在臉上，讓自己成為希望、恩典和憐憫的使者。父神會裝備我們。」

再說，教會，「需要新的基因，需要自我重整，先要愛自己，要愛主。然後每個教會成為上帝恩典的耳與眼，而非自認為自己可以代表上帝的審判與批評。」

講道完畢，順道問會眾：「今早，有人要上台來分享見證嗎？」

芮，她緩緩走上台，轉個身，面對麥克風：

「我兩次經歷到罹患乳癌的恐懼，而且兩任丈夫先後離世，留下我一個人至今。當中，經過種種人生磨難與苦難。藉由種種苦楚，上帝與我交談。願神幫助我，讓我成為原本應該的我。」

祝福後，眾教友離席，但是教會的事務委員們留步，要開會。

於是茱蒂、瑪麗、牧師，還有我，大家圍坐一小圈，開始討論新聘的行政助理、教堂現場經理，這兩個應徵工作的職掌業務。

告一段落，牧師要三位委員透露上星期，總監舉行座談會之後的結果為何？

牧師先輕描淡寫補充一下：

「總監不會知道我和你們有這次的溝通。」

這部份，猶如總監主持座談會之前，麥克牧師就先行召集教友開了一場會議，商討對策之際，不忘提醒教友們：「總監不會希望我和你們有這場會議。」

麥可牧師詢問茱蒂，因爲她身為教堂委員會主席。牧師問：

「新聘牧師人選為何人？牧師宿舍，我們一家可否繼續住下來？每個月要開始付租金了嗎？因爲不但家中牧師娘，桃莉，她關心何處為未來居所，連我兒子，山姆，近期也為此擔憂著，因為他想留在學區好的山景高中就讀。」

茱莉：「近期，我和總監雙方沒有任何接觸。」又說：「上次會議上，我問總監，我是否現場可用平版電腦做會議記錄？他回應，他自己做記錄就好了。」

語畢，目視麥克牧師，詢問：「今天回家後，我可以寫封電子郵件給總監，請他將上次做的會議記錄寄給我嗎？收到後，我再轉寄給其他委員，可以嗎？」

牧師以一種平常語調：「不需要徵詢總監的同意。你就寫道，請他寄一份記錄給你，並說，你會轉發給全教會的弟兄姊妹們。而不光是轉發給我們現場委員們。」

再輕語補充一句：「我們要教導總監 Goto，好讓他學習一些事情。」

十三

夜晚，公共電視 **PBS** 播放著一位滑雪者面臨雪崩。

滑雪者聽到巨響噪音一陣，震耳欲聾，兩眼忍不住朝山上望去。

眼看著，積雪傾洩而下，再飛速越過樹林上空，接下來，宛若洪水衝破閘門般巨響，白雪將山谷填平，地平線上山谷「瞬間」被消失了。

聽到旁人使勁地喊道：「雪崩！」

一切就這麼「瞬間」改變了。

世事無常。

三月，地貌就這樣被改變了！
滑雪者被埋沒在深雪中。
巨大雪牆繼續急衝至下方五十至一百碼處，方歇。
三月的雪崩，想到秋天的野火，這都是大自然的奧秘嗎？
至於牧師娘的秘密，很欣慰，起碼我守住了。